正義・ジェンダー・家族

スーザン・M．オーキン
Susan Moller Okin

正義・ジェンダー・家族

山根純佳
内藤　準訳
久保田裕之

岩波書店

First published by Basic Books,
a member of the Perseus Books, Group, Cambridge, MA.

This Japanese edition published 2013
by Iwanami Shoten, Publishers, Tokyo
by arrangement with Basic Books,
a member of the Perseus Books Group, Cambridge, MA
through Tuttle-Mori Agency, Inc., Tokyo.

序

この社会では、ほぼすべての女性が性別分業を原因とする不正義を被っている。広く蔓延したこの社会問題は、女性だけでなく子どもたちにもますます深刻な損害を与えるようになっており、子どもが公正さの感覚を学ぶ最初の重要な学校である家族の潜在力をも破壊している。本書は、このような不正義とその有害な影響について論じるものである。

わたしがこの本をこのようなかたちで書こうと思い立った背景には、いくつもの同時発生的な理由があった。まず、学問としてのフェミニズムは活性化しており、その一部はすべての女性にとって重要な問題をていねいにかつ有益に扱っているものの、フェミニズム理論の一部、特に近年の理論は、高い教育を受けた人にとってさえも理解困難になるという、学問上の罠にはまってしまっている。同時に、一九八〇年代のアメリカ合衆国の政治的雰囲気において、女性の平等に向かう推進力は失速しているばかりか、いくつかの点では逆戻りしている。一九六〇年代と一九七〇年代にフェミニズムに関心をもった人びとの多くは、自分たちが優先すべき課題とは何なのか、どのような道に進むべきなのか思い悩んでいる。さらに、わたし自身の人生の経験をとおして、一〇年前に出版した『政治思想のなかの女――その西洋的伝統』で取り組んだ課題をもう一度とりあげる意義に気づかされた。現在の職場で働きながら、子育てに十二分にかかわることの困難を直接的に経験したことで、本書の結論は補強された。わたしは、女性が政治と社会において公平に影響力をもつとまではいかなくとも、正義に適った扱いを受けるためには、根本的な改革が不可欠だという結論にいたった。政治理論家として仕事を継続するなかで、わたしが最初の著書でその考え方を批判した過去の理論家以上に、現代の正義の理論家が正義とジェンダーの問題を扱っていないということに気付いたのだ。

これらのすべての理由から、わたしはジェンダーと家族の正義について論じるだけでなく、これらのアイデアを、広範囲の人びとが手にとることができる一冊の本にまとめようと決意した。

本書の執筆にあたっては、「ジェンダー役割を変える基金」によって、一九八六年から一九八七年にかけてこのプロジェクトに従事させてくれたロックフェラー財団に大変感謝している。また、多くの友人や同僚の支え、励まし、貴重な批判や支援なしには、わたしが着手した仕事をこの年に終えることはできなかっただろう。シセラ・ボク、ボブ・フリンワイダー、デイヴィッド・ジョンストン、パスチャリス・キトロミデス、マーサ・ミノウ、キャロル・ペイトマン、ジョン・ロールズ、アメリ・ローティ、イアン・シャピロ、ジョアン・トロントには、それぞれに読んでもらった章について、有益なアドバイスをもらった。キャス・サンスティーンには関係する論文を読んでもらい、公的／私的領域をめぐる議論の構成について非常に有益な提言をもらった。草稿の全体、もしくはほとんどを読んでくれたナンシー・フレイザー、エイミー・ガットマン、ウィル・キムリッカ、ジェイン・マンスブリッジ、モリー・シャンレイ、アイリス・ヤング、マイケル・ウォルツァーらの支援や批判には、大きく助けられた。ジェフリー・アブラムソンは、議論をとおして、わたしの提案の含意を明確にしてくれた。ボブ・ケオハネとナンシー・ローゼンブラムには特別な感謝を送りたい。彼らは、草稿のすべてを何度も読み、鋭い指摘をし、このプロジェクトの全工程をとおして、友情関係と協力関係を継続してくれた。ボブ・ケオハネの協力なしには、第7章の理論的枠組みは、山のようなデータのなかに埋もれたままで、形になることはなかっただろう。レイン・ピークは、第7章のすばらしい研究支援者であった。リンダ・カーボンは細やかかつ知的に入稿整理をおこない、マイケル・ワイルドは本書の執筆過程を見守ってくれた。ベーシック・ブックスのスティーヴン・フレイザーは、多くのアドバイスをくれただけでなく、この本を期限通りに終わらせるための編集上の適切なプレッシャーを与えてくれた。

彼らの実践における正義と深い愛情、そして夫ボブと子どもたち、ローラとジャスティンには言葉にならないほど感謝をしている。愛を込めて、彼らにこの本を捧げる。

目次

＊　本書における引用文の翻訳にあたり、既存の邦訳書を参照させていただいたが、原則として訳者が訳した。
＊　なお、文中の（　）は著者による注記・補足、［　］は著者による引用文への注記・補足、また、〔　〕は訳注を示す（長い訳注には「訳注」と付記した）。

第1章　正義とジェンダー

わたしたちの社会は民主的な価値を誇りとしている。誰もが生まれもった差異にかかわらず、望ましい地位を達成したり、福利を向上できるべきだとわたしたちは信じているし、機会の平等が社会の目的であると公言している。憲法の前文は、自由と一般的な幸福、そして正義の重要性を強調し、忠誠の誓い The Pledge of Allegiance は、わたしたちの共和国 Republic は「すべての人の自由と正義」を守ると宣言する。

にもかかわらず、この社会では、両性間の実質的な不平等がつづいている。経済的にみれば、(近年やや改善されたとはいえ)フルタイムで働く女性の平均的稼得は、フルタイムで働く男性の稼ぎの七一％に満たない。扶養すべき子どものいる貧困世帯の二分の一、長期的に貧しい世帯の五分の三が、母子家庭である。高齢女性の貧困率は、高齢男性のおおよそ二倍である。(1) 政治的な面では、アメリカの上院議員のうち女性は一〇〇人中二人であり、最高裁で十分に女性の意見を代表しているのは九人の裁判官のうち一人だけである(一六九頁訳注参照)。この国の歴史全体において議会選挙で選ばれた男性の数は、女性の数をはるかに上回っている。社会に根を張り、相互に絡み合うこれらの不平等によって、家庭の不払い労働は不平等に配分されている。

家族責任、特に子どものケアをめぐる両性間の平等な分担は、「起こっていない最大の改革」(Williams 1987: 30)である。もちろん、小さい子どものいる母親も含め女性たちは、母親の世代と比べれば、はるかにたくさん家庭の外で働くようになっている。政治やビジネス、専門職で高い地位を獲得した一握りの女性たちは、その数に不釣り合いなほどメディアに登場する一方で、低賃金で虐げられた労働、社会保障のないパートタイム労働、そして家庭において労働とさえみなされない労働に従事している無数の女性がいる。女性が賃労働に就いているということは、彼女たちが平等を獲得したことを意味しない。わたしたちはしばしば、ポストフェミニズムの時代に生きていると言われる。「やってのけた made it」女性を歪曲して強調したこの主張は、どのような意図で発せられようとも、間違っている。フェミニズムが打ち勝ったというのは真実ではないし、その目的がすでに達成されたのだから、もはや必要ないというのも真実ではない。家族内で正義が達成されるまで、女性は政治や職場などほかの領域での平等を獲得できないのだ。

これから七つの章にわたって詳細にみていくように、そのほとんどがジェンダー構造化されている家族生活の典型的な実践は、正義にもとづいていない。性別分業の期待と経験の双方が、女性を弱い立場に追い込んでいる。以下でみるように、権力関係と意思決定の悪循環は家庭と職場の双方で起こっており、それぞれの領域におけるジェンダー間の既存の不平等を強化している。さらに、女性だけでなく両性の子どもたちが、ジェンダー構造化された結婚によって、弱い立場に置かれている。アメリカの四分の一の子どもたちがひとり親家庭で暮らしており、そのおよそ九〇%以上が母子家庭である。非婚の母親が多数を占めているという一般的な認識とは逆に、ひとり親家庭の六五%が結婚後の離別や離婚によるものである(2)。近年の多くの州の調査では、離婚後の男性の経済的状況は、離婚前よりよくなる傾向があるのに対し、離婚した女性と子どもの生活水準は急激に悪化していると報告されている。

今日の女性が直面している不正義の主な要因は、離婚の際に顕著になるように、慣習や職場の差別や家族内の伝統的分業のために女性が不平等に直面しているにもかかわらず、法律が男性と女性をほぼ平等に扱っていることにある。この社会的につくられた不平等の中心は、女性が主な子育て責任を有している一方、労働力として仕事に従事するメンバーは(階級にかかわらず)部分的にでさえ子育ての責任を有していないという、当然と思われているが矛盾するふたつの前提にある。昔から、そして今も暗にではあるが、職場では労働者の家庭には妻がいることが前提になっている。この前提は、職場の構造と役割だけでなく、両親が仕事についていることを考慮せずに時間割や休暇を設定する学校などの主要な社会制度にも広がっている。

しかし現実には、家庭に妻がいない賃労働者もたくさんいる。たいていの場合、彼女らは妻や母であり、小さい子どもを抱えた離別、離婚したシングルの母親である。しかし家族も職場も、そのことを重大な事実として考慮しようとしない。外で働く妻はいまだ、子育てや家事といった莫大な量の不払い労働をおこなっている。女性は、夫や男性パートナーに比べて、職場やパートタイム労働以外に多くの時間をさいている。そして、女性たちは、自分たちの雇用上のニーズや機会のためよりも、夫のために引っ越しすることが多い。これらのすべての傾向は、職場の性別分離や差別を含めたいくつもの要因によって、循環的に影響しあっている。職場では妻は夫より先に昇進することはなく、それゆえ高い地位につかず、賃金格差は時間とともに拡大する。家族の権力構造と、合意され「合理的」とみなされている家族の意思決定は、夫がよりたくさん稼いでいるという事実を反映しているため、いつまでも家族の不払い労働が夫婦間で分担されることはないと思われる。こうして不平等の悪循環はつづいていく。社会的に構築された結婚した女性の不平等は、結婚がつづいているあいだはたいてい隠されており、婚姻関係が壊れたときにようやく目にみえるようになる。

　このようなことを指して、わたしは、ジェンダーによって構造化された結婚が女性を脆弱にするととらえている。しかしこれは、ある人びとが信じているように、自然／必然な出来事ではない。実際、男性が子育てに平等に参加してはいけないとする自然の法則はどこにもない。人びとが労働者であると同時に親であるという事実に合わせることが不可能な仕事の本質などどこにもない。変わってこなかったのは、フェミニストがジェンダーと呼ぶようになった歴史的・社会的に構築された両性間の差異である。わたしたちは、両性間の本質的な差異を、公式、非公式に、権利と制約の違いを正々堂々と正当化するもののひとつだと信じる社会に長らく生きている。男性の優位を擁護する法的な制約は過去一世紀のあいだになくなりはじめている。しかしこの二〇年で急速に、根深い伝統と社会化の効果とがいっしょになって、威信と価値が不平等に付与されている性別役割を強化している。性別分業は、婚姻契約の根本であるだけでなく、それを拒否しようとする両性のフェミニストが、さまざまな範囲で葛藤し闘わなければならないほど深くわたしたちの生活に影響を与えている。この性別分業を基礎とした性的差異のゆるぎない制度化という意味での「ジェンダー」が、いまだわたしたちの社会に広く浸透している。

ジェンダーの構築

フェミニズムとフェミニスト理論によって、ジェンダーは非常に重要な社会的要因として認識されるようになってきた。この言葉の新しい意味は、従来、性差として考えられてきたものが、広く社会的につくられてきたものであると多くの人がとらえているという事実を如実に表している。[3] さまざまな学問分野に属し多様な立場にたつフェミニストの研究者が、ジェンダーを十分に可視化し、理解可能なものにするための仕事に貢献してきた。一方の極には、ジェンダーが構築される原因として主に生物学的差異に焦点をあて、女性の抑圧を説明する研究者がおり[4]、他方には、生物学的な差異はジェンダーの社会的構築の基礎にさえ存在しないと論じる研究者がいる。[5] それ以外の非常に多くのフェミニスト研究者は、この二極のあいだの立場をとる。生物学的決定論を拒否し、それに対応するかたちで社会的構築物としてジェンダーを強調するのが、近年のフェミニスト研究の特徴となっている。こうした研究として、ジェンダーアイデンティティの形成における、女性の主要な親業の重要性を分析する心理学の研究[6]や(Chodorow 1978; Dinnerstein 1976)、ジェンダーの歴史的・文化的多様性を強調する歴史学や人類学の研究がある(Nicholson 1986; Rosald 1980; Scott 1986)。一部のフェミニストたちは、女性のあいだの人種、階級、エスニシティなどの差異を十分に考慮に入れないジェンダー理論の発展を批判している(Hooks 1981; 1984; Spelman 1989)。この批判は、わたしたちの研究を活気づけ、議論を進歩させるであろうが、だからといって重要な要因であるジェンダーそのものから関心をそらしてしまうことは間違いである。女性間にどのような差異があり、どのような不正義を女性たちが被っていたとしても、女性はたくさんの不平等を、集団としての女性 women として経験しているのである。

女性たちが依然として伝統的な家族のなかで暮らしていてもいなくても、過去と現在の家族のジェンダー化された性質とその家族を取り囲むイデオロギーは、実質的にすべての女性に影響を与えている。このような認識は、ジェンダーがさまざまな女性の下位集団に与える影響力や方法が異なっているという事実を否定したり、過小評価するものではない。

一方で、ジェンダーをめぐるフェミニストの発見と結論が、社会正義の問題に対して有する潜在的な重要性は、評価してもしすぎることはないだろう。女性と男性に固有の差異だけでなく、男性による女性支配も自然で不可避のものであり、それゆえ正義の論争において考慮する必要はないという思考にもとづいた何世紀にもわたる議論の土台を、フェミニストは少しずつ揺るがしてきた。以下の章で明らかにするように、このような思考は、合理的な考究に耐えることができないにもかかわらず、残存しているばかりか、ますます勢力をもつようになっている。

フェミニストがジェンダーの問題を精力的に考え、調査し、分析し、批判し、再考してきたこの二〇年のあいだに、わたしたちの政治的・法的制度は、ジェンダーの不正義とそれが影響を与えている問題に直面するようになってきた。これらの問題は、根本的に家父長制的なシステムのなかで解決され、「個人」を男性家長ととらえる伝統のなかで処理されてきた。このシステムが、ジェンダーに関するさまざまなケースをめぐって、何が正義であるかを決定する十分な能力をもち得ないのは、当然のことであろう。性差別、セクシュアルハラスメント、中絶、職場における妊娠、育児休業、子育て、代理母、これらの問題はすべて、裁判所と議会が扱う公共政策における、重要な公的論点となっている。子どもの親権や離婚の問題から、妻や子どもへの身体的・性的暴力の問題にいたるまで、家族の正義の問題は目にみえる差し迫った問題となり、警察と裁判所のシステムの関心をますます集めている。現代社会は、ジェンダーの問題から生じる重大な「正義の危機」に直面している。

正義の理論とジェンダーの無視

そして同じ二〇年のあいだに、社会正義の理論がはなばなしく復活した。一九六〇年代後半までは、知の歴史における主要分野であることをのぞいては議論の乏しかった政治理論が、社会正義への関心とともに研究領域として興隆した。しかし意外なことに、主要な現代の正義の理論家は例外なくほとんどが、わたしが今述べた状況を無視してきた。彼らは、自分たちの理論が扱っている社会がジェンダーに根深く規定されており、現在までつづくジェンダー化された社会の前提によって正義をめぐる困難に直面しているという事実に、ほとんど目を向けてこなかった。正義の理論とは、個人がほかの人と異なる扱いを受けるべきか、受けるべきだとすればそれはどのように、またなぜなのかという点に主な関心を向けるものであるのだから、これらの理論がジェンダーを無視するのは不可解である。正義の理論は、どの生得的・後天的性質や社会における地位が、社会制度や法律や慣習によって個人が異なる扱いを受けることを正当化するものなのかを考える理論である。そして初期条件が結果に影響を与えるべきなのか、与えるべきだとすればそれはどのように、どの程度なのかを考える理論である。ジェンダーは、明らかにこのような探求の主題となると思われる。しかし以下でみていくように、このテーマはほとんどの現代の正義の理論家には思い浮かばなかったのであり、それゆえ彼らの理論は、一貫性と適切さの双方において問題を抱えている。本書はこの驚くべき無視の問題について扱う。

そして、「ジェンダーをめぐる正義はいかに可能か」という問題に対峙することによって、正義論を修正し、十分に人間性豊かな正義論に向かう道筋を論ずる。

なぜわたしたちは、現代の正義論のなかにジェンダーの問題の解決への貢献を見出すことができないのだろうか。表面上は人間一般を扱っている正義論が、いかにして女性、ジェンダー、そして両性間のすべての不平等を無視することができるのか。ひとつの理由は、彼らがジェンダーによって構造化された家族を、議論の対象にするのではなく、議論の前提にしてきたからである。もうひとつの理由は、彼らが多くの場合、中身のない見せかけのやり方で、ジェンダー中立的な言語を用いてきたことにある。

【隠されるジェンダー構造化された家族】 これまでの政治理論家は、「私的」家庭生活と、「公的」な政治と市場の生活とは、異なる原理に貫かれた別の領域であるとして、両者を明確に区別してきた。彼らは、家族を政治的課題から切り離し、女性を市民的・政治的生活から排除することの妥当性を女性の本質と結びつけて論じてきた。男性は政治理論の主題であり、彼らは私的生活と公的生活を容易に行き来することができたが、それは大部分、女性が家庭で遂行している役割のおかげであった(7)。現代の正義の理論をみると、表面的には、彼らの理論は女性を包摂しているという印象を与えやすいものになっている。しかし実際彼らは、家族とそこでの性別分業、またそれらによってもたらされる多くの女性の経済的依存と機会の制約を無視することで、以前と変わらぬ「分離された領域」の伝統を引き継いでいる。家族についての判断が「非政治化」されていることは、今日の政治理論の多くの仕事において家族がまったく議論されていないことに示されている。以下の章で明らかにするように、今日のほとんどの理論家は、いくつかのやり方で、彼らの議論の主体である「個人」を、伝統的な世帯における男性家長と想定している。正義の原理を両性間の関係や世帯のなかに適用することは、暗黙のうちにではあるが、ほとんどはじめから考慮されていない。二〇世紀のすべての正義の理論のなかでもっとも影響力のあるジョン・ロールズの理論でも、家族生活は理論の前提となっているばかりか公平なものと想定されており、家族内のジェンダー化された性別分業は、性別分業と結びついた権力と責任と威信の配分と同様に、無視されている(第5章参照)。

こうしたスタンスは現代の政治理論家の典型と言える。彼らの前提に対するフェミニストの多くの批判にもかかわらず、彼らは家族とそのジェンダー化された構造について議論することさえ拒否しており、まして家族が政治制度のなかで主要な役割を果たしていることなど認めていない。近年の理論は、ロールズよりも家族の正義の問題に関心を払っていない。そのような理論として、ブルース・アッカーマンの『自由主義国家における社会的正義』(Ackerman 1980)、ロナルド・ドゥオーキンの『権利論』(Dworkin 1977)、ウィリアム・ギャルストンの『正義と人間の善』(Galston 1980)、アラスデア・マッキンタイアの『美徳なき時代』(MacIntyre 1981)、『誰の正義か、どの合理性か』(MacIntyre 1988)、ロバート・ノージックの『アナーキー・国家・ユートピア』(Nozick 1974)、ロベルト・アンガーの『知と政治』(Unger 1975)、『批判法学運動』(Unger 1986)などがあげられる。フィッリップ・グリーンの『民主主義の回復』(Green 1985)が、喜ばしい例外である。(8) マイケル・ウォルツァーの『正義の領分』(Walzer 1983)もこの点では例外にあてはまるが、第3章と第6章で示すように、家族のジェンダー構造は不正義だとする彼の議論から演繹的に導かれる結論は、文化の共有された理解shared understandings of cultureを正義の基礎とするという彼の議論と一致しない。というのもジェンダーは、二〇世紀のアメリカにおいて、明らかに理解が共有されていない社会生活の一側面だからである。

家族が無視されている一方で、正義の理論家によってそれが前提にされているというわたしの主張の根拠は何であろうか。ひとつの明らかな証拠は、彼らが、理論の主体として成熟し独立した人間を前提としながら、その人間がいかにして成熟し独立した人間になったのかについて、まったく言及していないことにある。人間が成長し成熟できるのは、ほとんど女性がおこなっているたくさんの世話と重労働のおかげであるということは、わたしたちの誰もが知っている。にもかかわらず、正義の理論家が「労働」を論じるとき、それは市場でおこなわれる賃労働を意味しているのだ。女性がジェンダー化された家族のなかで子どもたちの養育と社会化、安息の場である親密な領域を提供するという不払い労働をつづけていることを、彼らは考慮に入れるべきであろう。これらの労働がなければ、彼らの理論に登場する道徳的主体は存在し得ないのだ。しかし、これらの活動は明らかに彼らの理論の射程外に位置づけられている。例によって家族そのものは、彼らが到達したどのような正義の基準によっても検証されることがない(9)。

第6章で論じるように、正義の理論家が家族を無視してきたことは、多くの説得力のあるフェミニストの議論と矛盾する。フェミニストの研究者は、家族の中と外のジェンダー構造相互の結びつきや、「個人的なことは政治的である」と言える領域について明確にしてきた。彼/彼女らは、主要な親業の女性への割り当てが、男性と女性のジェンダーアイデンティティの形成と、人生における男女の選択と機会に対する効果の両方にとって決定的であると論じている。しかし、これまで家族を前提にしたうえで無視してきた主要な正義の理論は、このことの重要性に気づかないままでいたのである。

【見せかけのジェンダー中立性】 近年の多くの学問は、名詞と代名詞を一般的に男性形で用いることが問題含みであることに気づき始めている。フェミニストの研究者は、これらの言葉が、すべての歴史、特に哲学史において、ほとんどの場合女性を含むことを意図して用いられてこなかったことを明らかにしてきた。人 man、人間 mankind、彼 he という表現は、決して姿を消してはいないが、普遍的な表象の形式としては用いられなくなった。しかし現代の理論家が使用しているジェンダー中立的な代替策は、あからさまな性差別的な男性名詞の使用よりも、さらに悪い影響をもたらしている。なぜならこうした代替案は、理論家が人類にはふたつの性の人間がいるという事実を直視しないできたことを隠す効果をもつからだ。

このような方法で彼らは、すべての人間社会で現在にいたるまで、女性と男性の間にはいくらかの社会的に重要な身体的差異があり、非常に異なる歴史があり、非常に異なる社会的役割と「本質」が割り当てられてきたこと、また権力と機会へのアクセスの程度も異なるという事実を無視することができたのである。

見せかけのジェンダー中立性は新しい現象ではない。たとえばアリストテレスは、「人間の善」をめぐる議論で「人間 anthropos」という概念を用いているが、この概念は女性を排除しているだけでなく、女性の従属の上に成り立つものにすぎない。カントでさえ、「すべての合理的存在」について論じるときに、これを女性に適用するつもりはないと論じている。しかしより明らかなのは、これらの善についての議論や概念が、わたしたちすべてではなく、男性家長のみを扱っているということである。というのも、これらの著者は通常、それがどんなに不適切であろうと彼らの議論が女性には適用できない理由、つまり女性がもつべきだと彼らが想定する徳や権利、責任の異なる性質について、いくらか説明しているからである。にもかかわらず彼らの理論は、わたしたちすべてに関連する(もしくは容易に適用できる)ものとして読まれてきた。この一五年ほどのフェミニストの分析は、「女性を加えてかき混ぜる add women and stir」政治思想史読解の間違いを明らかにしてきた[10]。

現代の政治理論家のジェンダー中立的な言語が見せかけであることは、簡単には識別できない。すべてとは言わないが、ほとんどの現代の道徳哲学者、政治哲学者は、「男性と女性 men and women」「彼と彼女 he and she」「人間 person」、またあちこちで使われるようになってきている「自己 self」という表現を用いる。彼らはときにコンピューターを用いて、男性名詞と女性名詞をランダムに配分できるようにさえしている[11]。過去の理論家がそうしてきたように、彼らははっきりと女性を排除したり、区別しているわけではないので、彼らの議論を、わたしたちすべてを対象にしたものとして読みたくなる誘惑にかられる。しかしそれは無理である。フェミニストの批判に対する彼らの用語法上の反応は、表面上彼らの議論が寛容で包括的なものであるという印象を与えるが、それはしばしばわたしたちの信じやすさにつけこむものであり、ときに無意味なものである。彼らは消すことのできない両性間の生物学的差異を無視するか、もしくは、異なる社会的役割の割り当てやその結果としての権力格差、そしてこれらを支えるイデオロギーを無視するというふたつのやり方をとってきた。ジェンダー中立的な言語は、ジェンダー構造化された社会に生きつづける限り、「人間 person」の現実の経験の多くが、性別によって異なるということを、ほとんどみえなくしてしまうものなのだ。

見せかけのジェンダー中立性は決して理論だけに限ったことではない。これは多くの女性が直接不利益を被る公的な政策にも悪影響を及ぼしている。たとえば最高裁の一九七六年の判決は、雇用者が〔病気やけがによる〕就業不能保険のリストから妊娠に伴う労働能力の低下を排除することは、「ジェンダーを理由にした差別ではない」というものであった。裁判所は、現在では悪名高い多数派の意見の表現を用いて、このような制度は妊娠した女性と「妊娠していない人間 person」を区別するものであり、女性を差別するものではないと説明した。[12]

わたしは、現代の政治理論における見せかけのジェンダー中立性のさまざまな実例を、この本全体をとおして明らかにするが、ここではふたつの例を引用してこのことを証明しよう。アッカーマンの『自由主義国家における社会的正義』(Ackerman 1980)は、細心の注意を払ってジェンダー中立的な言語で書かれた本である。そして彼がジェンダー中立的な言語を使わないのは、性別役割の存在を平然と無視するときだけである。というのも彼は、彼の理論において主要な役割を果たす「命令する人 Commander」を「彼女 she」と表記しているのだ。この本の議論は、両性間の不平等や役割の違いを論じる可能性をもっているのに、それらの事柄について彼は述べていない。*1 アッカーマンがジェンダーに関心を払わずにジェンダー中立的な言語を用いていることは、中絶に関する議論のなかで明らかである。彼は二ページにわたる議論のなかで、一度だけ「彼女 she」を使っているのを除いて、胎児と「両親」という完全にジェンダー中立的な言語を用いている[13](Ackerman 1980: 127–128)。ここでは男親と女親の胎児との関係の違いについて、なんら適切な関心が示されていない。もちろん、(多くのフェミニストがそのような社会がくるのを望ましいと思っているように)中絶の議論において、男性と女性の胎児との関係の違いがごくわずかになり、大きな役割を果たさなくなった社会を想像することはできる。しかしそれはジェンダーのない社会、すなわち性的差異が社会的重要性をもたない社会、権力と相互依存において両性が平等で、「母親業」と「父親業」が同じものであり、それゆえ親業と賃労働の責任が平等に分担された社会であろう。しかしこれらは、性別分業を社会的(不)正義の問題として考慮しないアッカーマンの議論にはひとつも登場しない。このような文脈のなかで、中絶を「ジェンダー中立的」に議論することは、最高裁の「ジェンダー中立的な」妊娠の議論と同じように、誤ったものである。

ふたつめの見せかけのジェンダー中立性の例として、デレク・フィリップスの『正しい社会秩序に向けて』(Phillips 1986)をあげよう。彼の関心の範囲が、(正義の理論家にはめずらしく)いかにしてわれわれは正しい社会秩序を達成し、維持するのかという点にあるために、彼は家族に対し格別な関心を示している。彼は家族を、正義と自尊心の感覚、相互依存性とは何かをめぐる理解、強制されない選択をおこなうための能力、人生の代替的可能性についての認識、これらを発達させる場として論じている(Phillips 1986: 187-196)。彼の議論は次の点を除いてすばらしい――つまり、わずかな例外をのぞいて、現実のジェンダー構造化された生活を少しも映し出していないジェンダー中立的な言語によって、家族が表現されていることだ[*2](Phillips 1986: 224-226)。フィリップスの描く家族のなかでは、「両親の愛情」「両親の養育」「子育て」によって、子どもは正しい社会が要求する市民になるべく自律的な道徳的行為者として成長する。子どものアイデンティティの感覚の発達は、「一貫し統合された人格的アイデンティティをもつ両親の姿」をとおして育てられるかどうかに非常に大きな影響を受ける。そしてわたしたちは、このような一貫したアイデンティティとは、「理想的には仕事と愛情のコミットメントをとおしてつくられる」ものだと考えている。フィリップスのこれらの議論はすべてもっともらしく聞こえるが、ジェンダーをめぐるさまざまな不平等を考慮に入れていない。女性が子育てをするジェンダー構造化された社会では、「両親による養育」とはほとんどが母親業であり、「意味のある仕事」として認められているのは、主要な親業ではない。女性はもっともよい環境であっても、愛(充実した家族生活)と、「意味のある仕事」のあいだでかなり葛藤する。恵まれない状況にある女性は、愛(子どもたちに対する世話)と、さまざまな種類の賃労働とのあいだでより大きな葛藤に直面する。

フィリップスの前提に従えば、愛と「意味のある仕事」がもたらすこうした葛藤は、彼が自律的な道徳的行為者になるために不可欠だとみなす女性のアイデンティティ、自尊心の強さと一貫性に悪影響を与えていることになる。この母親の葛藤は、娘や息子のアイデンティティの感覚にも負の影響を与えるだろう。ジェンダーは、フィリップスが望む正しい社会に少しでも近い社会秩序の達成を妨げる主な原因であるのだ。彼は他の点では、彼の正しい社会秩序のビジョンが、現代の諸社会からかけ離れていることに気づいている(Phillips 1986. esp. chap. 9)。しかし、彼は見せかけのジェンダー中立的な言語を用いており、正しい市民を社会化しうる家族のあり方と、今日の典型的な家族のあいだの距離にまったく無自覚である。

近年の政治思想が家族を省き、見せかけのジェンダー中立的な言語を用いてきたために、ほとんどの理論家はジェンダーにかかわるきわめて政治的な問題を無視することができた。彼らの言語は、彼らが実際にしていることとほとんど変わりない。彼らの言語は、男性と、（ジェンダー化された社会の構造と実践のなかで生きているにもかかわらず）男性の要求に一致するような生活パターンを採用してきた女性について論じるものである。ジェンダー化された家族を暗黙の前提にすることで、人間は政治理論に登場するいわゆる自律的行為者としてではなく、無力な赤ん坊として産まれてくるという事実は隠蔽されてしまう。ほとんどの場合、現代の正義論は過去の理論と同じように、家庭に妻がいる男性について書いたものなのである。

正義の問題としてのジェンダー

以下の三つの理由から、この現状は受け入れがたい。第一に、正義の理論が説得力をもつには、女性が十全に包摂されなければならないという明らかな問題。第二に、わたしたちの社会で起こっているジェンダー不平等は、女性だけでなく両性の子どもの機会の平等を蝕んでいるということ。第三に、すでに述べたことであるが、正義に適った社会を作ろうとするのであれば、ジェンダー構造の要である家族が正義に適っていなければならない。なぜなら、家族のなかでこそ、道徳的発達の源となる、わたしたち自身と他者との関係をめぐる感覚を最初に身につけるからである。

【女性を考慮に入れる】　西洋の偉大な政治思想の伝統は、両性の公正な処遇への配慮という点において、ほとんど役に立たない。メアリー・アステル、メアリー・ウルストンクラフト、ウィリアム・トンプソン、ハリエット・テイラー、ジョージ・バーナード・ショーなど勇敢なフェミニストたちは、陰に陽に女性の不平等を正当化する論理をくつがえすべく、自らの根拠や議論を用いてこの伝統に挑戦してきた。伝統の中心的位置にいる人びとが、女性の抑圧をめぐる正義をまったく問うてこなかったという慣例のなかで、ジョン・スチュアート・ミルだけが、めずらしい例外である。[14] この原因の一部は、正義の理論家として大きな影響力をもったアリストテレスが、政治的正義に参加する自由な男性とは根本的に平等ではなく、より完全な人間に仕えるのが自然な役目とされている二流の人びとが住む「家族の正義 household justice」の領域に、女性を追いやったことにあるのは間違いない。リベラリズムの伝統は、個人の権利と人間の平等を基礎にしているにもかかわらず、この点では一般的に認識されているよりもアリストテレス的伝統のなかにあるのだ(Stiehm 1983)。リベラルな論者たちはほとんどみな、さまざまなやり方で、理論の基本的な主体である「個人」を、家父長制的家族における男性家長と想定してきた。[15] よって、正義の原理を女性や両性の関係に適用することをおよそ考慮に入れてこなかったのである。

現代の正義の理論家たちには、ジェンダーと正義というテーマについて、より啓発的で積極的な貢献を期待することができる。しかしながら、家族の無視と見せかけのジェンダー中立的言語が示しているように、現代の正義の理論家の主流は、過去の理論家たちよりまともな議論をしているわけではない。それは、わたしたちの半分にのみ正義を適用しているからである。うわべだけでジェンダー中立的な言語を使用するのではなく、実質的に女性が包摂されなければならない。正義の理論は、わたしたちの半分が、社会正義の範囲外とされた生活の場で責任を引き受けていることを前提にするのではなく、わたしたちすべてに、そしてすべての人間生活に適用されるべきである。正義に適った社会とは、家族の構造と実践をとおして、女性が男性と同じくらい政治的力をもち、社会の選択に影響をもち、経済的にも身体的にも安心できる潜在能力を養う機会をもつことができる社会である。

不幸なことに、一九八〇年代の多くのフェミニストは、ケアの道徳性を唱道し、「正義」と「権利」の道徳はフェミニストが忌避すべき、もしくは根本的に変えるべき、男性的思考方法であると主張することに知的エネルギーを捧げてきた。(16) しかしこのような強調の仕方は、いくつかの理由で的外れであろう。第一に、このテーマに関する膨大な研究が示しているように、道徳的問題をめぐる思考に男女の違いがあるという明確な証拠は(今のところ)ない。仮にどんな差異があったとしても、その原因についての証拠もない。(17) 女性の主要な親業を含めてどのような差異も社会的に構築されたものであり、それゆえ変容可能な役割概念によって容易に説明できることははっきりとしている。このようなジェンダー構造化された社会において、女性の道徳的思考がどういうわけか本質的により文脈依存的な傾向をもっており、普遍主義から遠ざかっているとする結論にはなんら明白な証拠はないし、ありうるわけがない。このような間違った思考は、残念ながら、分離された領域を正当化する古いステレオタイプを強化するだろう。フェミニズムにおける「道徳の差異」の語りを利用する保守勢力の巧みさは、法王ヨハネ・パウロ二世の教皇書簡「女性の尊厳」にとりわけはっきり示されている。この書簡で彼は、女性らしさは母性や貞潔にあると主張し、他者をケアする母親の特別な能力に言及している。(18)

第二に、第5章で説明することであるが、正義の倫理とケアの倫理の区別は誇張されすぎている。最良の正義の理論において、ケアと共感、自分たちとまったく異なる他者の利益や幸福について考慮することは、不可欠な要素である。よって、ふたつの倫理を対照的なものとして二項対立的にとらえるのは間違っている。最良の正義の理論は、やや抽象的な「どこからでもない視点」ではなく、すべての人 everyone の視点を、慎重に思いやりをもって考慮することによって達成される〔訳注：正義とケアの二分法をめぐるこの論点については、Okin (1990a) でより詳細に論じられている〕。これはもちろん、最良の正義の理論は、男性と同じくらい完全に女性と女性の視点を包摂できる、もしくは包摂できるように応用できなければ十分なものとは言えないことを意味する。

【ジェンダーと機会の平等】 家族は人生におけるわたしたちの機会、わたしたちが何に「なるのか」を決定するのにきわめて重要な役割を果たしている。真の機会の平等に関心をもつ人びとには、家族がこの点で問題を抱えていることはよく認知されている (Fishkin 1983; Rawls 1971)。しかし、この重要な問題を認識している理論家でさえ問題の半分しかみておらず、事の重大さを十分に理解しているとは言えない。これらの理論家によれば、親が子どもたちに与える身体的・感情的環境、動機、物質的な利益の違いは、子どもたちの人生の機会に多大な影響を与える。わたしたちは社会のなかで、切り離された平等な個人として生まれるわけではなく、一定の家族状況のなかで生まれる。ある家族は中間層であり、ある家族は貧しく、ホームレスであり、ある家族は非常に裕福である。またひとり親、もしくはすぐに離婚する両親もいるし、対立ばかりの結婚生活を送っている両親、愛と幸福に満ちた両親もいる。よって、平等な機会が存在するという主張にはまったく根拠がない。レーガン時代の政策で顕著になったように、貧困、特に貧しい黒人、ヒスパニックの家庭がここ何十年と無視されてきたことで、わたしたちの社会は機会の平等原則から遠のいてしまった。この原則に近づくためには、高度で一律な水準の公的教育、ヘルスケア、雇用訓練、雇用機会、薬物更正や適切な住宅供給など、求めている人すべてに平等な社会サービスを供給することが必要だ。租税の再分配に加えて、軍隊から社会サービスへと大々的に資源を再配分することによってのみ、こうした改革は実現可能になる。

しかしこれらの格差が是正されたとしても、すべての人にとっての機会の平等が達成されたとは言えない。家族のなかの格差、ジェンダー化された家族が機会の平等にとって大きな障壁となっているという事実は、フェミニストの研究者以外には機会の平等の問題として認識されてこなかった。しかし、わたしたちの人生のさまざまな機会にもっとも影響力を与える要因のひとつが、社会における性別の重要性であるのだから、この点を認識することは重要だ。女の子と女性の機会は、家族生活の構造と実践、特に女性がほとんど決まって主な親業を担っていることに大きな影響を受けている。家族のなかの機会平等の障壁を考察するフェミニスト以外の論者は、家族がどの程度ジェンダーで構造化されているかによって、わたしたちのアイデンティティ、人生の期待における性別の重要性が変わることを分析してこなかった。ジェンダーの社会的構築の多くは、家族のなか、特に女性が子育てをする制度のなかで起こるにもかかわらず、である。

さらに近年、母子家庭、離別、離婚の割合が増大しており、両性間の不平等は、ひとつめの問題〔子どもの機会の格差〕をさらに悪化させている。多くの女性と子どもが離別や離婚のあとで貧困に陥るために、家族間の格差は拡大する。典型的な家族における性別分業のために、多くの女性は男性のように自活することができないままでいるし、両親が離別、離婚した子どもたちはたいていの場合母親と暮らすため、この格差は悪化していく。子育てのサポートの不十分さや子育てが不払いであることが、いまや大きな社会問題として認識されるようになっている。ジェンダーの不平等は現在、女性たち自身だけでなく、性別を問わず多くの子どもたちに直接的な損害を与えているのだ。女性に平等な機会を拡大することそれ自体も重要だが、不利益を被っている多くの子どもたちの機会を改善するためにも重要な方策なのである。

この問題がさまざまな部分で関連しあっているように、解決策の効果も相互に影響しあっている。ジェンダーの不平等を終わらせるため、そしてジェンダーそのものをなくすための方策として求められていることの多くが、家族間の機会を平等化するという効果をもつ。政府の補助による質の高い保育や、両親のニーズを職場に反映させることも、明らかにこうした政策のひとつである。これらも含め、適切な政策課題については第8章で論じたい。

【正義を学ぶ場としての家族】 家族に正義は必要ない、正義が適用できるはずがないとする理論家、もしくは単に家族を無視してきた理論家が説明できずにきたことのひとつは、子どもたちは正義の原理のうえに基礎づけられていない社会的環境において、公正な社会の市民として必要な正義の感覚を発達させているということだ。その意味で、正義に適った家族とは、公正な社会において、他の諸制度と同列の制度のひとつというよりは、きわめて重要な基礎なのである。

家族が子どもたちの道徳的発達に大きな影響を与えているのだから、家族は正義に適っているべきなのは、議論の余地のない明らかなことである。しかし実際の家族はそうはなっていない。発達の際に子どもが経験する大人の相互行為が、支配や操り、不平等な利他主義や一方的な自己犠牲ではなく、正義と相互性にもとづいた相互行為であり、また子どもたち自身が配慮と尊敬にもとづいて扱われていなければ、子どもたちが正義の原理に導かれる人間になるのは非常に難しいであろう。加えて、男性と女性が役割を分担するのではなく、役割を共有することが、ポジティブな効果をもつとわたしは考えている。なぜなら身体的・心理的に養育される／するという経験は――子どもにとっても大人にとっても――正義の感覚にとって重要な、他者の視点に同一化し、十分に理解する能力を高めるものであるからだ。ジェンダーが最小化された社会では、わたしたちのすべてがこうした経験をするに違いない。

　わたしたちの社会のほとんどすべての人間が、家族やそれに類似する関係のなかで人生をスタートさせる。しかし、賃労働する父、家事をする母、そして子どもたちというこれまでの世代でありふれた（決して普遍的ではないが）標準的な家族は、いまや少なくなっている。シングルの親、レズビアン、ゲイの両親はもはや珍しくないし、たくさんの子どもが共稼ぎの両親のもとで育っており、少なくとも幼少期のケアのある部分は家庭外で受けている。家族の形態は変化しても、とりわけ幼少期に子どもが育てられる場所としての家族は、初期の道徳的発達と他者への基本的な態度を形成する決定的な場であるのだ。家族は潜在的には正義について学ぶことができるひとつの場である。家族内での学習の特に重要な点は、他者の経験の共有や、自分たちとある部分では異なるが、ある部分では利益を共有している他者の視点に気づくことをとおして、正義の感覚を発達させることにある。

　個人の道徳的発達に対する家族の重要性は、現在よりも過去の政治哲学者によってよく認識されてきた。そのような例として、ヘーゲル、ルソー、トクヴィル、ミルそしてデューイらの議論をあげることができる。たとえばルソーは、家族を廃止せよというプラトンの提案に衝撃を受け、こう述べている。プラトンは、

まるで慣習的な結びつきの形成に自然の根拠がないかのように、もっとも身近な人への愛情が国家への忠誠の源泉ではないかのように、家族という小さな祖国をとおして心がより大きな祖国と結びつけられるわけではないかのように論じている。[19]

専制的体制、民主的体制の双方の擁護者は、市民の育成のためにはそれぞれ異なる家族形態が政治的に重要だと論じている。一方で、一九世紀の君主制主義者ルイ・ド・ボナールは、「国家が人びとの力を制御するためには、家族のなかの女性と子どもの力を制御しておくことが必要だ」[20]という主張を根拠に、離婚は家父長制的家族を脆弱にするとし、フランス革命の離婚改革に反論した。他方一八七九年、合衆国最高裁のレイノルズ対ネブラスカ州判決は同じ考え方から逆のこと、すなわち家族の家父長制は独裁支配を奨励するものであり、許容できるものではないと述べた。最高裁は、モルモン教徒の男性が一夫多妻制を実践する自由を否定し、この制度は「家父長制的な原理を導くもので……これが大きなコミュニティに適用されたとき、一夫一婦制のもとではもはや存在していない伝統的な独裁支配に人びとをとどまらせ」、「秩序を転覆させる」罪であると断言した。[21]

非民主的な政治システムに必要であるという理由で支配的な家族構造に執着するボナールの主張は、

首尾一貫している。一方、政治的民主主義を支えるのに不可欠であるという理由で平等な家族を推奨する最高裁は矛盾する主張をおこなってきた。たとえば、有名な一八七二年のブラッドウェル対イリノイ州判決のような同時代の他の判決は、法の慣習から女性を排除することを擁護した。裁判所は、たとえ一夫一婦制であったとしても、女性の依存と市民的・政治的生活からの排除を要求する家父長制的な家族を擁護して、女性の法的平等の要求を拒否したのである。[22] 民主的な政府は、重婚は家父長制的であるとする一方、共和主義者と同じように、結婚した女性が独立した生計を営むために自身の能力や資格を活用するのを拒否しても、それは家父長制的ではないと考えてきたのだ。こうした権利の拒否は、市民社会の秩序を脅かすものではなく、むしろ市民社会の秩序にとって必要なものであり、神と自然の両者によって運命づけられたものとみなされてきた。レイノルズ判決もブラッドウェル判決もともに、「国家の諸権威は、支配している側にとって好ましい家族形態を強制し、安定と秩序にとって必要なものとして正当化した」(Minow 1987)。裁判所は、一夫多妻制が専制支配をもたらす可能性を認識していても、一夫一婦制が専制支配をもたらす可能性については認識してこなかった。一夫一婦制は、理想的な市民の育成の場として受容されてきたのである。

家族の重要性と、道徳的・政治生活という、より広い世界につながる家族の実践を強調してきた過去の多くの理論家は、家族と、家族外の世界の構造と実践との関係については決して論じてこなかった。彼らは、道徳的発達には関心をもったものの、公的生活と私的生活をふたつに分化させることにより、家族内の感情のうえに成り立っている不平等でときに明らかに不公正な関係と、より公正で、平等主義的でさえある家族外の社会構造との関係を難なく調和させることができたのである。ルソー、ヘーゲル、トクヴィルらは全員、家族は市民の道徳的発達のために非常に重要であるとした。しかし彼らは、家庭の外の制度や実践における支配構造を軽蔑しつつも、婚姻構造の支配関係を擁護してきた。これらの理論家のすべてが、家族関係の基礎としての愛情、利他主義、寛容さを好みながらも、子どもたちを公正な社会における市民に社会化するために必要な正義に適った家族構造について議論してこなかったのである。

さらに、家族内の正義は公正な市民の発達に関係がないという理解は、たとえ男性だけが市民になるのだとしても納得のいくものではない。『女性の従属』(『女性の解放』)のなかでジョン・スチュアート・ミルは、この点について熱心に反論している。彼は、家族内の女性の不平等は概して、男性の道徳的能力を破壊するがゆえに、より広い社会的世界における正義を根本的に破壊するものだと主張した。「誰の利益 good のために、女性の権利にかかわるすべての変化を受け入れることができるのか」という問いへの答えとして、ミルは最初に「もっとも普遍的で広く普及している人間の関係が、不正義ではなく正義によって規定されることによる利益」をあげている。結婚を平等な関係にすることは、日常生活の主要部分を「専制支配の学校」から「道徳的修養の学校」へ変容させることだとミルは論じる(Mill 1869)。[23] さらに彼は、強い口調で、正義によって統制されていない家族のなかで成長することの有害さについて述べている。考えてみれば、「自己所有、不正義な自己優先」は、「人類の半分のすべての人びとよりも、当然の権利として優位にいる男性として生まれる」家庭のなかで育った少年のなかに芽生えるものだ。ミルは、「社会正義のもっとも重要な原理と反する」結婚構造からみえてくる実例は、その改善の効果を想像することさえ難しいほど「人びとに悪影響」を与えているに違いないと結論づける。そして、人びとに尊敬と正義の実践を教えるすべての他の試みは、結婚構造を維持しようという「敵の牙城をほうむりさらない限り」、表面的なものにとどまると主張する。だがミルは、家族の現状に失望するのと同じくらい、家族の可能性について大きな期待をもっている。「家族は、正しく形成されれば、自由の徳を学ぶ学校になりうる」のであり、基本的に家族のなかには「最初に平等を根拠に、次に共感的結びつきにもとづいた正義」がある(Mill 1869: 324-325, 294-295)。ミルは、他の多くの政治哲学者が考えてこなかった、もしくは考えようとしてこなかったことを直視し、述べる勇気をもっていたのだ。

しかし、女性の権利を擁護する勇気と情熱にもかかわらず、正義に適った家族構造をめぐるミルの考え方は、彼の妻であるハリエット・テイラーも含め、当時の多くのフェミニストの家族に対する考え方からはほど遠かった。ミルは、収入を得ることが家族内の地位に与える効果と、家庭責任によって女性の機会が限定されてしまうことを認識していたにもかかわらず、両性間の伝統的な分業に疑問を投げかけるのをためらっている。彼は、女性にとっての結婚の選択を、男性にとっての職業選択の機会と同じものととらえている。すなわち、女性は夫と子どもたちへの義務を達成しないのなら、もしくは達成するまでは、他のことを引き受けるべきではないという。どれだけ夫と妻の法的権利が平等であっても、こうした立場をとってしまっては、公正な社会のためには婚姻の平等が重要だとするミルの主張は台無しになってしまう。経済的に夫に依存させられている妻にいかなる保証もせず、伝統的な性別分業を受け入れるなら、社会正義の基礎として家族内の正義が必要だという主張は意味をもたない。

このように、家族が道徳的発達の重要な学校であることを認識していた過去の政治理論家でさえ、家族とより広い社会秩序が調和する必要性、すなわち家族に正義が必要であるということをほとんど理解してこなかった。ミルはこの点を理解していても、正義と平等の名のもとに家族内の伝統的分業を廃止することに躊躇した。

現代の正義の理論家は、わずかな例外をのぞいて、いかにしてわたしたちは正しくなるのかという道徳的発達の問題にほとんど、もしくはまったく関心を払ってこなかった。彼らの多くは、「正しい人間は大地のなかからキノコのように生えてきた」というホッブズの有名なフレーズについて考え、順応しようとしてきたのであろう。[24] そう考えれば、家族が道徳的発達、特に正義の感覚を教えるために重要であることが、過去の理論よりも現代の理論においてほとんど認識されてこなかったのは驚くべきことではない。すでに述べたように、多くの理論家は家族にもジェンダーにもまったく関心を払ってこなかった。家族内の正義の問題に持続的に関心を払ってきたほんのわずかな理論家は、家族を社会正義の潜在的な学習の場としてとらえてこなかったし[25] (Walzer 1983)、正義の感覚や道徳の発達に持続的に関心を払ってきた理論家は、家族にはなんら関心を示してこなかった[26] (Gerwirth 1978)。主要な道徳的社会化の場としての家族に大きな関心を示してきためずらしい理論家でさえも、家族とはいまだ全面的にジェンダー構造化されている制度であるという事実に言及していない(Rawls 1971; Phillips 1986)。

現代の正義の理論家のなかで、ジョン・ロールズだけが、道徳的発達を最初に学ぶ場としての家族をまじめに扱ってきた。彼は、社会のメンバーが正義の感覚を発達させ続けることによってのみ、公正で秩序立った社会は安定するのだと主張する。さらに彼は、家族は正義の感覚を獲得するための各段階において基礎的な役割を果たしていると論じる。互恵的なものである両親から子どもへの愛は、子どもの「彼自身に価値があるという感覚と、両親のような人間になりたいという望み」になる(Rawls 1971: 465)。さらに家族は、わたしたちが参加する一連の「集団」の最初のものであり、そのなかでわたしたちは正義の感覚にとって重要な、他者の視点から物事をみる能力を獲得する。以下で示すように共感する能力は、ロールズの言う意味で正義の感覚を維持するために不可欠である。正義の感覚を維持するために必要な視点とは、自己中心的で切り離された自己の視点や、「わたしたちの」伝統や「共有された理解」を信奉する少数の支配者の視点、もしくは(ネーゲルが言う意味での)「どこからでもない視点」でもない。むしろそれは、正義の原則が適用される社会のすべての人びとの視点である。以下で論じるように、道徳的発達をめぐるロールズの希少で興味深い議論の問題点は、家族制度は正義に適っているという説明されていない前提に依拠している点にある。もしジェンダー化された家族制度が、正義に適っておらず、ロールズが望ましいとする正義の原理やその他の共有された価値ではなく、社会的に重要なものと信じ込まれてきた生得的な差異にもとづいて、責任、役割、資源を配分する階級制や封建的社会の遺物なのだとすれば、ロールズの道徳的発達の理論は不確かな根拠にもとづいている。この問題は、家族は「私的な制度」であり、それゆえ正義の基準を適用できないとするロールズの最近の提言において、さらに深刻になっている。もし、家族が正義に適った個人と市民を育成するのだとすれば、間違いなく家族そのものが正義に適っていなければならない。

公正な社会の家族構造と実践は、男性と同じように女性にも、自らの能力を発達させ、政治的権力や影響力のある社会的選択に参加し、経済的に保障される機会を与えるべきである。それに加えて、家族は子どもたちの道徳的発達に重要な影響力をもっているのだから、正義に適っている必要がある。家族は発育期の道徳的発達にかかわる基礎的な制度である。さらに、正義の感覚を育成し、維持したいのなら、家族の構造と実践は、より広い社会の構造と実践に一致しなければならない。過去と現在の多くの正義の理論家は、これらの諸要素のうちのたったひとつの重要性も認めてこなかったが、わたしは女性の社会参加と家族における正義は非常に重要だと考えている。すべての社会のメンバーを平等に尊重し、恩恵と責任を公正に配分する社会であるならば、家族を無視することもないし、現在のジェンダーにもとづいた構造と実践のような、これらの規範に反する家族の構造と実践を認めはしないだろう。子どもたちがしっかりした正義の感覚と公正な制度にコミットする大人に成長するためには、幼少期と発育期に愛され、大事にされ、そして正義の原理が遵守され、尊重されている環境が必要不可欠である。母親が父親の倍の量家事をする共働きの標準的な世帯のなかで、両性の子どもたちは公正について何を学ぶのであろうか。父親が「特権をもつ」賃金の稼ぎ手であるという事実を巧みに、もしくはあからさまに利用し、妻を酷使する伝統的な分業がおこなわれる家庭のなかで、子どもたちは養育や家事労働の価値について何を学ぶのであろうか。女性が何年にもわたって夫と子どものニーズを中心に人生を設計したあと、彼女自身が引き受けることに納得し、実際に引き受け、引き受けつづけることを期待されている仕事のために、自分自身と子どもたちを養う資源を完全に失ってしまう家族のなかで、子どもたちは他者への責任について何を学ぶのであろうか。

以下の五つの章では、影響力をもつ近年のいくつかの政治理論を、女性とジェンダーという視点から検討する。第2章では、わたしの議論の大部分と対立するふたつの主張を検討し、反駁する。ひとつは、正義は家族にとって基本的な徳にはなり得ないという主張——家族とは利益の一致によって特徴づけられ、正義以上のものを期待するのが適切な親密な集団であるという主張である。もうひとつは、性的差異の「本質」にもとづけば、家族が正義に適っているべきという主張は非合理的であるばかりか有害であり、そもそも家族には本質的・必然的に正義は適用できないのだという主張である。第3、4、5章では、「正義とは何か」という問いに、まったく異なる視点から応えている近年の理論のいくつかをとりあげる。第3章では、伝統、もしくは文化の「共有された意味」に重点を置く諸理論について議論する。第4章では、個人の財産をめぐるリバタリアンの議論をとりあげる。リバタリアンは、自らの行為の結果から生じたものはなんであれ個人の完全な所有物としてとらえ、どのような社会的再分配も個人の権利を侵害するものであるため不正義であるとする。第5章では、結果における自らの個別の利益が分からない状況に置かれた人びとの熟議をとおして、合理的な社会正義の原理を導くことができるとする正義の議論に立ち向かう。

わたしはこれらのどのタイプの理論についても、女性を男性と同様に、社会正義を適用しなければならない完全な人間として扱うフェミニストの視点から検証する。これら(伝統を基礎にした理論とリバタリアニズム)のいくつかについては、その要求の不当さから完全に廃止すべきであるが、より平等主義的な理論は、その立場が満足のいくものではないにしろ、真に人間性を備えた正義の理論として発展させうるかなりの可能性をもっている。しかしながらこれらの議論は、公的領域と私的領域の二分法へのこだわり、上述したように、結婚と家族を正義の多くの議論から排除してしまう傾向があるがために、人間性を備えた理論へと発展する可能性が遮られてしまっている。第6章では、他の理論家も貢献してはいるものの、主にフェミニストが展開してきた議論が、私的・家庭生活の領域と、国家と市場の領域の二分法の恣意性を白日のもとにさらしているかどうかを論じる。公的領域からの私的領域の分離が、実際のわたしたちの社会生活とはかけはなれており、おおよそイデオロギー的に構築されてきたことを理解すれば、家族に正義の基準を適用する可能性だけでなく、その必要性について、よりはっきりと認識することができるだろう。

最後のふたつの章では、わたしたちの社会に存在するある種の家族形態は正義に適っていないことを明らかにし、そうした家族をより正義に適うようにする方法を提示する。第7章では、近年の経験的データにもとづいて、今日の合衆国のジェンダー構造化された結婚と家族生活が、もっとも一般的に受け入れられている社会正義の基準からはほど遠いことを論じていく。ここでは、ジェンダー構造化された結婚は女性を経済的・社会的に脆弱にする制度である、という本章の冒頭に示した見解についての証拠を提示する。第8章では、ジェンダーをめぐる現在の不正義を実質的になくしていくための公的政治に対する提案をおこない、それまでの章で考察した、正義をめぐる望ましい思考方法のいくつかをここで用いることにする。わたしは、性的差異の社会的重要性はわたしたちの社会におけるひとつの争点であるという事実について、真摯に考えたい。ジェンダー構造を全般的に強化している家族、そして職場や他の諸制度を軸としたわたしの提案は、ジェンダーによって構造化されない社会に向けてわたしたちが歩みだし、たとえ自由に選ばれた性別分業が残っていたとしても、それが不正義をもたらさないようないくつかの方法を提示するものである。そのような社会では、もっとも公的な生活からもっとも私的な生活まで、あらゆる生活の領域において、わたしたちは十分に人間性を備えた正義の原理とともに生きていくことができるであろう。

＊1　いかにして社会正義を達成するかをめぐるアッカーマンの議論は、もっとも本質的な点でロールズの議論と似ている。第5章と第8章で明らかにするが、このような手法は、ジェンダーの問題に挑戦し、人間性を備えた正義の理論に到達するために有益なものだと考えられる。

＊2　彼は、特に女性にとっての「社会化の初期における犠牲の倫理」の欠点にも言及している。彼はまた、近年女性の夫への依存が減ってきていることを喜んでいるが、同時にこのことで家族の安定性が弱くなるとも述べている。親業の議論におけるフィリップスの見せかけのジェンダー中立性は、彼の本の後半（第8章と第9章）で明確になる。彼は賃労働とは、「男性」と、子どもに財産や貧困を遺す「父親」の労働であるとしている。

第2章
正義は家族に届かないのか?

わたしたちの社会でつづいている両性間の実質的な不平等は、ほぼすべての女性とたくさんの子どもたちに重大な影響を与えている。これらのすべての不平等の原因は、家族における不払い労働の不平等な配分にある。伝統的家族、ジェンダー構造化された家族に反対してきたフェミニストの主張は、「反家族」の主張と誤解され、批判されてきた。そして、批判されたフェミニストの一部は、これらの非難を黙って受け入れてきたし、非反省的な家族の擁護に逆戻りした(Stacey 1986)。一方で、他のフェミニストはより積極的に、フェミニストにとって「家族を再考する」必要性がつづいていることを強調し、家族は正義に適うことが求められていると応答してきた(Thorne and Yalom 1982)。さらにこれらの目標は、女性のためだけではなく――女性になされた不平等はジェンダー構造化された家族を批判するのに十分な理由ではあるが――社会正義全般にとって不可欠であると応じてきた。

この章では、ふたつの異なるタイプの議論をとりあげる。両者とも、家族の内部に正義を適用するのは間違いだと主張するもので、ひとつは近年広く読者を獲得し、絶賛されているマイケル・サンデルの『リベラリズムと正義の限界』(Sandel 1982)、もうひとつはアラン・ブルームの『アメリカン・マインドの終焉』(Bloom 1987)のなかの主張である。前者は、家族は非常に高尚なものであるため、正義を「超えている」という主張である。サンデルの見解では、家族とは、利益の対立や、配分される財の希少性に直面したときに必要な正義の環境とは無縁の、愛情と利益の同一性によって一体となった親密な集団であり、正義より高尚な徳 virtues によって構成されている。後者は、家族は支配的な構造をもつのが「自然」であるがゆえに正義を「超える」とする主張だ。ブルームはジェンダー構造化された家族のなかにある分業は、少なくとも一般的な正義の基準からみれば、正義に適っていないと率直に認めるが、それは自然と必然性の両方に根拠づけられているとする。反リベラリストとして称賛されるサンデルとブルームの本は、非常に大きな人びとの関心を集めている。前者は学術的な集団のなかで礼賛され、後者は学術書の範囲を超え一般書としてベストセラーとなっている。そして、ひとつの例外をのぞいて、彼らの正義と家族に関する主張が無視されていることは、一九八〇年代の反フェミニズム的な風潮の証だと言える。(1)

正義と理想化された家族

正義は家族における徳としては適切ではないという考え方は、過去にはルソーやヒュームによってもっとも明確に論じられてきたが、これは今日重要な意味をもつ。先にみたように、現代の正義の理論では、家族生活とジェンダーの多くの問題を完全に無視することによって、この考え方が暗黙の前提とされているからである。今日この問題が明示的に論じられることはほとんどないが、マイケル・サンデルは、ジョン・ロールズの正義論に対する批判のなかではっきりと論じている。本章ではこの論点をとりあげるが、まず手始めに、ルソーとヒュームの立場について概観しておこう。ルソーは、他の複雑な諸問題のいくつかと同じように、この問題を多面的に論じている。彼はときに、家族は、家族外の社会とは異なり愛情によって成り立っているという考え方に依拠して、家族の統治は政治社会の統治とは違って、そのメンバーに説明責任を果たしたり、正義の原理によって規制される必要はないという結論を正当化する。彼は、政府とは異なり、家族のなかの父親は、「正しくふるまうために、彼の心に尋ねるだけでよい」[2]と述べる。ルソーは、夫が家族という単位の利益を代表するのだから、妻は、家族のなかで支配されても幸福が損なわれることはなく、それゆえ政治の領域に参加する権利はもたなくていいと結論づける。

同じようにヒュームも、家族生活の環境とは、正義の基準を適用するようなものではないと主張する。彼は、すべての男性が「彼の仲間の利益以上に、自分の利益に関心をもたない」ような「拡大された愛着」の状況においては、正義は必要ないし、役に立たないという主張から彼の正義の理論をはじめる。彼によれば家族とは、正義が似つかわしくない、拡大された愛着の明確な事例のひとつである。なぜならそこでは「財産が誰のものであるかの区別が、かなりの範囲で消失してしまい、曖昧になってしまう……結婚した人間同士の結びつきの絆は、法が想定しているように、すべての財産の区別が消失してしまうほど強いものであり、しばしば実際にそうした力をもっている」[3]。彼の主張もルソーと同様、家族のなかに存在する愛着と利益の一致ゆえに、家族に正義の原理を適用するのは不適切である、というものである。

ロールズへの批判のなかでサンデルは、正義という徳がふさわしくない、社会の重要な諸領域について論じるために、家族生活に関するヒュームの見解をとりあげ、議論を展開する。サンデルのロールズに対する議論の中心的部分は、リベラリズムの正義の説明一般に対する批判的見解、すなわち正義を優先される徳 primary moral virtue とするロールズの主張への批判にもとづいている(Sandel

1982: 30-35)。この主張は、人間社会には一定の「正義の環境 circumstances of justice」があるとするロールズの前提に関するものである。正義の環境とは、第一に、適度な資源の希少性の条件があり、第二に、人びとがいくつかの似たような重なり合うニーズと利益をもっているが、同時にまた「異なる目標と目的をもっており……入手可能な自然と社会的資源をめぐって対立する要求をもっている」(Rawls 1971: 127)ことを意味している。では、ロールズは正義の環境を家族に適用することについてどう考えていただろうか。彼の立場は一貫してはいないものの、正義が家族に適用できると考えている数少ない理論家のうちのひとりであるように思われる。まず第5章で論じるように、彼は家族は「何らかの形で」正義に適っていると論じているというより、前提にしている。さらにこの前提に加えて、正義の環境の外部としてではなく、「社会の基本構造」のひとつとして家族を包摂するという当初の(少なくとも『正義論』における)ロールズの立場からも明らかである。

　しかしながらサンデルは、正義の環境が支配的ではない数多くの社会集団が存在するのだから、正義の優先性 primacy of justice に対するロールズの主張の根拠は乏しいと論じる。「多かれ少なかれ、明確に規定された共通のアイデンティティと共有された目的をもっている」集団のなかでも、家族とは「極限の事例であろう」(Sandel 1982: 31)。サンデルは、そのような集団の存在は、正義が社会制度において、第一のもしくは優先される徳だとするロールズの主張にふたつの点から論駁するものだという。第一に、サンデルは、「親密なもしくは連帯する集団」においては「正義の環境が相対的に少ししか存在しないほどに参加者の価値と目的が一致している」とするヒュームに同意する。サンデルによれば、「多かれ少なかれ理想的な家族の状況」においては、「自発的な愛情と寛容さが優先している」(Sandel 1982: 30-31, 33)。第二に、そのような集団では正義が支配的な徳でないだけでなく、彼らが正義の原理に従って行動しようとしたときに、必然的に全体の徳が向上するわけではなく、むしろ「より高尚な徳や、より望ましい恩恵(4)」を失うことで、「正義は、ある状況では徳とならないばかりか有害なものとなりうる」(Sandel 1982: 31)。そのような可能性を考えれば、正義が道徳上優先されるという主張に根拠はない。よってサンデルいわく、正義は、ロールズが主張するように第一の徳なのでなく、特定の状況において不道徳な状況を修復するための「矯正的徳 a remedial virtue」(Sandel 1982: 31)である。

一八世紀と二〇世紀の議論の双方において、家族に代表される人間の集団は正義の優先性に挑戦するものだとする議論は、ふたつの点で間違った根拠にもとづいている。これらの議論は、〔第一に〕正義が社会制度において第一に優先される徳であるという主張の意味を間違って理解しており、〔第二に〕家族を理想化している。ロールズのいう正義の優先性とは、正義がもっとも高度で高尚な徳であるということを意味しているわけではない。彼は正義がもっとも基本的で不可欠な徳だと主張しているのである。これは『正義論』の冒頭のページでロールズが用いている比喩に示されている。

思想のシステムのなかで真実がそうであるように、正義は社会制度の第一の徳である。理論はどれだけ洗練されていたり経済的であったりしても、真理でなければ拒否され改定される。つまり法律や制度は、どれだけ効率的でよく計画されていても、それが不正義であれば改正されるか廃止されなければならない。(Rawls 1971: 3)

理論が、明敏さや社会的実用性など、真実以上の性質をもっている場合、単なる真実よりも洗練されているのと同じように、社会制度が正義以外の道徳的性質をもっているとき、それは単なる正義よりもより洗練されているのは確かである。つまり、正義とは最高の徳だからではなく、もっとも不可欠な徳であるから、優先される徳なのである。ロールズは実際に、正義よりも崇高で高尚な道徳的原理と感情があるという彼の信念をはっきりと述べている。彼は「より高度な道徳的感情であり、共同体の人びとをひとつにまとめるのに貢献する」、「博愛や慈悲の行為、英雄的行為や自己犠牲の行為」といった「義務以上の行為」についても言及している(Rawls 1971: 117, 192)。彼はさらに、家族のメンバーはいくつかの場面では、このような高尚な徳を互いの関係のなかで表現していると論じている。しかし彼は一貫して、狭義の意味での自己利益を大幅に犠牲にすることを要求するそのような道徳の規準を守っているのは、普通の人間ではなく、聖人や英雄だけだとする(Rawls 1971: 129-130, 438-439)。さらにロールズによれば、義務以上の道徳は、権利や正義の規範以上のものを要求するにもかかわらず、いかなる意味でも正義や権利と対立するものではない。なぜなら第一に、彼らの目標は正義や権利の原理の延長にあって、それらの原理の要求を超えるものであるからであり、第二に、彼らの善の要求が対立するときには、それらの道徳も正義の原理にもとづく必要があるからである(Rawls 1971: 479, 191)。このように概念的にも実践的にも、高尚な徳は正義に依拠するが、正義は他の徳に依拠しないという意味で、正義はさまざまな徳のなかで第一の優先される徳なのである。

以上の点をふまえれば、正義の道徳上の優先性に対する批判と、正義が家族にとって中心的な徳であるという主張への批判は、どちらも説得力をもち得ないことが分かる。大部分が愛着によって成り立っている共同体や集団において支配的である道徳、もしくは正義よりも高尚なその他の徳は、義務以上の道徳と言える。つまりそこでは、狭義に解釈された個人の利益よりも、共有された目的や彼らが非常に配慮している他者の目的に対する関心が上回っている。しかし、家族や家族外の社会に存在する高尚な道徳的感情よりも、正義の基礎 foundation of justice を優先することは不可欠なのである。多くの目的が共有されており、愛着が支配的な社会集団のなかでさえも、もっとも基本的な道徳であるという意味で、正義は優先される原理として求められている。

次に、理想化され、神話化さえされた家族像に依拠するサンデルのふたつめの間違いを検討することで、正義がなぜ家族にとっても必要な徳であるのかを考えてみよう。サンデルの理想は、「共通の理想について合意している聖人の集まり」(Rawls 1971: 129) のように、正義が不適切であるとロールズも同意する状況の例と非常に似ている。しかし現実的にみれば、人間の関係は、家族も含め、そううまく理想的に機能するものではない。そして正義の理論とは、制度の非現実的な観念や理想ではなく、現実に関心をもつものなのである。もしわたしたちが理想だけに関心をもつのであれば、家族と同じように家族外の人間の社会にも、正義は必要ない。おそらく理想化された社会は、くだらない正義や租税のシステムは必要としないだろうが、そこからわたしたちが現実に生きている世界で必要としているものについて学ぶものはほとんどない。

正義を超える制度として家族を理想化する議論は、実際よくあるように、この神聖化された理想を実現できなかったときに、その集団において起こることにあまりにも無頓着である。ヒュームが正義よりも高尚な道徳によって営まれている場の典型として出してくる例を一見しただけでも、家族に正義が必要ではないとするヒュームやサンデルの議論を受け入れることはできない。一八世紀の家族の単位は——当時のイデオロギーによって神聖化され、一九七〇年代に家族歴史学者によって再び注目を集めたが——法がでっちあげた「夫の庇護のもとにある妻の地位」(Shorter 1975; Stone 1977; Trumbach 1978)を根拠にしている。ヒュームが述べるように「法が想定する[婚姻関係にある人間同士の]情緒的結びつきは、財産所有権の区分を消失させるほど強いものであると……法は想定している」という理由づけは、婚姻すれば、女性は法的な人格ではなくなることを意味している。しかしヒュームの説明とは逆に、コモンローは夫婦の財産の共有権を制度的に認めていない。妻がもっていた財産への支配権やそこからの収入も含め、すべての妻の個人的財産は自動的に夫へと移譲される。後にジョン・スチュアート・ミルが述べるように、妻のものはすべて夫のものにするという目的のために「法において二人は「ひとつの人格」とみなされたが、夫のものが妻のものととらえられることはなかったのである」(5)。ヒュームとその他の理論家は、「拡大された愛着」に言及することで、妻の地位を正当化した。そしてこのように「安寧の場、すなわち危害だけでなく、恐怖、疑念、分配からの避難所」としての家族の理想化は、ジョン・ラスキンが表現するように、一九世紀の結婚した女性の権利に対する反対論者の中心的主張であった(6)(Ruskin 1871: 85)。しかし現在を生きるわたしたちは、女性の所有権だけでなく、彼女の身体、子どもたち、そして法的権利が夫に属していた家族の状況において、分配的正義の問題が重視されてこなかったことを認識する必要がある。ロールズが考えるほど、正義の環境は社会的に普遍的ではないと主張するために、二〇世紀後半にこうした家族の説明に逆戻りする論者は、ひどく非歴史的であるだけではない。彼らはこうした説明が、単なる神話であり、有害なものであるという事実をみようとしていない。このような主張は、夫の庇護の名のもとに不正義を隠蔽するイデオロギーとして機能している。

この例をもとに正義と家族について考えるなら、人びとの集団が正義より高尚な徳によって営まれており、それが単なる正義よりも道徳的に望ましいとみなすことが可能だとしても、わたしたちはそれを真実だと結論づける前に、もっと家族を観察しなければならない。特に、正義の環境——(目的を共有した聖者のコミュニティでなければときに起こるであろう)利益と目的が対立し、ある程度の資源が希少であるという状況——が生じたときに、家族のメンバーに利益と負担が公平に配分されているかどうかを問う必要がある。たとえ妻が夫への寛容と自発的な愛情のために、家族の財産に対する公平な分配を要求する機会を一度ももてなかったとしても、仮に妻が要求した場合に彼女が分配の権利をもっているか否かを知らなければ、わたしたちは彼女たちが暮らしてきた家族を道徳的観点から評価することはできない。もし仮に、一八世紀の妻たちが家族の財産を公平に分配することを要求していたとしても、彼女たちに返ってきた返事がどのようなものであるかを想像することは難しくない。それを考えれば、この家族という制度が内包している高尚な徳と言われているものに対する不信感は大きくなる。

これらの事実から、第1章で述べ、後により詳細な説明をするように、サンデルの正義の優先性に対する批判は、現代の家族をかなり理想化した見方にもとづいていることは明らかである。「拡大された愛着」は、家族のなかだけで起こる感情でも、用いられるものでもない。一九七〇年代になって、非常に多くの家族内の暴力――その多くが深刻なものであり、その一部は命にかかわるものである――が「発見」された。裁判所と警察は、家族内の暴力と家族内でより力をもつメンバーから、弱いメンバーに向けて行使されている性的暴力に対して、急速に関心を示すようになった。家族はまた、再分配が求められる重要な領域でもある。サンデルは、「多かれ少なかれ理想的な家族の状況」においては、正義への訴えは「自分自身の公正な取り分をほとんど要求したりはしない寛容の精神によって優先されてしまう」のであり、「わたしが何を獲得し、何を与えられるべきなのかという問題が、生活の全体的な文脈のなかで問題となることはない」(Sandel 1982: 33)と述べる。ここで言われていることは、家族には体系的な不正義は存在しそうにない、ということのようだ。女性らしさに従った社会化と役割期待のために、女性が一般に男性よりも公正な取り分に対する要求を控える傾向があることや、家族のニーズに応じて自分の優先順位を低くする傾向があることは、まったく考慮されていない。初期の家族の理想主義者がよく理解していたように、家族内で期待されている義務以上の道徳は、多くの場合女性の自己犠牲によって成り立っているのである。ラスキンは、女性のあるべき姿についてこのように述べることで、自己の理想を守りつづけている。女性は「自己の成長のためではなく、自制のために……、常に清廉潔白で善良であり、本能的に賢明である」(Ruskin 1871: 86)。

事実、賃労働や余暇のための時間、身体的安全、経済的資源といった多くの社会的「財 goods」は、家族のメンバー間で不平等に分配されている。多くの人びとがほとんどの時間、「正義よりもよい」状態にあったとしても、現代のジェンダー構造化された家族は、正義に適っていない。多くの女性たちと子どもたちの人生のチャンスが危機にさらされていることをみれば、現代の家族は、彼/彼女らがたとえそうありたいと願っているとしても、実際には寛容の精神を発揮できているわけではないことが分かる。しかし、家族がわたしたちがはじめて正義の感覚を発達させる場所であり、道徳的発達の最初の場であるなら、家族は正義に適っている必要がある。また、この国が基本的な理想として要求している機会の平等にわたしたちが近づこうとしているのなら、家族は正義に適うことが求められている。

どうやらわたしが批判してきた人びとは、正義は親密性、調和、そして愛情の価値をいくらかでも損なってしまうと考えているようだ。しかし、仲むつまじい愛情、深く持続的な愛情は、ここで問うている正義の基準と共存できないと考えるべきなのだろうか。わたしたちは、より高尚な徳として要求されているものと、基本的で不可欠な徳のどちらか一方を選び、また後者に反対するかどうかを選択しなければいけないのだろうか。そうではない。家族のような人びとの集団の現実を把握し、家族が正義の基礎の上につくられるべきであると主張するのであれば、わたしたちはこのような二者択一を迫られることはない。だからといって、正義以上のものを望んだり、期待することはできないということにはならない。わたしたちが最善の動機や高尚な徳に支配されていてほしいと望む人びとの集団は、正義の原理が作動することがめったにないとしても、正義の基礎の上につくられてこそはじめて、正義よりも道徳的に優れたものになると理解するべきだ。よって、家族のような集団の存在は、正義の道徳的優先性に対してなんら問題を提起するものではない。通常、家族のメンバーが、自発的な愛と寛容に従って行動していたとしても、正義の環境が生じたとき、必要とされたときに正義の原理が用いられれば、家族は正義に適うし、正義よりもよいものになる。しかし、もし家族のメンバーが正義を要求する理由があるにもかかわらず、正義が与えられなかったら、どんなに寛容で愛情のある家族であっても、家族の状況は正義よりも悪い。

このように、家族が正義の優先性を否定する制度であるとみなされうるのは、家族が理想化され感傷的に描かれる場合だけである。家族のメンバーが、どんなに互いに配慮しあい、共通の目的を共有していたとしても、ときに対立するかもしれない固有の目的や願望をもつ別個の人間であることを認識するなら、正義が重要な徳となる制度として家族をとらえるべきである。家族生活の領域において用いられている資源――ほんのわずかだけあげたとしても、余暇、養育、金銭、時間、配慮など――の多くは、決して分配が問題にならないほど余っているわけではないことを認識するなら、(そして認識すべきなのであるが)正義が非常に重要な役割をもっていることが分かる。特に、女性が家族へのコミットメントのために人生全体のキャリアを変更しがちであることを理解するなら、それがどんなに強い愛情で結ばれていようとも、友人関係のような他の親密な関係と家族とを同じものとみなすことはできない。そして、現代では家族の耐久性が低下してきており、かつてのように結婚を永遠のものとみなすことはできない。それゆえ、正義がかつてよりも重要な問題になってきているということを考慮に入れるべきである。自分の同意もなく、子どもたちの大きな不利益を伴って、目の前で解消されるかもしれない単位のなかで、正義の代わりに自己犠牲と利他主義を用いることは、崇高な行為ではなく、将来への見通しの甘さとして評価されてしまうだろう。

自然で、社会的に当然とされた家族の不正義

ルソーの理想化された家族のなかでは、依存し、ひきこもり、従属した妻は、夫の愛情と庇護のみに頼ることができるが、彼はときにこうした家族生活の説明を信頼することのばかばかしさも認めていた。彼の想像の描写のなかでは、夫や父親たちは理想にはほど遠く、しばしばネグレクトし、虐待し、彼らの責任を放棄する。[7] また、ルソー自身も、妻の反対を押し切って子どもたちを孤児院に入れている。このようにルソーは、彼の理想が依拠していた神話のもろさを認識していたにもかかわらず、自然の要求と彼がみなす女性の依存的な位置について、代替的なビジョンを考えることができなかった。ルソーの考えでは、「自然の法則」のもとでは、男性には子どもたちへの不確かな父性が委ねられ、女性は「男性の判断の言いなり」になる。[8]『エミール』の五巻では、ソフィーが、夫のさまざまな要求や気まぐれに甲斐甲斐しく従う人生に周到な準備をしていることを描き、この状況の不正義を率直に認めている。

> 彼女は、不完全で、ときに邪悪であり、常に人として欠点のある存在に従うようにつくられているのだから、不平を言うことなく、不正義や夫の不正にさえ耐え抜くことを学ばなければならない。彼のためではなく、彼女自身のために、彼女はやさしくなければならないのだ。女性の辛辣さや頑強さは、夫の悪事と問題あるふるまいを助長させるだけである。[9]

このように、自然は男性への女性の従属を必然的に求めており、男性の不完全さは、女性が不正義

に耐える本質的な性向を強めることを必然的に求めている。ルソーによれば、社会の良さと種の存続のためには、両性間の完全な分業と女性の従属が不可欠である。なぜルソーがこれを真実と信じるのかをこれ以上考えるのはやめ、次に同じような議論として、一九八七年のアラン・ブルームの議論をとりあげよう。ブルームの反フェミニズム的視点を検討することは、ふたつの点で重要である。第一に、ブルームの議論はやや極端ではあるものの、今日、影響力をもつ人びとのなかに浸透している思想のひとつを明確に主張しているからだ。第二に、ブルームは家族内の性別役割の維持は、リベラル・デモクラシーにおける正義の基準と矛盾することを率直に認めている。

ブルームの『アメリカン・マインドの終焉』の表向きのテーマは、大学が若いエリートの教育に失敗しているためにアメリカのリベラル・デモクラシーは崩壊しつつある、というものだ。ブルームによれば、若い人びとは、西洋哲学と文学の名著をまじめに学ぶことによってのみ獲得できる合理的な思考をもてずに、この社会に跋扈している――寛容の精神を野放しにした――相対主義のカオスのなかを目的なくさまよっている。加えて、一九六〇年代初頭以降(彼いわく、社会は基本的にまだこの路線の上を走っている)、社会を悪化させてきた主要な敵はフェミニズムである。「自然はわたしたちの生を判断する基準であるべき」なのにもかかわらず、フェミニズムは女性の生物学的運命に反対し、「自然を無視している」(Bloom 1987: 38, 99-100)。ここでフェミニズムは、名著の威信を低下させ、またすでに窮地に陥っている家族の衰退を早めるものとして、非難されている。

このふたつのテーマをめぐるブルームの議論は、証拠にもとづかない「事実」からなるまったく根拠のない主張である。たとえば、「比較的幸せな」家庭においてさえも「家族の精神的状況は信じられないほど荒廃している」(Bloom 1987: 57)、「フェミニストの企ての中心にあるのは、慎みを抑圧することである」(Bloom 1987: 101)、「高等教育を受けた三五歳以下の世帯のほぼすべてにおいて、夫婦は対等なキャリアを選んでいる」(Bloom 1987: 127)、フェミニストの活動によって、「不快な著作」は、大学のコースから消されるか、女性への偏見を助長した名著の例証としてのみ用いられている(Bloom 1987: 66)。家族のなかで暮らしている多くの女性が、フェミニズム運動のなかで活動しており、不平等な家族の要求のなかでキャリアを維持するために闘っているとか、フェミニストは過去の名著が荒唐無稽であると教えているなどというこれらの主張には、まったく根拠がない。わたしからみれば、誤りだらけで証拠にもとづいていないブルームのこの著作が、一九八七年夏、ニューヨークタイムズのノンフィクション・ベストセラーのトップになったということこそが、アメリカの高等教育にまさに何らかの問題があることをありありと例証している。

ときに、ブルームが家族の衰退を憂えてつく嘆息には、理想化された家族、正義よりもよい家族のあり方がほのめかされていることがある。彼によれば、家族とは「男性と女性に少なくとも一定の他者に対する無条件の配慮を与える……媒介」であり、それゆえ個人主義をやわらげるものである。しかし、彼の議論の多くの部分は、この考えとは逆のものである。ブルームによれば、男性は自分たち以外に「無条件に配慮」するなど想像すらできない、生得的に自己中心的な生き物である。よって問題は、「女性が、無条件、無期限に不平等な関係にコミットしたいともはや思わなくなっている」ことにある。フェミニズムは伝統的性別役割に抵抗することで家族を破壊し、また「抽象的な正義を追求する現代の多くの運動と同じように、自然を忘れ、抽象的な正義を手に入れるために人間をつくり変えようと力を行使してきた」[*1](Bloom 1987: 86, 115, 100)。

ブルームは、この本全体をとおして綿密にルソーの議論を追いながら、もし女性がフルタイムの母親になるのを拒否するなら、男性は家族生活にコミットすることで得られるものがないことを理由に、父親になるのを完全に拒否するだろうと述べる。ブルームによれば、自然においては母性と父性はまったく異なる。男性は子どもたちに対して自然な願望や欲求をもたない一方で、女性は自然に子どもたちを欲しがるものであり、それゆえ子どもたちの面倒をみる義務を負う。子どもたちの父親のサポートを得るために、女性は男性に(だいたいの場合、セックスを先延ばしにしながら)結婚を言い寄り、彼らの欲求に応え、彼らの世話をしなければならない。女性は、自分たちが男性に依存することには自然の根拠があることを理解し、キャリアを追求してはならない。女性がキャリアを追求することは、家族の一体性を脅かし軋轢をもたらすからである。そして、「男性に出産と子育ての責任を平等に分担させる効果的な方法などない」という事実を受け入れるべきであるとする。ブルームは、現代の平等主義の基準からみれば、女性が置かれている不平等は不正義であると認めている(Bloom 1987: 115, 128–131)。しかし、過去の名著の著者たちは皆、それが自然であり、それゆえ必要なことであると知っていたし、そのためにブルーム自身も含め、彼らは皆、性差別主義者である。ブルームによれば、女性の役割をめぐるブルームの主張には、偉大ではない人物(ミル)も、(エリート女性は男性と平等に扱われるべきだと)本気で言っていたわけではない人物(プラトン)も同意するはずである。

確かにブルームが言うように、この約五〇年間フェミニストの研究者は、ある人が巧みに「男性中心の思考」と呼んだ伝統をつくりあげた多くの著作を批判してきた(O'Brien 1981)。しかしフェミニストたちは、ブルームが彼の読者に信じ込ませようとしているように、不当に、乱暴に、恣意的にこれら名著の性差別主義を攻撃してきたわけではない。フェミニストは、偉大な著作が女性と家族について論じてきたことを合理的な思考にもとづいて検証し、多くの場合、彼らの想定に根拠がなく、彼らの議論は非合理的だと言える証拠を示してきた。ブルームが主張するように、わたしたちはこれらの著者が価値のない思想家であるとか、知的に退廃していると主張してはこなかった。だが、あたかも彼らがそのようなことを信じていなかったように教えたり、彼らの女性をめぐる議論が、哲学者が論ずるべき「重要な」事柄に対してなんの影響をもたないがために、都合よく忘れてよい例外的な議論であるかのように教え続けることは（知的に不誠実であるばかりでなく）、間違っていると主張してきたのだ。わたしたちは、社会の多くの人びとが、女性をめぐる過去の知識人の考えを引き継ぐつもりのない時代に、過去の偉大な知識人たちから何を学ぶべきか批判的に考える必要がある。

もし、フェミニズムが偉大な作品についての教育を弱体化させたとするブルームの不満を政治へと移行させたら、一体何が起こるだろうか。フェミニストの批判はどれだけ合理的であろうとも、禁止されるのだろうか。もし禁止されうるとして、（すぐに同様の疑問を呈し、同様の批判を再び始めるであろう）女性たちが、高等教育制度のなかで教えたり勉強したりすることを禁じるのだろうか。アリストテレス、ルソー、ニーチェの性差別主義を合理的な批判にさらさないために、どこまで何を禁止できるのか誰が判定するのだろうか。ブルームの思考の論理的帰結とは、女性は再生産の道具にすぎないゆえに、読み書きすら学ばせてもらえない、マーガレット・アトウッドの『侍女の物語』の世界であろう（Atwood 1986）。ブルームの視点からみれば、彼が薦めるように、女性が家族のなかで夫に依存し、相対的に無力である限り、女性が無学であることには何の問題もないことになる。

他の多くの反フェミニストと同様、ブルームは「自然」に大きく拠っており、特に、伝統的性別役割の合理性と必要性について論じるために、再生産の生物学に依拠している。ここまでみてきたように、彼は男性の出産をもちだして、男性の子育ては不合理だと見せかける古くさいトリックを用いる。ブルームいわく、自然の法則にもとづけば、授乳のために女性は子どもといっしょに家にいるべきだという。さらに、自然は男性に授乳のための乳頭を与えていないのだから、父親の休暇は「不自然で、ややばかげている」(Bloom 1987: 131)など、子どもだましの冗談レベルの議論を繰り広げる。[10] 彼は、合衆国のかなり多くの乳幼児が、少なくとも部分的には哺乳瓶で育てられていること、母乳育児は子育てのほんの少しの部分であること、そして仕事のフレキシビリティと保育所の整備によって、働く母親は母乳育児も、父親との平等なケアの分担もできることを認識していないようだ。

ブルームは、もちろん、これらのことを認識したくないのである。家庭内の不払いの責任をより公平に分担しようというフェミニストの企図に対する根本的な批判は、フェミニストの主張が男性性を脅かすという点にあるのだろう。彼によれば「この点で」、「すべての企てが、不快なもの nasty になる」(フェミニズムが不快なものという意味を込めているのであるが、わたしからみれば、この点で彼の議論が不快である)。

> 女性が支配から解放されるために、男性の魂、すなわち彼らの野心、好戦性、保護的本能、所有欲は粉砕されなければならない。男っぽさ machismo とは、男性らしさや勇猛さを挑戦的に競争

的に表現したもので、古代の心理学において男性の魂の自然な感情であった。傾倒の精神や忠誠心とは、両性の違いの源泉でもあった。いまや積極的な課題は、男らしさを失墜させることと同時に、再構築された家族になじむように男性を思いやりがあり、繊細で、養育的にすることである。確かに、男性を柔和にするのは不可能ではないだろう。しかし男性に「ケア」させることとは別問題であり、これは必ず失敗する。(Bloom 1987: 129)

彼が主張するに、男性にケアをさせることが失敗する理由は、とりわけ女性がより利己的であるときに、男性に本来の利己主義をやめるよう強いることはできないからである。古代の男性の勇猛さをめぐるブルームの議論がどれだけ間違っているかを、わたしがわざわざ検証する必要もない。ブルームが最良だとする人びとも含め、古代においてどれだけの人が、そのような感情を改めることが社会的に必要だと思っていたかについては、マーサ・ヌスバウムがわたしよりも明確にしている(Nussbaum 1987: 23-24)。しかしここでは、彼が自然とみなすものに対する信頼について議論することがより重要である。

「自然」は、「わたしたちが自分自身と人びとの人生を判断するための基準でなければならない。だから哲学は人間科学においてもっとも重要なのである」(Bloom 1987: 38)とブルームは述べる。一体全体「自然」とは何なのか、わたしたちは問わなければならない。そして哲学はそれを発見するのにどれだけ役立つのだろうか。不幸なことにブルームは、自然natureと生得naturalという言葉の政治的な用法と乱用について非常に有意義な考察をおこなったミルを侮辱している(11)。ミルによれば、非合理性の主な源泉は、自然や生得といった言葉が、ときに人間の介入がない物事の状態を指して用いられ、またときには、あるべき物事の状態を指して用いられることにある。このふたつは決して同義語ではないにもかかわらず、である。混乱含みで多義的意味をもつこれらの言葉は、「間違った感覚、間違った哲学、間違った道徳、そして悪法をもっとも生み出しやすい源泉のひとつである」[12]とミルは言う。だからこそ、ここまで論じてきたように、過去と現在のフェミニズムは、いかに「自然」と生物学的決定論が、とりわけ女性を抑圧するために用いられてきたかという主題に広範囲にとりくんできたのである。

ブルームは哲学に対する畏敬の念にもかかわらず、どの自然が、もしくはなぜ自然がよいのかについて、議論する必要はないと感じているようだ。彼は、彼の本がもつべき一貫性にとって決定的な自然と生得という言葉を、一度も明確に定義することなく、多くの異なった方法で用いている。[*2]この問題に取り組んできたルース・ブライアーやアン・ファウスト＝スターリングのような何人かの学者と異なり(Bleier 1984; Fausto-Sterling 1985)、彼は、両性の「自然な」差異(この文脈では「生物学的な」ということを意味する)をめぐる彼の認識について、終始完全な確信をもっているようだ。彼は子育て全体が「本質的に」女性の責任であるという信念にこだわる。そして、何が「女性の本質」を構築しているのかをめぐって、女性が発言権をもつべきだとする女性の要求に対する皮肉や反対は喜んで受け入れる(Bloom 1987: 130, 105)。[*3]ブルームは、ミルが強く釘を刺した間違った思考法にしばしば陥っており、現代の人びと、そしてギリシャ時代の人びとでさえ、生物学の発展自体は認めながらも、自然に戻ることができないと認めている事柄を直視しようとしない。たとえば彼は、瀕死の小魚を保護するために自然環境に関心をもちながら、中絶の権利を擁護するリベラルの態度を馬鹿にする。しかしながら、現代の医療や生命維持、生存可能性を高めようとする傾向が、生物学が運命であるという考え方から明らかに離脱しているという事実については何も語らない。白人男性エリートの支配が維持されることと、彼らが哲学的に思索することで自分たちが死ぬという事実に折り合いをつけられるようになることが「自然」だという以外に、ブルームの「自然」という概念に一貫した意味を見つけることはむずかしい。

結局のところ、ブルームの本を理解できるように読む唯一の方法は、彼がプラトンの『国家』をわたしたちに読解させるのと同じ方法で彼の本を読むことである。ブルームによれば、プラトンは相反する推論をすべて無視し、彼の企図を達成するのは不可能であることを証明するためだけに、エリート女性は男性と平等に扱われるべきだという愚かな提案をしたとする。ブルームの教育に関する本の目的は、少なくともひとつの点では、リベラル・デモクラシーを保護するためのものと称している。しかし実際には、彼はもちろん、貴族政治aristocracyを熱狂的に擁護している。ブルームが今日の学生を侮蔑する理由のなかに、彼らが完全に平等主義な傾向をもっているという(根拠のない)信念がある。ブルームによれば、「彼らが誰かに会うときに」、「性別、人種、宗教、家族、貧富、国籍を考慮して、相手に対応することはない」(Bloom 1987: 88)。(おそらく、人種主義や性差別の紛争であふれた大学の学生と管理者はブルームの説を聞いて安心するかもしれないが、彼らが目のあたりしている事実は、こうした主張が誤りであることを語っている)。人種、性別、そして他の「卓越性」をめぐる自然の評価基準にもとづいた貴族政治に対する彼の信頼は、あからさまな侮蔑の意味をこめて、有名大学の黒人学生が

「だいたいの場合、大学に馴染めないことが判明した」と述べるときや、評価基準がアファーマティブ・アクションの政策に浸食されていない自然科学の分野では白人男性がいまだ優勢であると説明するときに、繰り返し確認できる(Bloom 1987: 91, 351)。

わたしたちは『アメリカン・マインドの終焉』を、表面的な意味の下に深いメッセージが隠されているシュトラウス主義の著作として読むべきであろう。[*4] このことは、ブルームの本全体のテーマにおいても、プラトンの『国家』に対する彼の評価においても明らかである。プラトンの場合がそうであるように、性的関係と家族に対する扱いは、その著作の本当の意味を明らかにするのにとても重要である。ブルームは、女性をいかに平等に扱うべきかをめぐっては、(プラトンがそうしたと彼が考えるように)「冗談」さえ言うリスクを冒そうとはしない。彼は——プラトンの著作がシュトラウス的に解釈されない限り、そしてわたしたちの多くがそうしているのであるが——表面上の意味によって解釈されてしまうことを恐れているのだろう。そのかわりブルームは、プラトンが女性の平等は不可能で、馬鹿げており、不自然で、社会を破壊すると論じたと考えている。そして何よりも明らかなのは、ブルームがプラトンの議論をとおして、人間の平等の主張は等しく失敗し、現代のすべての平等主義的な企ては間違った方向を辿っており、貴族政治の名誉が回復されることを示そうとしていることである。

しかしわたしたち、民主主義、平等主義的リベラリズム、フェミニズムにいまだかかわっている人びとは、ブルームの結論におじけづく必要はない。平等主義的な家族は、不合理で不可能なものではなく、わたしたちがつくりたいと願う社会に不可欠な構成要素のひとつである。伝統的な家族を不正義にしているのは、自然の要求ではなく、ブルームがわたしたちに信じさせようとしている保守反動の政治である。男性が子育てに平等に参加することを要求しない自然など、どこにも存在しないことは確かである。ブルームは、男性は生来的に自己中心的であるのだから、子育てはできないと述べる。その可能性はかなり疑わしいが、もし仮に彼が正しいとしても、わたしたちの社会が、人びとの欠点に対して公的に関与するのを認めてきたことは確かである。たとえば、わたしたちの法律は、窃盗脅迫者に万引きを許していないし、レイプ偏愛者にレイプを許してはいない。それなのに、なぜわたしたちは父親に、子どもたちへの責任を放棄し、ケアを拒否することを許すべきなのだろうか。なぜわたしたちは法的には平等と想定されながらも、現実には不平等を再生産する特異な契約の存続を許すべきなのだろうか(その契約によって、賃労働をしていてもしていなくても、女性が家族内での不払い労働の大部分を引き受け、その結果、自分自身の技能の向上や経済的保障を入手できなくなってしまう)。なぜ、わたしたちは、社会の政治的秩序の基礎の部分で、女性だけでなく多くの子どもたちに明らかに損害を与えている不正義を許すべきなのだろうか。

＊1　彼は、フェミニストが目的を追求するためにどんな力を行使してきたというのだろうか。人間の鎖をつくったり、自己防衛について学んだりということが〝力の行使〟なのだろうか。

＊2　同書冒頭での自然に関する記述のひとつが彼の女性蔑視を如実に表している。序文で彼は、赤ちゃんの分娩をもたらすのは「助産師ではなく、自然」(二〇頁)だと述べる。では一体母親はどこへ、と問いたくなる。もうひとつの自然をめぐるおかしな用法は、性をめぐる改革とフェミニズムは「自然そのものの喪失、そしてその自然を統制しているすべての道徳的制約が喪失したなかでの異常な精神不安」(一〇五頁)である

とする記述のなかに登場する。なぜ、すでに喪失している何かに対する制約がないことが、精神不安の原因となるのか理解に苦しむ。

＊3　彼は、男女の差異をめぐる「近年のフェミニストの議論」において、女性の本質をめぐる男性の主張に打ち勝つために、女性の本質そのものが解かれるべき謎になっていると述べる。

＊4　第二次世界大戦時にシカゴ大学で教えたレオ・シュトラウスが創始した政治哲学の方法である。この方法は、西欧哲学のすべての名著は、誰もが容易に理解できる意味と、博学な一部の人間、すなわち「卓越した男性」にしか理解できない過度に非平等主義的なメッセージを含む意味のふたつのレベルで書かれているという信念にもとづくものである。女性や黒人のシュトラウス主義者が少ないのは当然である。

第3章　コミュニタリアニズム

――伝統と共通理解

この数十年のあいだ、伝統的な価値や文化が見直されている。特にフェミニズムに対する反動として、消滅しつつある伝統的家族を復活させ再興させようとする試みがなされている。このような例として、一九八一年の議会で導入された、伝統的性別役割に抵触する事柄に連邦政府資金を使用することを禁ずる条項を含む家族保護法 Family Protection Act や、女性の天職は母親業と貞節であるという一九八八年のローマ法王の発言などがあげられる(1)。

伝統の希求とその喪失を嘆く言説は、一般向けの雑誌や文章、また学術的な研究にも見出すことができる。こうした言説は、ニューヨークタイムスが発行している『すばらしき家事』のなかの「伝統的」女性を礼賛する見開き広告(2)から、一九八八年の家族とその「伝統的価値」をめぐる、大統領選挙運動におけるジョージ・ブッシュの発言、そして、クリストファー・ラッシュの『残酷な世界のなかの天国』(Lasch 1977)、ロバート・ベラーの『心の習慣』(Bellah 1985)、エドワード・シルスの『伝統』(Shils 1981)、そして前章でとりあげたアラン・ブルームの『アメリカン・マインドの終焉』(Bloom 1987)など、大衆受けしている学術書にまで広がっている。なかでもシルスは、伝統と家父長制的家族の結びつきをあからさまに論じている(Shils 1981: 17, 173, 204)。極端な論者は、婚姻内レイプへの法的規制と、虐待を受けている妻のためのシェルター整備に反対するために、「伝統的」結婚の正当性を訴えている[*1]。

社会全体に広がる伝統への郷愁は、「われわれの伝統 our traditions」、もしくは「共有された理解 sheared understandings」に依拠した社会正義の理論のいくつかの流れとも連動している。これらは、伝統主義者からみた社会的文脈の外部から、社会正義の原理を構築し発展させようとするリベラルな道徳政治理論への一連の批判と密接に結びついている。「コミュニタリアン」として知られているこれらの理論家は、主にジョン・ロールズの著作への批判に焦点をあて、現実の人びとが生活している具体的な時代や特定の共同体の考えから切り離された道徳もしくは政治理論は、失敗を運命づけられており、また不適切であると主張する。(3) 彼らは、共同体に埋もれ、深く根づいている伝統と価値、もしくはわたしたちが共有する意味や理解のいくつかを組み合わせて解釈することをとおして、正義の理論を構築することを目指している。

コミュニタリアンと称されるアラスデア・マッキンタイア、マイケル・サンデル、チャールズ・テイラーなどの理論は、今のところ十分に発展しているとは言えず、そのため、リベラルとコミュニタリアンのあいだの論争には曖昧な部分がある。彼らと同じようにロールズの正義論を批判しているマイケル・ウォルツァーは、コミュニタリアンの側で唯一、洗練された理論を展開している。それでも本章で論じるように、彼の「共有された意味」(4) や「理解」への信頼は、いくつかの点でコミュニタリアンの理想に近く、その問題点を共有している。多くのコミュニタリアンの議論が保守的で不平等的であるのに対し、ウォルツァーはより平等主義的な結果を擁護するような方法で、共有された意味と理解について説明している。マッキンタイアが現代の人びとは互いに異質で道徳的な理解を共有していないとし、それゆえ失われた哲学的伝統を再発見すべきだとするのに対し、ウォルツァーは、共有された理解は潜在化しており、人びとに十分に意識化される必要があるものの、共同体で生きる人びとはすでに理解を共有していると考えている。彼によれば、社会批評の課題とは、潜在化している意味を明るみに出すことにある。

しかしこれから論じるように、このような考えには重大な欠陥がある。「われわれの伝統」への訴えと「共有された理解」のアプローチは両者とも、社会的支配が信念や理解に与える影響というものを扱うことができない。女性を人間主体として正義の理論に十分に包摂し、正義の基準によってジェンダーの問題を評価しようとするためは、こうした考え方は有益ではないし、不正確なものとなる。一方で、多くのフェミニストの理論と道徳発達理論は、男性的な抽象化された視点に立ち、正義、公平性、普遍性を強調する理論に抵抗するために、コミュニタリアンと連携できると考えてきた。これらの論者は、コミュニタリアンの自己概念や、自己と文脈、コミュニティとの関係をめぐる考え方は、〔リベラリズムの〕正義や権利の理論よりも女性の道徳的ニーズや配慮に近似していると考えている(5)。この章では、フェミニストはこうした連携には十分に用心しなければならないことを論じていく。

伝統の文脈における合理性と正義

伝統を擁護する論者は、それぞれの力点の置き方によって異なるタイプの主張をしている。ある論者は伝統への愛着は、わたしたちの人生に根拠を与え、一体感をもたせ、疎外感や空虚感に陥らないようにするために必要だと論じる。マッキンタイアはこうした議論に賛同し、この点をもっとも強く主張している。彼は伝統に関する知識、特に西洋文化の背景をなす知識を獲得し、精通することによってのみ、正義についての適切な推論が可能になるとする。そして、リベラルな個人主義の理論家のあいだで具体的な問題に関する意見の不一致がつづいていることを証拠として引用して、三世紀にわたって彼らが「一貫して合理的に擁護しうる主張」を提示することに失敗してきたと非難し、自らの理論こそがよりよい解答を提示できるとする(MacIntyre 1988: ix)。マッキンタイアによれば、伝統に浸かり、歴史の物語を学習し、伝統を他の伝統との関係から評価することによって、わたしたちが人生のさまざまな文脈で直面する「わたしがすべきことは何か」という問いに対する合理的な答えに辿りつくことができる。(6)

マッキンタイアの一九八一年の著作である『美徳なき時代』の目的は、諸徳 virtues とは何かを中心に論じながら、現代の道徳的言語と実践の不一致という状態からわたしたちが抜け出すために必要なのは、彼が倫理の「古典的な伝統」と呼ぶものへの回帰であることを明らかにすることにある。「特定の立場から自らの視点を切り離す能力」(MacIntyre 1981: 119)に価値を置くリベラリズムの理論とは対照的に、アリストテレスを中心にした伝統的な倫理は、特定の社会秩序の文脈に深く根付いたところから形成される。このような立場においては、伝統を形成するためのもっとも基本的な前提となるのが特定の社会的役割であり、倫理とは、それらの役割の遂行に必要な美徳を中心にしたものである。

一九八八年の『誰の正義か、どの合理性か』でマッキンタイアは、伝統にもとづく徳を擁護するこれまでの議論で答えきれていなかった重要な問題について論じると宣言している。本書で彼は、「合理性とは何かについて、『美徳なき時代』において対立する諸議論の評価で十分に説明しえたことをふまえて」(MacIntyre 1988: ix)提示すると述べる。そして、自らが発見した三つの倫理の伝統の歴史について非常に長く説明した後、ほんの数行の議論のなかで、アリストテレスとアウグスティヌス的キリスト教の伝統を統合させたトマス・アクィナスの議論が、合理性と正義のもっともよい議論であると結論づける。しかし彼が認めているように、この本の最後には、彼の道徳的理論はスタート地点に戻ってしまっている〔この点については後で詳述される〕。おそらく彼は今後の著作でこの問題に取り組むことになるのだろう〔訳注：『誰の正義か』につづくマッキンタイアの著作としては、以下のものを参照。*Three Rival Versions of Moral Enquiry: Encyclopaedia, Genealogy, and Tradition*, University of Notre Dame Press, 1990. *First Principles, Final Ends, and Contemporary Philosophical Issues*, Milwaukee: Marquette University Press, 1990〕。

マッキンタイアの理論は未完であるにもかかわらず、伝統に基づいた社会正義を擁護する議論として影響力をもち、現代リベラリズムに対する有効な批判として、一定の範囲の人びとに受け入れられている。彼の著作をリベラリズム批判としてとりあげる人びとは、その方法論よりも、むしろ政治的含意にこそ大きな関心をもっているようだ。正義の基礎として伝統を擁護する彼の議論にあふれているエリート主義を指摘する評論家や批評家はほとんどおらず、同様に、彼の性差別主義もほぼ取り上げられていない(7)。ある道徳哲学者にいたっては、文脈依存的倫理を論じている点でマッキンタイアを「名誉女性」とみなすことができるのでは、と指摘している(Baier 1985: 54)。ここでは、伝統にもとづいた倫理では支配の現実とその効果を批判できないという根本的問題を暴くのに、主要なフェミニストの分析が役立つことを論じ、マッキンタイアの議論に向けられるべき批判を展開していきたい。

『美徳なき時代』におけるマッキンタイアの用語法は、本書の第1章で取り上げた、見せかけのジェンダー中立性を体現している。彼は、明らかにおかしな文脈で「男性と女性」もしくは「彼と彼女」という言葉を使用する。たとえば市民の財産、権力、威信について議論する際に、古代のアテネにおいて女性は市民になりえなかったという事実を無視して、こうしたジェンダー中立的な表現を用いる。とはいえ、もっとも無批判な読者であっても、ジェンダー中立的な表現を用いるのはおかしいと気づくような文脈では、マッキンタイアは「男性、男子、彼」という表現に戻る(8)(MacIntyre 1988: 25, 54)。また、アリストテレスのポリスの概念をめぐる議論では、「よい男性」、「彼」という表現と、「有徳な人格」、「人間個人」、「彼や彼女」という表現を代わる代わる使っているが、こうすることで特定の人間だけが「人間としての善き生」を送ることができるとするアリストテレスの考えを、意図的に読者に忘れさせようとしているのではないかと思ってしまう(MacIntyre 1988: 108–109)。「人間／男性 man にとっての善き生とは何か」という問いに対して、アリストテレスは、善き生とは、(奴隷と肉体労働者と同様)女性が必然的に排除されるようなものであり、またその生は、劣った役割を担う排除された人びとの仕事に大きく依存している、と答える。それにもかかわらず、この問いについて議論する際、マッキンタイアはジェンダー中立的な表現を用いるのだ(MacIntyre 1981: 187)。キリスト教の神学(特にカトリック)が、神の恩寵を失う原初の過ちがイヴにあるとしているにもかかわらず、アダムとイヴの物語やアウグスティヌスの意志の概念を論じる際にもジェンダー中立的表現を用いている。同じことは、「彼が知っている家庭と家族構造のなかでは家族のメンバーは家長の意志に従っていた」と注釈されているアクィナスの理論の説明のなかでも一貫して繰り返されている(9)(MacIntyre

1988: 157, 179)。

マッキンタイアは近年の著作においても、性的差異を女性の従属を正当化する重要で決定的な特徴とみなす伝統や社会について論じるなかで、終始ジェンダー中立的な言語を使用している。特に人間の生を、それぞれの役割がほぼあらかじめ決定されている物語として論じるくだりでの記述は注目すべきである。彼によれば、子どもたちは道徳の伝統の物語をとおして美徳について教育されない限り、「言葉も行動も無計画であり、不安げでたどたどしい」ままである。では、彼の言う物語とはどのようなものか。それは「不道徳な義母、迷える子どもたち、善良であるが迷妄した王、双子の男の子に乳を飲ませるオオカミたち、まったく財産を受け取らず自分の道を歩む息子たち、財産を放蕩のために浪費し、そのために勘当される長男」(MacIntyre 1981: 201)の物語である。これらは、子どもたちに「彼らが生まれ落ちた脚本の世界とその世界の決まりごとのなかでの……配役の性格」を教える物語である。ここでマッキンタイアは子どもたちというジェンダー中立的な表現を用いているが、ほとんどの登場人物は男性であり、女性の性格として言及されているのは、不道徳な義母と乳を与えるオオカミの役だけであることをまったく読者に知らせていない。不道徳で慈悲深くしかし動物的な人間という役割の選択に直面したとき、女の子は「無計画で不安げでたどたどしい」人間になる可能性が高い。それも、彼女たちが、このような物語から切り離されているからではなく、物語の影響を受けているがためである。これらの物語は他の多くの「われわれの」神話と同様に、それ自体、男性支配を構築する土台となっている。

なぜわたしたちは、伝統のなかに合理性と正義を見出すことを期待しなければならないのだろうか。

また、もっともよく合理性と正義を提示している伝統をどのように決定しようというのか。以下でみるように、マッキンタイア自身の理論枠組みのなかにおいてさえも、この問いに対する満足のいく、一貫した答えは出されていない。彼の理論のもっとも大きな問題のひとつは、社会変化によって引き起こされる「歴史的に築かれてきた確実性の解体」など、「認識論的危機」と彼が呼ぶ状況に直面したときにこそ、伝統は試されるという主張にある(10)(MacIntyre 1988: 362)。なぜなら、彼は現代のもっとも重大な認識論的危機といえるフェミニズムへの応答たるべく彼の理論が依拠している伝統が、なぜ合理的なのか説明していないからである。フェミニズムの挑戦とは、家父長制が深く浸透した「われわれの」理論や伝統をある人びとが実現させたなかで起こったものである。これからみるように、マッキンタイアによれば正義に適った合理的な伝統とは、女性を十分に人間として扱うという考え方ともっとも対立してきた女性嫌悪と性差別主義というふたつの西洋文化の伝統に依拠している。

まず、さまざまな伝統の合理性の主張を評価する方法についての彼の考えをみてみよう。マッキンタイアは、すべての伝統が合理性を探求しているとか、ましてや同じ程度合理的な探求をしてきたと主張してはいない。たとえば彼は、「合理的探求と対立する」という理由から、それまでの伝統を退けた啓蒙思想もまた正しかったと認める(MacIntyre 1988: 7)。しかしこの主張が真だとしたら、わたしたちはいかにしてこれらの伝統のうち、ある伝統が他よりも合理的であると判断しうるのだろうか。われわれが、社会的・知的伝統に「埋め込まれている embodied」正義と合理性を発見する方法は、「本質的に歴史的である。正当化することは、これまでどのような論争がおこなわれてきたのかを語ることである」(11)(MacIntyre 1988: 8)と彼は述べる。そしてそのためには、自分たちの歴史的コンテクストのなかでの伝統をめぐる議論を理解できるようになる必要がある。この主張に則って、マッキンタイアの次の著作である『誰の伝統か、どの合理性か』では、ほとんどの議論が三つの伝統の系譜に割かれている。この三つの伝統は、それぞれがわれわれの文化のバックグランドとなっている。また、「伝統によって構成された、伝統を構成する合理的探求の概念」を例証しており、少なくともひとつ以上の他の伝統について論じるか、もしくは関係づけられ統合されてきたものである(MacIntyre 1988: 10)。それは、第一に、ホメロスに起源をもち、またアクィナスによって完成されたアリストテレスの伝統、第二に、アウグスティヌス主義のキリスト教、第三に、(最後はヒュームによって解体された)スコットランドの啓蒙思想の伝統を作り出したカルヴァン派のアウグスティヌス主義とルネッサンスのアリストテレス主義の融合である。さらにマッキンタイアによれば、伝統的思考方法に対抗してつくられたリベラリズムも、それ自体、伝統となっている。もちろんこれは、彼がもっとも好まない伝統であり、そのため彼はこの伝統について、お粗末で歪曲した説明しかしていない。

マッキンタイアは、『誰の伝統か』における四〇〇ページに及ぶ歴史的叙述につづく最後の数行で、彼が求めているのは、どの伝統がもっともよく合理性と正義を内包しているかを説明することであると読者に思い出させる必要があった(MacIntyre 1988: 389)。なぜなら、彼は三つの伝統を説明してきたほとんどの議論のなかで、われわれが伝統を評価できるようになるために必要だと彼が主張したはずのこの問いに取り組んでこなかったからである。彼は、これらの問いの表面をなぞることすらしておらず、終盤の短い章で、このテーマに取り組む必要があるということを読者に伝えているだけである。さらに、正義と合理性に到達し、困難な道徳的問題を解決する方法をめぐる彼の説明は、重大な問題を抱えている。

一方でマッキンタイアは、社会変化を機に、正義と実践的合理性の説明が改良されることで、伝統は成熟すると述べる。つまり、社会変化が起きたとき、「伝統の信奉者が、根本的に異質な相容れない立場と出会うことで合理的な思考法を発見することによってのみ、伝統は成熟し」、試される、と。それゆえ彼は、自らの伝統概念の資源が不十分であることを認める心づもりと、他の伝統の主張を自分の伝統に包摂しようとするときに起こる伝統の変形に敏感であることが大事だと強調する。伝統の性質上、その信奉者がどのように確信していようと、他の伝統との対立のなかで自らの伝統がどのような姿を現すか、前もって知ることはできないからである(MacIntyre 1988: 327)。他方でマッキンタイアは、伝統の外部から、さまざまな伝統を評価したり裁定を下したりすることはできないと強調する。彼によれば、「十分な合理性の資源は、伝統をとおして、伝統のなかにいてのみ入手できることをわれわれは学んできた」のであり、どんな伝統にも属していないことは「知的、道徳的な貧困の状態にあり……、探求の部外者 stranger であることを意味する」[12](MacIntyre 1988: 369, 367)。ではしかし、人はどのように合理的探求をはじめればいいのであろうか。ある伝統の視点からしか合理的に考えることができないとして、それが対立する伝統の批判にさらされているとき、人びとはどの伝統を合理的伝統として採用すべきなのだろうか。

ここでマッキンタイアは、驚くべき主観的な解決策を提示する。「最初の答えは、あなたが誰であり、あなた自身をどのように理解するかにかかっている」[強調引用者](MacIntyre 1988: 393)。彼によれば、解決だけでなく道徳的問題それ自体が、個々人の歴史的、社会的、文化的状況、信念や意識の経歴によって変わってくる。まず最初にわれわれは、しばしば「驚きとともに」、驚きをとおして「彼／彼女の知的な部分をこれまで形成してきた」伝統を判別、もしくは発見する(MacIntyre 1988: 394)。そしてその次に、彼／彼女は合理性の要求によって、一方で伝統内部の論争に参加すること、他方でひとつか複数の対立的伝統との論争にかかわり、特定の伝統と自分自身の関係を吟味することを求められる。後者の作業は、「第二の母語」の獲得だけでなく、「対立する伝統を信奉する人びとと同様に自然や社会的世界を理解したり感じたりできるように、想像力をもって彼らの信念の枠組みに自らを置く作業が必要とされる」(MacIntyre 1988: 394-395, 398)。人は、最初に採用した伝統をとおしてのみ、論争的な対話、伝統間の会話に参加することができ、実践的合理性を十分に擁護しうると説明できるようになる。

マッキンタイアの伝統にもとづいた正義の理論が孕む問題のいくつかは、一般的な理論的問題である。*2 しかしこれらの問題を個々に問わなくとも、フェミニストの視点からこの理論をみるとき、明らかな問題が浮上する。それは、わたしたちが影響を受けるべき、理解可能で正当な伝統を発見する方法についての、マッキンタイアの完全に主観的な説明である。彼によれば、人は対立する道徳の様式が彼／彼女をもっともよく説明してくれることを発見し、自分自身の矛盾を認める［よう促される］(MacIntyre 1988: 398)。マッキンタイアは、序章において自らをアウグスティヌス主義のキリスト者と呼んだにもかかわらず、最終章では、他の伝統との遭遇をとおして、トマス・アクィナスの理論がもっとも合理的であると確信したと断言する。この理論が彼自身を「適切に理解し説明する」ものである、と。二〇世紀の男性の多くは単純にこの主張に同意しないであろう。さらに「わたしは女性である I am a woman」という言明によって、もしくは一部分でもこの言明によって自己を定義している女性たちは、マッキンタイアが彼の本のなかで、また伝統との遭遇をとおした正義と道徳的推論への到達について議論する際にとりあげる諸伝統の集合に、よりはっきりと困惑させられるだろう。以下では、彼がリベラリズムより望ましいとするいくつかの伝統を、女性の視点からみてみよう。

誰の伝統か?

マッキンタイアは彼の本の大部分で、リベラリズムよりも好ましい三つの伝統と、それらの伝統が根付いた社会について好意的に叙述している。まず最初にとりあげられるホメロスの世界観についても、他の多くの研究者と違った見方をしている。マッキンタイアによれば、ホメロスの英雄の戦争とは、家族とコミュニティを守り繁栄をもたらすための闘いであり、家族やコミュニティのメンバーは、戦士の身体的強靱さ、勇気、知性、そして繁栄の徳によって恩恵を得てきた。ここで彼は、ホメロスの一面的な解釈には疑問をもたず、英雄が自分自身と家族の心の安らぎと繁栄を手に入れるために「死を目的とする人生を送る」矛盾に一瞬当惑するだけである(MacIntyre 1981: 115-116, 119, 120)。一方で英雄の動機とは、自らの成功と永遠の名誉にすぎないとする他の解釈は、矛盾としてとりあげない[13]。マッキンタイアは役割、地位と特権、義務の結びつきを強調するが、彼の好意的な解釈においては、英雄社会の社会的階層性とそれを強化している厳しい道徳的規制は過小評価されている[14]。ここでは、家庭にいる人びとと、彼/彼女らの視点はほぼ無視されている。

これはホメロスが女性たちに言及した数少ない部分においてとりわけ顕著になる。マッキンタイアは「アキレウスと〔ヘクターに殺された〕パトロクルスが友人であるのと同様に、アンドロマケとヘクター、ペネロペとオデッセウスは友人 philos である」と強調する〔訳注：アンドロマケとヘクター、ペネロペとオデッセウスはともに夫婦である。philos は、「自分自身のもの」を指す形容詞であり、ここから自分にもっとも近い関係をもつ親族や友人についても用いられた。H. G. Liddle and R. Scott, Greek-English Lexicon, Oxford, 1996 [philos] の項〕。

ホメロスの時代の文脈では、philos は親族関係をさし示すものであるので、このことが必然的に〔親族と友人という〕ふたつの関係の類似性を示すわけではないのだが、この点についてマッキンタイアは指摘していない（MacIntyre 1981: 116; 1988: 42）。マッキンタイアは、身体的魅力と貞節を中心にした女性たちの徳が、男性たちの徳と異なることは認めている。しかし彼は、男性の徳が女性との関係において定義されるわけではない一方で、女性の徳が男性との関係において定義されることについては論じない。また両性間には平等な関係、平等な友人関係の可能性がないことについても考えていない。ホメロスのなかでは、人間の〔死すべき運命にある〕女性は、男性たちや兵士のあいだの対立の原因、もしくは戦利品として登場する。マッキンタイアよりはっきりとホメロスにおける女性の地位を論じたものとして、M・I・フィンレイを参照してみよう。

> ホメロスがあからさまに述べているのは、女性は本質的に劣っており、子孫の再生産と家庭の義務の遂行という限定された役割しか課されていないこと、そして重要な社会関係と強い個人同士の関係は、男性同士のあいだでのみ追求され、結ばれたというギリシャ・ローマ時代全体につづ

いていた事実である。（Finley 1978: 128）

マッキンタイアは、〔ジェンダー以外の〕他の社会的階層性のために、どのようにふるまおうと諸徳を所有できなかった非エリート階級の自由民については言及しない。彼は「ホメロスの詩のなかではアレテー aretêという言葉は、あらゆる種類の卓越性を指して用いられた」と記す際に、「男性エリートによって価値を与えられなかった活動の卓越性はのぞいて」という注意書きを読者に示す必要があった。マッキンタイアは古代ギリシャ社会をより平等主義的なものにみせようとして、この社会を扱う最後の章になってはじめて、ホメロスにおける「徳」と「名誉」は戦う王のための徳と名誉であったと明記している（MacIntyre 1981: 115, 124）。彼はここで、奴隷たちは死んだ状態と変わらなかったことを認めるが、そのうえで奴隷たちを「英雄的なコミュニティの外部にいた者」として定義する。つまりコミュニティから奴隷を排除することで、ホメロスにおける徳はコミュニティ全体の利益を保護し、促進する機能をもっていたと主張するのだ。

奴隷の問題を抜きにしても、価値を共有する伝統を有した共同体の文化としての英雄的なギリシャ時代の解釈には説得力がない。英雄たちが称賛、財産、永遠の名声を獲得する戦争の経済的、または再生産の基盤として家庭をみていたのではなく、共同体や家庭のために戦争で戦い、諸徳を涵養したとする証拠はどこにあるのだろうか。もしオデッセウスが家庭や共同体のために戦士として成功したのだとしたら、九年にわたる長い戦争から家に帰るのに一〇年もかけただろうか。トロイ戦争は家族と親族集団のために引き起こされたのか、それとも妻の裏切りによって侮辱された王の名誉のための復讐という本質的に男性的な戦争であったのか。マッキンタイアはこうした問題を問いもしないし、答えてもいない。しかしM・I・フィンレイ、A・W・H・アドキンス、ナンシー・ハートソックら他の論者は、ホメロスの叙事詩では、ほとんどの人びとは男性エリートのために存在し、また「諸徳」とはほんのわずかの人のためのものであった社会を描いていることをはっきりと認めている。

マッキンタイアのホメロスの社会をめぐる説明の根本的問題は、彼が支持する伝統が興隆していたすべての社会の説明にも存在する。たとえば、彼は「どの倫理的基準によって、社会構造は正当化されうるのか」を問えていない。彼は『イリアス』における評価的な諸規則や概念と、チェスのようなゲームの諸規則を比較する際に、この重要な問いに近づいてはいる。しかしゲームをする目的はいくつもあるという点で、この比喩は、啓発的であると同時にあやういものでもあることをマッキンタイアも認めている。確かにここでは、ゲームの目的は、「ゲーム」が階層的で支配的な社会構造を必要とするとき、とりわけ要求される倫理的検証にさらされるべきだということが含意されている。しかし彼は問いを提起しておきながら、すぐにそこから目を背けてしまう。

> どんな目的のために『イリアス』の登場人物は、彼らが遵守する諸規則を遵守し、彼らが尊重する諸規範を尊重するのか、などという問いから理解すべきことはない。彼らの諸規則と諸規範の枠組みのなかにおいてのみ、彼らは目的を定めることができるのである。

マッキンタイアによれば、この特徴によって、英雄の倫理は、「特定の立場や視点から自分自身を切り離し、後ろに下がってあたかも外部の立場や視点から眺めたり、判断したりすることができる能力」を評価する「現代の一部の道徳哲学者」の立場よりも望ましいものになる。「英雄社会には、他国の人間をのぞいて「外部」は存在しない」(MacIntyre 1981: 118, 119)。

このように、倫理における客観性の重要性を節操なく放棄するマッキンタイアの態度は、もし「われわれが」英雄社会のメンバーであれば、われわれは英雄であるはずだという彼の考えと深く結びついている。彼は「現代では誰もヘクター〔ギリシャ神話の英雄〕やギスリ〔北欧の叙事詩、アイスランド・サガの代表的主人公〕になり得ない」のだから、「〔英雄の諸徳は〕われわれにとってどんな関連があるだろうか」と問うとき、過去の世界に戻ったときに自分自身が英雄でもなく、他国の人でもなく、彼/彼女の文化の高等な諸徳から排除された奴隷や下層階級の庶民の男性、もしくは〔より可能性の高い〕女性であるかもしれないという非常に大きな可能性についてまったく考えていない。だからこそ、支配的な集団から排除された人びとの視点を考慮に入れるための、彼の言う「外部」の視点を拒否できるのである。しかしこのことで、ホメロスの倫理と、彼の正義の理論がもとづく他の伝統的な倫理への信頼は大きく損なわれる。もし彼が主張するように「英雄の社会はいまだ切り離すことができないわれわれの一部である」(MacIntyre 1981: 119, 122)のが事実なら、わたしたちは、その倫理は「共有された価値」ではなく、支配層である男性兵士のエリートの価値を反映しているという事実を直視しなければならない。これを前提にすれば、すべてのメンバーの視点から、社会とその社会の倫理の双方を評価することが緊急の課題となる。

古代ギリシャ社会についても同様のことが言える。現代の道徳哲学者が扇動して陥ってしまった泥沼からわれわれを救出できると彼が信じる、伝統の核心にあるアリストテレスの倫理を、こうした視点から検討することは特に重要である。マッキンタイアは『美徳なき時代』で、「アリストテレスの伝統は、われわれの道徳的態度と義務の理解可能性 intelligibility と合理性を復活させるようなものとして再び論じることができる」(MacIntyre 1981: 241; 1988: ix)と結論づけている。(15)『誰の正義か』でも同様に、「プラトンの問いに対するアリストテレスの答えを論駁するか、修正や補足をしているか、していないかによって、後につづく道徳哲学の重要性は決まる」(MacIntyre 1988: 85)という強い立場をとっている。彼はここでも「善き生」は、すべての女性を含む多くの人びとを排除するだけでなく、排除に依存しているという重要な事実を直視していない。

マッキンタイアが、アリストテレスの倫理を称揚することで見出したものはなにか。まず第一に、アリストテレスの倫理は、事実と価値の誤った区別を拒否し、善と男性の本質の成就とを同一視する。つまり、「合理的動物としての男性の本質をめぐる諸説明、そしてとりわけ人間の目的 telos をめぐる諸説明」を前提にしている。諸徳に従って生きることで、「真の自然を実現し、真の目的に到達」できる。逆に、「これらの諸徳を無視すれば、挫折した不完全な人間になり、追求する種としてのわれわれに固有の合理的な幸福の善の獲得に失敗する」。ここからマッキンタイアは、他の諸伝統と異なり、啓蒙思想は人間の本質についての神学的見解を拒否したとして非難する。第二に彼は、アリストテレスの伝統における、特定の社会生活の様式に埋め込まれた男性の役割の概念に価値を置いている。「この伝統においては、男性になるということは、家族のメンバー、市民、兵士、哲学者、神の子などそれぞれが自らの地位と目的を有する一群の役割を遂行することである」。繰り返しになるが、マッキンタイアによれば、啓蒙思想の間違いは、この考え方を拒否し、その代わり「役割に先立ち、切り離された個人として」(MacIntyre 1981: 50, 56, 58)男性を想像することを、解放の方法としてとらえたことにある。

　英雄の倫理の議論でもそうであるように、マッキンタイアはここでも、彼が現代に適用したいとする伝統のなかの性差別主義とエリート主義の重大性を認識していない。どちらの本でも現代のアリストテレス主義者が検討するべき、アリストテレスの倫理が内包する性差別主義とエリート主義の広範囲にわたる含意について考えていないのだ。(16) 他方でマッキンタイアは、ほとんどの記述において見せかけのジェンダー中立的な言語を用いることで、アリストテレスの「人間 anthoropos」という概念には男女が含まれているかのように論じている。(17) ホメロス後の都市国家において、正義の範囲は「ポリスというコミュニティの全体的な生活」に及ぶものであり、正義や他の諸徳は、個々の活動様式だけでなく、ポリス全体の善を保護するものとして求められた。彼によれば、「卓越性の善によってつくられた個々の実践的議論がまっとうかどうかは、それらの議論が特定の人間に与える影響とは無関係である」(18)(MacIntyre 1988: 44-45)。これらの文章は、すべてのメンバーがこのような生や善に参加する資格をもっているかのような印象を与える。そしてジェンダー中立的な言語が用いられることで、さらに一層このような印象を強くさせている。しかしその人間が、男性か女性か、自由なのか奴隷なのか、単純労働者なのか有閑階級なのかを考慮せずに、すなわち「特定の人間に与える影響とは無関係」にその議論はまっとうだと言えるのだろうか。

　言うまでもなく、女性の包摂は見せかけのものであり、マッキンタイアも自らの主張の矛盾をはっきりと論じている。いくつかの善は「それ自体のためだけに価値づけられているが」、他の善は、「それを上回る諸々の善の手段としてのみ価値づけられる」とか、またアリストテレスの世界のなかでは「階層のそれぞれの段階の質料が、より高次のレベルの形相を実現し洗練させる」などと述べるとき、マッキンタイアも、ポリスの善の秩序が階層的であることを認めている(MacIntyre 1988: 34, 101)。付け加えれば、アリストテレスが農民、職人、日雇い労働者を最良の都市国家の「不可欠な構成要素」ではなく「必要条件」として論じるとき、事物と人間、そして彼らが作り出す善の階層が前提とされている。[19] マッキンタイアは『美徳なき時代』において、たくさんのカテゴリーの人びとが、アリストテレスが「男性のための善き生」と呼ぶものから排除されているという事実を簡潔に述べている。

わたしたちを当惑させるかもしれず、そして実際に当惑させているのは、アリストテレスが、単に政治的な関係を所有していないという点からでなく、彼らの無能力さを理由に、非ギリシャ人、異邦人、奴隷を思考の対象外としている点である。……職人、商人は、たとえ奴隷でなくとも、下層階級に位置する。それゆえ手工業の技術や手作業などの特殊な卓越性は、アリストテレスの徳のリストでは、不可視化されてしまう。[20] (MacIntyre 1981: 149)

しかし彼は、これらの男性の集団に加えて、すべての女性がアリストテレスの「善き生」から排除されているという事実を完全に無視してしまっている。『誰の正義か』では、フェミニストのアリストテレス批判をとりあげ、わずかにこの問題について議論しているが、その内容は彼の理論においてもまったく満足のいくものではない。

　マッキンタイアによれば、アリストテレスの政治的正義における能力主義の前提には、「不幸にも」農民、職人、商人そして女性たちは、「最良のポリスの活動的な生に参加するために必要な」諸徳を行使することは不可能だとする彼の信念がある(21) (MacIntyre 1988: 104-105)。しかしマッキンタイアは、現代のアリストテレス主義者がこの重要な問題をいかに乗り越えるか論じていない。実際、マッキンタイアが支持するアリストテレスの伝統は、建前としては人間一般の善を扱いながらも、生産、再生産、日常のニーズを他者によって十分に世話されることで、自由に政治的活動や知的生活といった至高の善を追求できる人間を完全な人間としてとらえている。もしこの理論が二〇世紀後半でも適切なのだとすれば、少なからぬ修正を求められているのは哲学の側である。「諸徳とは、奴隷や異邦人が手に入れることができないもので、それゆえ彼らは人間にとっての善もまた手に入れることはできないということが、アリストテレスの拡大された議論の構造にとってきわめて重要である」と論じるとき、マッキンタイアはこの問題の重大さに気づいているようにみえる。しかし数行後に、何ら理由を述べずに、彼の理論の一部分としてアリストテレスの「あからさまな奴隷制の擁護」に言及し、「それを否定したからといって、彼の全体的な理論に対するわれわれの態度に大きな影響はない」と述べる(MacIntyre 1981: 148-149, 152)。しかし、アリストテレスの議論のなかでも、特に目的と善き生の概念は、奴隷だけでなく社会の大多数の人びとにとって大きな問題であり、マッキンタイアのこの主張は理解しがたい。

　『誰の正義か』でマッキンタイアは、女性を市民から排除したアリストテレスの「間違い」を修正しようと試みる。しかし彼は、「自然の通常の秩序のなかで生じる不具」である女性たちの存在は、男性を性的に再生産する必要のためだけにあり、それゆえ女性たちの(優れた)形相は、彼女たちの(劣った)質料からは切り離されていなければならないとするアリストテレスの生物学が、女性の排除と結びついていることを説明していない。[22] さらに、アリストテレスと彼が遺したものに対して、主にフェミニストが批判してきた問題への彼の回答は、ひどくお粗末なものである。マッキンタイアは「最良のポリスをめぐる[アリストテレスの]議論の主旨を否定することなく」女性を包摂することができるとし、そのためにはアリストテレスが考えつかなかったが、「プラトンが……想像したような」方法で、女性の職業や社会的な役割を再構築することが必要だと提案する(MacIntyre 1988: 105)。

しかし、ここでプラトンをもちだすのにも、いくつかの重大な問題がある。第一に、女性は、プラトンとアリストテレスが考える理想の社会における支配エリートのためにつくられたのだとするプラトンのラディカルな提案は、現実の社会では実行不可能である。第二に、プラトンが『国家』において、女性の保護者としての役割を見直しているのは、私的家族を廃止するためである。[23] 男性と女性は優生学的な生殖の目的のために「対に」させられ、自分自身の子どもたちと接することも、どれが自分の子であるのか知ることさえ許されない。アリストテレスがプラトンの女性についての議論をはっきりと拒否した理由は、この非現実的提案のためである。[24] カトリックの結婚に対する教えを前提にすれば、聖トマス・アクィナスを信奉するマッキンタイアが、アリストテレスの女性観の「間違い」を解決するのに、プラトンの家族の廃止論を採用できる立場にないことは明らかだ。三つめの問題は、マッキンタイアは、アリストテレスにかかわる章だけでなく、この本全体で、核家族の存続を前提に、しているのだから、プラトンの解決策をもちだすのにはまったく説得力がない(25)。

マッキンタイアによる解決策の最後の問題は、アリストテレスの奴隷制擁護の否認という問題にもかかわることだが、「善き生」を構成するものについてのアリストテレスの概念が、一貫して多くの人間を排除することで成り立っているのをまったく説明していないことにある。マッキンタイアが明確にしているように、アリストテレスの人間の「至高の善」は、熟考による探求をおこなう高尚な道徳的・政治的活動をとおして獲得できるものである(MacIntyre 1988: 142-143)。肉体労働者の排除と女性と奴隷の排除では論調が異なるにしても、アリストテレスは、家の維持、子育て、日常の必需品の生産といった、必要だが劣った役割を遂行するすべての人びとは、卓越した生を生きることはできないとしている。マッキンタイアが女性と労働者の排除を解消するために提案している仕事の再分配は、アリストテレスの枠組みのなかでは解決できないのである。なぜなら、家事や他の肉体労働に部分的にでも従事すれば、(アリストテレスが描いているような自由で余暇をもった市民のようには)彼の言う「人間としての最高の生」に求められる、政治的・知的活動に没頭することができない庶民になるしかないからである。最高の生をめぐる概念だけでなく、最高の生を送るために必要な種類の合理性の概念も、市民として求められる合理性や諸徳を共有しない人びとがおこなう「必要条件」としての生活の機能に依存している。

マッキンタイアは、アリストテレスの形而上学的な生物学は拒否している。しかし人間以外の自然の世界だけでなく、大多数の人間が、ひと握りの人間に生産・再生産サービスを提供するために存在するというアリストテレスの信念を拒否するなら考えねばならない問題について、彼はきちんと論じていない。支配と服従の階層制のもとでの差異は、自然なものではなく倫理的にも擁護できないとされている社会において「人間／男性にとっての善き生 the good life for man」とはどのようなものなのかを再定義することが、現代のアリストテレス主義者には求められている。「善き生」が、男性のではなく、人間の善き生 the good human life だと理解するなら、そこには、性差別的でエリート主義的な倫理ではまったくとりあげられてこなかった、生のさまざまな側面が含まれるはずである。奴隷や人間性を奪われた多くの労働者がいないのだとしたら、人間の生に不可欠な生産物とサービスはいかにして供給されるのか。加えて、女性を生物学的な機能によって定義しないのだとすれば、子どもたちが善き生を追求できるようにする子育てとは何かといった問題が、必然的に善き生をめぐる議論のひとつとなるはずである。

　マッキンタイアは家族を無視はしていないが、ゲームのプレイや知的な探求などの実践のひとつとして「家族をつくり維持する」実践をリストにあげているだけである(MacIntyre 1981: 175)。しかしこの議論では、必要不可欠な実践と、そうではない実践の違いが曖昧になってしまうし、次のふたつの重要な要素を無視してしまう。第一に、家族のなかで子育て、養育、社会化が実践されないとしたら、善き生を生きる人はどこにもいなくなってしまうという点。第二に、歴史全体をとおして、これらの必要不可欠な人間の役割を主に担ってきた女性たちには、男性が定義してきた「男性にとっての善き生」を生きることが実質的にできないものとして、家族の制度と実践はつくられてきたという点だ。マッキンタイアの議論は、子どもたちと子育てを無視している。彼が有徳な人物の模範としてリストにあげている人びとは誰ひとりとして、子育てに参加していない[*3](MacIntyre 1981: 185)。マッキンタイアは、完全な人間の生と言えるものは、「物語の序章、中盤、終章のように誕生から死までの物語の統合性のなかに位置づけられている自己」(MacIntyre 1981: 191)であると主張しているにもかかわらず、彼の道徳的主体は、多くの倫理学者の概念と同様、明らかに突然成人として生まれてくる。そして「男性と女性」「彼と彼女」という用語を使っておきながら——彼が称賛する伝統と同じように——ホメロスの時代から多くの女性が人間の善に貢献してきたこと、すなわち子どもたちを育て、彼ら自身のやりかたで善き生を選びとり、追求するという、道徳的主体として求められる性質を獲得できるまで彼らを成長させる女性の多大な貢献を無視している。*4

『誰の正義か』におけるマッキンタイアの結論は、アリストテレスとアウグスティヌスのキリスト教を統合したトマス・アクィナスが、もっとも擁護できる正義と実践的合理性の説明であることを示すことにある。トマス・アクィナスの哲学は、ギリシャの市民国家の文脈の外で応用されるアリストテレス主義のバージョンのひとつである(MacIntyre 1988: 10)。(26) アウグスティヌスとアクィナスの仕事は、キリスト教の伝統の発展、少なくともキリスト教の女性への態度や、教会や社会における女性の従属的な役割の形成には莫大な影響を与えた。しかし、彼はアウグスティヌスとアクィナスをめぐる議論の全体で、見せかけのジェンダー中立的な言語を隠れ蓑にして、二〇世紀にもなってこれらの伝統にこだわるならば考えねばならない、女性の本質や男女の公正な関係といった問題を無視したままである。そしてアリストテレスの哲学とキリスト教の神学を統合したアクィナスの力量を称賛するばかりで、アクィナスの議論に性差別と女性嫌悪が両方包含されていることを無視してしまっている。

さらに近年、キリスト教神学や政治理論家は、アウグスティヌスやアクィナスの女性の性質をめぐる議論に大きな関心を払っているが、マッキンタイアはこれらもとりあげていない。[27] 女性の居場所に関するアウグスティヌスの多義的な結論は、ジェネヴィエーヴ・ロイズの「精神的な平等と自然な抑圧」(Lloyd 1984: 28)という表現によく表れている。アウグスティヌスは、自分の母親を理想のクリスチャンとみなしていたことや、プラトンの影響、また天地創造神話のより平等主義的解釈を強調することで、男性と女性は魂においても、その能力においても宗教上の生を平等に分かちあうことができると信じていた。[*5] 「男性だけでなく、女性も永遠の物事の理について熟考するであろう」、と。[28] しかし彼は、女性だけについてみれば、男性の「内助者」としての彼女の性質のために、男性のようにひとりの人間として神のイメージのなかにはいないとも述べる。すなわち彼は比喩的に、男性をより高い理性、女性をより低い理性や官能性に結びつける。女性の身体的な差異、肉欲、熱情、それゆえに人間を堕落させたイヴに象徴される原罪との結びつきのために、アウグスティヌスは女性を本質的に、自然に男性に従属するものとしてとらえている。神の国において女性は男性と平等であっても、人間の国において女性は男性に従属し、家内領域に閉じ込められ、よくても禁欲を強いられる。これらは遠い過去に忘れ去られた単なる古くさい神話ではなく、法王ヨハネ・パウロ二世が、女性の生への制限を再度主張し、アウグスティヌスと同じようにイヴの原罪を持ち出して、それを正当化した一九八八年にも追認されている。[29]

マッキンタイアが、あらゆる伝統の正義と実践的合理性をもっともよく説明しているとするトマス・アクィナスの議論では、原罪と女性を結びつけるキリスト教の考え方と、アリストテレスの目的論的生物学とが統合されている。アクィナスは、アウグスティヌスよりも人間の国——すなわち政治と家族の世界により強く力点を置いているが、アリストテレスに依拠していることは確かである。彼によれば、女性は「男性のできそこない」であり、再生産労働のためだけにつくられた、理性に欠けた存在ゆえに「男性の理性の導きに支配され、自然に男性に従属する」[30]。アーレン・サクソンハウスはこうした主張を以下のように要約している。

トマスの思想において、アウグスティヌスと同じように、身体と魂は一体となっている。合理的な魂はそれ相応の身体を伴っているのだから、女性のできそこないの身体もそれ相応の劣った魂を伴っている。トマスは、女性は彼女自身の利益のために男性に従属するべきだとする。なぜなら、アリストテレスが教えたように、劣った者は、優れた者のルールを受け入れるべきだからだ。子どもたちと同じように、女性は、そのより低い能力を生かす結婚生活での役割を遂行することから利益を得るのである(Saxonhouse 1985: 147)。

家庭では男性が家長であるというアクィナスの前提にわずかに言及したことをのぞいて、マッキンタイアは、これらの女性に対する議論のすべてをとりあげていない。彼は、ホメロスとアリストテレスについて論じるときと同じように、アウグスティヌスとアクィナスについて論じる際、一貫してジェンダー中立的な言語を用いている。さらに、アリストテレスの正義と実践的合理性の概念に自らが付与した限定性と排除と比較して、キリスト教の思想が包括的だと論じる[31](MacIntyre 1988: 162–163, 181, 339)。

多くの「われわれ」の伝統と、マッキンタイアにもっとも高尚と評価された伝統には、それらを発展させてきた家父長制的権力構造が浸透しており、これらの伝統を真に人間性のある徳の概念に合致させようとするならば、根本的・徹底的な変革が必要とされる。マッキンタイアは、伝統の合理性を評価しはじめようとする際、「その時代の真実への挑戦とは、常にありうるだけの強力な多くの疑問と意義申し立てを呼び起こす。すなわち真実として正当化されうるものとは、このような弁証法的な問いかけや異議申し立てに十分に耐えることができたものだ」(MacIntyre 1988: 358)と述べる。それにもかかわらずマッキンタイアは、彼の生きる時代のもっとも重大な試練のひとつ、すなわちこの伝統が女性を十分に人間として包摂しうるのかという挑戦を受けることさえせずに、アクィナスの議論が優れていると結論づけている。(32)

マッキンタイアはさまざまな伝統の主張を踏まえたうえで、実践的合理性と正義についての問い(「何をわたしはすべきか」という問い)の「最初の答え」は、「あなたが誰であり、自分自身をどのように理解しているかに依存する」と述べる。では、今日のアメリカ合衆国の若い女性たちがマッキンタイアのこの提案に乗ると想定してみよう。彼が好む伝統のひとつによって、彼女の人生は理解可能になるだろうか。また彼の挙げる伝統との会話をとおして、彼女は自らの「矛盾」に気づき、その理由を説明できるようになるだろうか。まずその女性が、若く、身体的に健康で、白人で、異性愛者で、結婚していて、平均的な世帯収入を得ている、と考えてみよう。彼女は伝統的家族できちんと育てられたにもかかわらず、多くの同じ境遇の女性たちと同じように、母親業と賃労働を両立させる人生を送りたいと期待するようになるだろう。彼女は家族とほかの個人的関係に満足していても、妻や母親として彼女が引き受けている責任と、時間的にも責任の面でも両立可能であるがゆえにつづけている、退屈で将来性のない低賃金の労働に失望している。彼女はより責任が大きくてもおもしろい職業に就けば、彼女の結婚生活にひずみが生じ、子どもたちを十分に世話できないのではないかと心配している。さて、マッキンタイアがリベラリズムより望ましいとするアリストテレス主義キリスト教の伝統との対話が、どのように彼女を助けてくれるだろうか。

まず大きな問題は、これらの伝統は、家族の一員でありながら賃労働者でありたいという彼女の要求を理解してくれないことだ。アリストテレスとの対話で彼女は、女性は人間の本来の姿、真実の姿である男性を産むという目的のためだけに存在する、「本質的にできそこない」だと言われてしまう。女性を家庭生活に閉じ込めるアリストテレスの伝統についてマッキンタイアと対話すれば、今度は、家族を廃止せよとするプラトンの解決法がもちだされるかもしれない。しかしこの女性は、家族生活を愛しているのだから、共同住宅で暮らすとか、指示された時に指示された相手と対になるとか、誰が自分の子どもか知ることができないなどというアイデアを受け入れることはできないだろう。たとえ、彼女がそのようなアイデアを受け入れたとしても、マッキンタイアが彼女に対話せよと薦める他のどの伝統も、そのようなアイデアをまったく認めないだろう。その理由はひとつに、それらの伝統は生涯つづく結婚生活以外での性的関係を重大な罪ととらえているからだ。またアウグスティヌスとの対話では、宗教上、女性と男性は平等であるという彼の主張に慰められるかもしれないが、身体的なセクシュアリティのために女性は男性より必然的に劣っているという彼の強い信念は、彼女の「矛盾」の理由を説明してはくれない。むしろこの矛盾を増大させるであろう。さらにマッキンタイアが、アウグスティヌスの洞察をアリストテレスの理論と調和させた点でもっとも優れた伝統の統合とみなすトマス・アクィナスとの会話では、アリストテレスとアウグスティヌス主義のキリスト教の両方の問題に直面する。というのもアクィナスの議論は、女性は本質的にできそこないだとするアリストテレスの立場と、男性の罪深い淫欲の責任は女性のセクシュアリティにあるとするキリスト教の立場を統合したものであるからだ。彼女はこの伝統をとおして、天地創造のなかに女性は含まれていたのかどうか、復活するためには男性として生まれ変わる必要があるのか、などという問題を深刻に考えなくてはならない。しかし、マッキンタイアが主張するように、アクィナスの伝統がこの女性の人生に穏やかな調和を与えてくれる可能性はほとんどない。そしてわたしがここで想定した女性は、もっとも恵まれた類の女性であり、今おこなったのは、これらの伝統に対する女性の視点からのもっともやさしいテストにすぎない。もし女性が、貧困層、黒人、レズビアン、高齢者、障害者、ひとり親である場合、もしくはこれらのいくつかにあてはまる場合、彼女がマッキンタイアの伝統に依拠したところで、彼女自身や彼女の状況により調和がもたらされる可能性はさらに少ないのは明らかだ。

加えてマッキンタイアは、伝統は、人びとが直面する現実の困難な道徳的問いの答えを発見するのに役立つかどうかによっても試されると言う。たとえば、ここで想定している女性の問いには、もし彼女が何年間も打ち込んできた喜ばしい子育て期を終えようとしており、やりがいのある仕事に就きたいと望んでいるまさにそのときに、意図せず妊娠してしまったら、彼女は中絶すべきかどうかという問いが含まれるだろう。また、もし夫が愛人をつくり家族をほったらかしにしていたら、離婚によって彼女と子どもたちが精神的・社会的なストレスに直面するだけでなく、経済的に危機的な状況に陥ることが分かっていても離婚するべきかどうか。さらには、子どもたちといっしょにいる時間や子どもたちとのかかわりが減ると分かっていても、彼女が強い確信をもっている政治的問題の解決に貢献するために事業をたちあげるべきかどうかを問うだろう。しかし、マッキンタイアが望ましいとする伝統は、わずかな例外をのぞいて、その元となっている理論が彼女を十分に人間らしく扱うことさえしないのだから、彼女の人生の役に立つわけがない。マッキンタイアの伝統との会話をとおして、彼女が、自分が矛盾しているとか、正義と実践的合理性について彼女の思考が深まったと確信することはあり得ないだろう。むしろ彼女は、それらと深くかかわることなく、これらの伝統にこそ根本的な矛盾があるのだ、正義と合理性をめぐる問いの答えをみつけるために、何か他のものにあたってみよう、と結論づけるだろう。

【伝統としてのフェミニズム】 マッキンタイアのジェンダー中立的な言語へのこだわりにもかかわらず、多くの女性と、そしてもちろんフェミニスト的意識をもつ男性も、マッキンタイアの伝統のなかに道徳的・政治的行為の合理的基礎をみつけることはないと考えられる。では、わたしたちはどこに位置しているのか。わたしたちは、少なくともマッキンタイアの議論のなかのすべての伝統の外部に立っており、「道徳的・知的に貧困な状態」にある。しかし、伝統において最良の人間の生とされるものから、自分自身や、自分がもっとも価値を置くものが排除されていたら、その伝統のアウトサイダーになるのは当然ではなかろうか。ではわたしたちは、フェミニストの思想と行動の歴史のなかに、マッキンタイアが歪曲し却下するリベラルな伝統から多くを学び、他よりも優れた合理性と正義の説明を与えてくれる別の伝統をみつけることはできるだろうか。ここまでみてきたようにマッキンタイアは、伝統とは何かをめぐって矛盾する説明をしている。一方で彼は、「書物／テクスト」の権威を強調し、伝統を一定の歴史的文脈として定義するが、他方で伝統を「生きられているもの」、「未完の物語」、もしくは伝統を構成する善についての議論として論じる(MacIntyre 1988: 354, 383; 1981: 207)。

明らかにフェミニズムは、前者の意味での伝統ではない。多くのフェミニストは権威のあるテクストをもたない。わたしたちは中世の学者がアリストテレスを引用するように、特定の正典に依拠しなければならないとは考えない。フェミニストの理論家はもっとも根本的な問題——すなわちどんな政治理論や道徳理論においても女性は男性と平等に考慮されるべき、決して男性に劣ることのない人間 human beings であるという信念について、過去と現在の論者たちと論争しており、さまざまな論点について互いに違う意見をもっている。

一方でフェミニズムは、後者の意味では明らかに伝統である。すなわち活発な論争をおこなっている。アステルから、ウルストンクラフト、ド・グージュからトンプソン、ミル、テイラーまで、スタントンからギルマン、そしてショーまで、またウルフ、ボーヴォワールからファイアストン、オークレイ、ミッチェル、チョドロウ、ペイトマンまで、そしてこの二〇年間のたくさんの偉大なフェミニストの思想家のあいだには、女性の抑圧の原因と本質、そしてその解決策めぐって多くの点で対立がある。しかしフェミニストは皆、これらの問いを扱わない伝統、特に「人間の善」をめぐるもっとも基本的な前提によってこれらの問いを可視化さえできず、取り組むことができないような伝統は、正義に適っておらず、合理的ではないとみなす点では一致している。

マッキンタイアがとりあげる伝統のなかで、彼が断固として拒否するリベラリズムだけが、女性の問題に対する答えを内包している可能性がある。これはリベラルな伝統が、自らが標榜してきたように、女性の抑圧を無視したり合理化してこなかったということでは、決してない[33]。しかしながら、フェミニストの理論家の多くが認めてきたように、リベラリズムのいくつかの基本的な教義、すなわち自然な支配構造における信念を根本的な人間の平等における信念に置き換えるという考え、また共同体の「善」よりも個人の自由を優先するといった考えは、フェミニズムの歴史のなかでも基本にある考え方であった。すべての現代のフェミニストがリベラリズムを支持するわけでないのは確かだが、ほぼすべてのフェミニストが、フェミニズムはリベラリズムから多くを得てきたことを認めている。リベラルな伝統がなくては、フェミニズムの誕生はより難しかっただろう。第5章で、もっとも影響力をもつ現代のリベラルな正義の理論家ジョン・ロールズの議論は、フェミニストの立場からみた限界と、フェミニストの批判に応える可能性の両方をもっていることを論ずる。しかしここでは、マッキンタイアと同じように、解釈をとおして正義を発見しようとするマイケル・ウォルツァーの議論をとりあげよう。

どの理解か?

近年の著作でウォルツァーは、正義の原理はそれぞれの文化の「共有された理解 shared understanding」にもとづくべきだという議論を展開している[34]。しかしウォルツァーは、伝統に固執するマッキンタイアのように、保守的な結論を導き出しているわけではない。それは彼が過去の伝統ではなく、現在の共有された理解のなかで、現代社会の諸問題に関する答えを探しだそうとしているからであり、またわれわれの文化の共有された理解とは、根本的に平等主義的なものであると彼が信じているからである。しかしながら両者は、正義について考える方法としては、非常に似ていることを見落としてはならない。第6章で論じるように、ウォルツァーのもうひとつの正義の規準である「領域の分離 separate sphere」——それぞれの社会的財は、異なる方法で相互に独立して分配されるべきだとする原則は、不平等と支配に反対するものである。その点で、ウォルツァーの議論はフェミニズムにとって重要な武器となる可能性をもっている。しかし以下で論じるように、この理論の改革的な可能性は、「共有された理解」に依拠することにより失われてしまっている。

マッキンタイアと同様、ウォルツァーは「故郷を離れ、客観的普遍的視点を形成するような」(Walzer 1983: xiv)哲学者に対して批判的である。(35) ウォルツァーもまた、特定の文化に結びついていない正義の思考法、すなわち、自分が誰であり、社会のどこに位置しているのかについて十分な知識を有する、歴史上実在する人間によって共有された理解や合意に根拠をもたない正義の思考法を拒否する。それに代わって彼は、「徹底した文脈主義 radically particularist」(Walzer 1983: xiv)の手法で正義の原理について議論する。ウォルツァーによれば、生命と自由の基本的権利だけでなく、男性と女性の権利は「共通の人間性からではなく、社会的財についての共有された概念から生み出される。これらは本質的に文化に根づいた文脈的なものである」。彼によれば「正義は社会的意味と関係している……その社会のメンバーに共有された理解に沿ったかたちで……現実の生が生きられているのであればその社会は正義に適っている」。そして「社会的意味はその特性からいって歴史的」なのだから、分配の正義、不正義〔の規準〕は時代によって変わる(Walzer 1983: 312-313, 319)。もし正義についての結論が「力」をもつとしたら、それは、自分たちの個人的特性や社会的状況についての知識を奪われた、何らかの仮説的状況によって選ばれた原理であってはならないとウォルツァーは主張する。正義とは何かをめぐる結論は、「われわれのような個人は何を選ぶのか、われわれと同じような文脈にいるのは誰か、われわれと文化を共有している、そして共有しようという意志をもつのは誰か」という問いの答えのなかにある。そしてこれらの問いは、「われわれは、共通の人生の過程でこれまでどのような選択をおこなってきただろうか、どのような理解を〔本当に〕共有しているのだろうか」という問いに置き換えられる(Walzer 1983: 5)。

この議論の難点は、社会制度と分配の正義の規準が文化相対的なものであるため、この規準が、ウォルツァーが求める批判的な力をもちうるのかどうかにある。基本的な人間の平等がすでに前提になっている社会以外で、正義は批判力をもつことはできるのだろうか。ときにウォルツァーも、この点に疑いをもっているようにみえる。たとえば彼は、「正義に適う社会や平等な社会は、実現しているものではなく、わたしたちの思考や概念のなかに潜在化しているもので、具体的にそれを知ることも実際に実現することもできない」と述べている。ウォルツァーの相対主義の問題は、封建制やカースト制度のように、根本的に階層的なシステムにおける正義に関する議論のなかに表れている。ウォルツァーによれば、このようなシステムは「過度な意味の統合によって構成されて」おり、「威信、富、知識、職場、職業、食物、衣服、そして会話まですべての社会的財が、物質的、知的な階層的秩序のなかに位置づけられている」。このようなシステムの階層制は、ひとつの価値によって決定されている。たとえばカースト制の場合、慣習的な純潔性は出自と血統に支配されており、それが他の社会的財の分配を決定している。よって「社会的意味が重なり合い、結合しており」、個々の領域の自律性が失われている。社会的意味が統合され、階層化されたこのような社会では、「正義は不平等を支えることになる」とウォルツァーも認めている。にもかかわらず、彼は共有された理解や社会的意味という正義の規準を用いるために、そのような社会も「(内的には)正義の規準」を満たしていると言い張らなければならなくなっている(Walzer 1983: xiv, 27, 313, 315)。しかしこの規準によって、カースト社会も、生得的な地位や特性にもとづいた差別をおこなわない社会と同じくらい正義に適っているとする根拠はどこにもない。

ウォルツァーも認めているように、「既存のものを解釈することしかできないために、現状にわれわれを縛り付け、社会批判の可能性を骨抜きにしてしまう負荷」に対して、彼は、共有された意味の解釈をとおしてこそ最善の道徳哲学を獲得できると主張する必要があった。そこで彼は第一に、「直接性、親密さ、感情的結びつき、ローカルなものの見方といった集合的生の条件は、批判的な自己理解を妨げるだろうか」という問い、第二に、「批判は、批判のための距離を必要とするだろうか」という問いをあげ(Walzer 1987: 3, 35–36)、相互に関連するふたつの反論を用意する。

第一の反論として彼は、一般にイデオロギーは競合し多元的であるという点をあげる。ウォルツァーによれば、異なるイデオロギーをもつ集団は交替で権勢をふるうものであり、「そこには最終的な勝利もないしあるべきではない」。さらに「[社会的財の]占有を正当化するイデオロギーは、真実だと思い込まれている。しかし人びとの憤怒と抵抗は(だいたいにおいて)、思い込みと同じように広がっている。最初は少数の人びとが、しばらくすると多くの人が、財の占有は正義ではなく不法行為だと考えるようになる(Walzer 1983: 12)。このように社会変化の可能性は概して、人びとの異議申し立ての広がりのなかにある、とウォルツァーは主張する。彼があげる同様の論理の第二の反論は、「支配階級は普遍的な階級として自らを提示することを強いられている」というものである。最初は、「聖職者、預言者から教師、賢者、物語作家、詩人、歴史家、文筆家など」によって、支配階級を肯定する作品が書かれる(Walzer 1987: 40)。そのなかで彼らは支配階級の利益をすべての階級が共有する利益として論じるため、作品がつくられはじめるやいなや、〔被支配側からの〕批判の可能性はでてくる。彼らの考えは、形式上、普遍的なものとして表現されなければならない。この普遍主義において支配者が従っていない基準が提示されるため、支配階級の特定の利益に対する批判の扉は開かれることになる。最良の社会批判は、構造的な／内在する矛盾のなかから出てくるとウォルツァーは述べる。こうした例は、たとえばイタリアの共産主義のリーダー、イグナチオ・シローネの著作や活動にも見出すことができる。彼は「彼自身の教育者や教師から教えられた原理をまじめに受け取り」、それを社会を検証する基準として用い、教えられた原理と社会実践と制度のあいだの根本的な矛盾を暴いたことで革命家となった[36]。

以上の共有された意味の解釈にもとづく正義論の擁護の弱点は、ジェンダーをめぐる正義、不正義の問題を取り上げたとたんにあらわになる。異議申し立てを信頼する最初の反論の問題は、社会的意味が重なりあい、結びつき、統合され、階層的なカースト制に近い社会システムであるほど、異議を唱えるというアイデアをもったり、それを広げていく可能性は少なくなるという点にある。つまり、支配が徹底的であればあるほど、あらゆる領域を横断するイデオロギーがより浸透していればいるほど、すでに広がっている全体のシステムが問題化されたり、抵抗がおきるチャンスは少なくなる。人びとが本当に受け入れているからという理由でこのような社会が(内的な)正義の基準を満たしているとしよう。すると、支配者のイデオロギーが当然と考えられており、それゆえ正義の「共有された規準」を満たすことができるシステムであるほど、支配がより貫徹した、彼の他の規準からみれば不正義なシステムになるというパラドックスをウォルツァーも認めている。彼の正義概念の危険性は、この点では同じ伝統主義者であるマッキンタイアと同様に、人びとが説得されているものに過度に依存している点にある。[37] これでは、支配がより貫徹されている状況に対処できない。根本的に階層的な社会では社会的意味が共有されていたとしても、ウォルツァーのように、人びとが同意していたり、異議申し立てがないからといって階層制が正義に適っていると結論づけることはできない[38]。

カースト社会では社会的意味が領域ごとに区分けされていないと論じる際、ウォルツァーは、こうした社会があたかもわたしたちの文化状況とはかけ離れているかのように論じる。この想定があるからこそ、彼の正義のふたつの規準は、現代の文脈では激しく対立するものではないと主張できるのだ。しかし、生得的な特性によって社会の全領域における財の分配と支配的地位、従属的地位が決定されるカースト社会に関する彼の記述は、過去の根深い家父長制の遺産である経済や家庭の構造、慣習、イデオロギーの幅広い影響力のもとでいまだつづいている現代社会のジェンダーシステムと非常に似ている。実際、カーストの階層構造とジェンダーの階層構造にはたったふたつの違いしかない。第一に、当然のことながら女性は男性と空間的/物理的に分離されていないという点、第二に、ウォルツァーによれば、「政治的権力はカースト制度の法から逃れてきた」(Walzer 1983: 27)が、ジェンダーの法から逃れたことはほとんどないという点にある。

カーストの階層における慣習的な純潔性の代わりに、ジェンダーの階層は男性のセクシュアリティというひとつの価値によって決定されている。またカーストの階層構造と同じように、ジェンダーの階層構造は、役割、責任、権利や他の社会的財を、社会が決定的な重要性を付与してきた生得的な特性にしたがって配分する。ウォルツァーがカースト社会の記述のなかでとりあげる社会的財のうち、多くの財はいまだに男女間で不公平に配分されている。威信、富、知識、職場、職業へのアクセスについて考えても、男女間の格差はあきらかである。いくつかのエスニック・グループの下層階級では、質・量ともによりよい食べ物が男性に与えられる傾向がある。女性の衣服はいまだに、女性たちの着心地のよさや便利さではなく、彼女たちの動きを制約し、男性にアピールするためにデザインされている。そして女性たちは多くの公式・非公式な社会的場面で男性の会話から排除されている(39)。近年、いくつかの点では社会的財における男女間の格差は縮小してきているが、他の重要な側面で格差は拡大している。第7章では、合衆国においてどの程度こうした格差がつづいているか検討しよう。

カースト社会と同じように、家父長制社会においても、イデオロギーは支配の正当性の維持に重要な役割を果たしている。ウォルツァーはカースト社会について論じるなかで、「男性たちと女性たちが根深い不平等に満足しつづけるとは考えられない」(Walzer 1983: 27)と述べるが、どの程度わたしたちが満足してきたのか、満足しているのかは、イデオロギーをとおしてのみ理解することができることだ。ジェンダーの場合にも、イデオロギーの作用がいかなるものか、容易にみてとることができる。

男性の支配と女性の依存・服従は自然であるという主張にもとづいた法と慣習の下で家族が築き上げられたり、宗教が象徴化・神聖化された男神のシンボルによってこうした支配を説き強化したり、教育システムが高等教育から女性を排除し、家父長制の知的な根拠を真実で理に適ったものとして教え込んだりするとき、性差をめぐる対抗的なビジョンを提示したり、ジェンダーを問題化する機会はいちじるしく限定されてしまう。実際、フェミニストの研究者が近年明らかにしてきたように、「男性中心的な思想」[40]に内包されているイデオロギーは、長い歴史のなかでももっとも偏在し普及しているイデオロギーのひとつである。

ここまでの議論で、彼の理論の批判力に向けられた疑念に対するウォルツァーのふたつめの反論も、やはり不十分なことが明らかになった。僧侶や預言者、教育者、賢人など「われわれの」文化を肯定する人びとは、ほぼ一様に男性であり、彼らが肯定する文化や諸価値は、数多くの点で、ジェンダー化された社会の男性の視点を反映している。マッキンタイアや彼の伝統を支持する人のように、彼らは、女性を排除するだけでなく、女性の排除を前提に「人間の善」を定義する。支配者の思想は形式上普遍的なものであるがゆえに、文字通り受け取られれば革新的な意味をもつというのは、必ずしも事実ではない。実際、支配者の思想のほとんどは、動物や植物に適用されないばかりか、女性にも適用されないものとして形成された。人間と人類 Man and Mankind は、表向き包括的な言葉であるが、権利と特権の要求にかんしては、まったく包括的ではなくなることが分かった。*6 いまだに見せかけのジェンダー中立性は、女性の排除をごまかす目的に使われており、革新的な社会批判でさえも、ジェンダーの階層構造を問題化することに常に失敗してきた。

最後に、社会批判が効果をもつためには、それが明確に発せられ、そして聞き取られなければならない。しかし、カースト、階級、人種、ジェンダー構造において教育を否定されてきた人びとは、公に聞き取られるような方法で自分たちを表現し、文字通り共有された意味を解釈し社会批判に転換していくような手段をもっていない。[*7] たとえ手段をもっている人であっても、支配的な文化のなかで劣位におとしめられている人びとも平等に扱われるべきだと主張すれば、嘲りの対象となるだろう。これは、これまでの歴史のなかで、権利と平等をめぐって受容されている原則を女性にまで拡大しようと提案してきた人びとの多くにあてはまる。ほんの少し例をあげれば、アビゲイル・アダムス、メアリー・ウルストンクラフト、ジョン・スチュアート・ミルは皆、このような提案のために嘲笑されてきた。

共有された理解をめぐるウォルツァーの理論とは逆に、実際は支配者と被抑圧者は――後者の声が完全に聞き取られたとしても――、根本的に意見を異にする。支配者側は、貴族やバラモン階級であれ、男性であれ、自分たちは農奴や不可触賤民や女性とは違う完全な人間 fully human であると主張してきた。統治者は自分たちのあいだでは平等な正義を制度化する一方で、彼らが完全な人間を支える補助する役割を他のカテゴリーの人びとに要求することは正義に適っているとし、ここから共通して利益を得てきた。しかし、もし農奴や不可触選民や女性たちが、自分たちもやはり完全な人間であり、抑圧者が用いている正義の原理は、自分たちにも当然適用されるべきだと（強い抵抗に逆らって）何らかの形で確信するようになったらどうだろうか。両者はこの基本的な問題において意見を異にしており、意味のある論争がなされるばかりか、何が正義かをめぐって相容れない立場をとっている。もっとも基本的な問題において、共有された意味を見出すことはできないのだ。

現代のジェンダーをめぐる見解も、こうした不一致の明白な例である。女性たちのあいだでさえ、この主題をめぐる共有された理解などないのは明らかである。支配者と被抑圧者のあいだだけでなく、被抑圧者のあいだにも根本的な対立がある場合、問題はより複雑である。フェミニズムと反フェミニズムの研究が示しているように、女性のあいだにはジェンダーと性別役割をめぐって深い分裂がある。反フェミニズムの女性たちは、性別役割を不正義だとして拒否するのではなく、むしろ、女性には再生産という特別な機能があることを理由に、女性の経済的依存と家庭の外の世界における男性の支配を自然で不可避のものとみなす(41)。フェミニストは、このような態度の原因は、少なくとも部分的には、家父長制イデオロギーの影響にあるととらえている。宗教は明らかに重要な要因である。このような反フェミニストの態度は、いったんフェミニスト的改革が制度化されると維持していくことがどんどん困難になっていく。そのとき反フェミニスト的女性たちは、いかにして彼女たちが適切だと信じる政治的に無力な役割を維持しながら、政治的変化を逆戻りさせるのかという問題に直面する。フェミニストのあいだでさえ、ジェンダーシステムそのものを問題とみなし、ジェンダーのない社会の到来を望む人びとと、伝統的役割の存在ではなく、男性支配的文化のなかで女性性と女性の活動が低く評価されていることを問題にし、女性独特の本質や伝統的役割を礼賛する人びととのあいだの意見の食い違いは大きくなっている(42)。後者の女性文化にこだわるフェミニストは、反フェミニズムと同じ問題、すなわち支配的な男性の領域のなかで力を獲得することなく、いかにして女性の仕事や関心や視点を適切に価値づけるのか、という問題に直面する。

このように、性的差異の本質と適切な社会的解決策をめぐる主張が二極化している状況において、ウォルツァーが論じるように、「確固としたアイデンティティの感覚をもつ普通の人びと」(Walzer 1983: 5)同士が論争したとしても、問いかけを生み出す知的な基盤が整うことはないだろう。このテーマをめぐる保守派と急進派の分裂は、人びとが実際に位置づけられているそれぞれの集団が、正義とは何かをめぐる結論にいたるための基盤を獲得できないほど根深い。ウォルツァーの正義の理論は、不一致の根底では、すべての人が潜在化している理解を共有しているだろうという根拠の乏しい説明以外に、このように本質的に異なる視点を調停するための規準を提示していない。

一方で、共有された理解の規準と異なり、ウォルツァーの「領域の分離」の正義の規準は不平等と支配の広がりにきちんと対抗でき、さらにフェミニストの批判に対しても潜在的力を有している。そのことで、ウォルツァーは少なくともある程度は、ジェンダーの社会システム全体に挑戦している。しかし、彼の正義の理論におけるパラドックスは、彼の理論のフェミニスト的含意に顕著に表れている。男性支配を縮小するためには、ジェンダー化された制度を根底から変革する徹底したフェミニズムが要求されるが、これは、共有された理解にもとづく相対主義的な正義の要求とはかなりの緊張関係にある。後者の規準を適用しようとすれば、過去から受け継がれ、わたしたちの文化のさまざまな側面に浸透し続けている性差をめぐる深く根付いた態度を批判することはできず、この理論のフェミニスト的含意は効力を失ってしまう。

伝統、共有された理解、支配の問題

コミュニティや文化の「共有された意味」のように、伝統はある一部の人びとの視点にもとづいていることを考察してきた。これまでの議論で明らかにしてきたが、伝統をつくりあげてきたのは、奴隷や教育を受けていない人、貧しい人びとと、女性ではなく、自由市民、教育を受けた人、裕福な人びとである。そして伝統に依拠する現代の理論家は、この問題点に取り組むことができなかった過去の理論家とまったく変わらない。過去においても、エドマンド・バークのように伝統における階層制と従属を明らかにした理論家がいたにもかかわらず、現代の伝統主義者はこのことも隠している。たとえばエドワード・シルスは、彼の「固有の価値としての伝統」を要約してこのように述べている。

> ある信念、制度、実践が存在していたということは、それらの伝統が、それらに従って生きている人びとの要求を満たしていたということを示している。彼らは恣意的に自分たちの信念にたどり着いたのではない。すなわち、彼らが暮らしていた制度は外部から強いられたものではない。もし彼らが制度を重要視するのであれば、彼らにとって納得のいくものであるべきであった。これらの伝統は、人びとがその下で生きていくことができないほどだめなものではなかった。また、人類が偉大なことを成し遂げるのを妨げるものでもなかった。むしろ逆である。伝統はより尊敬され、畏敬の念さえ抱かれるべきであった。［強調引用者］(Shils 1981: 328–329)。

ここまでみてきたように、伝統は「それに従って生きていた人びとの要求を満たしていた」という見方は、マッキンタイアの近年の理論にも通底している。彼はときに、これが根拠のない見解であることに気づいているが、この問題に対する満足いく答えを出せていない。彼がもっとも合理的で正義に適っているとみなす伝統を守ってきた社会の階級とジェンダー構造を考えれば、戦士や有閑階級の男性エリートが称賛する価値を、彼らがうまく抑圧していた下層階級の人びとが共有していたかどうか、わたしたちはまったく知る術がない。たとえ共有していたとしても、生活のため、ときには生存のために依存している人びととの規則と相容れない声を、彼らはあげただろうか。また、仮にそうしたとして、抑圧されている側は一枚岩的な階層的社会において、どのようにして代替的なものの見方を確立することができただろうか。

マッキンタイアは『誰の正義か』の数か所で、支配の問題に取り組もうとしているようにみえるが、伝統をめぐる議論の全体をとおして、この問題の重要性を認識することはなかった。善き生から女性を排除したアリストテレスの問題点を論じる箇所で彼は、「間違い」は、従属的な地位の結果にすぎない被抑圧者の性質を根拠に、不当な支配を正当化する「非合理的な支配のイデオロギーに典型的な誤った推論」[43](MacIntyre 1988: 105)から生み出されると述べる。しかし、マッキンタイアもときに認めているように、彼が擁護する伝統は「自然」として正当化されてきた階層的な社会秩序の考え方を基礎にしたものなのだから、この間違いによって、伝統の議論や前提の大部分が損なわれてしまう。マッキンタイアは、この点に気づくほどまじめにこの問題をとりあげてはいない。

もうひとつの重要な論点をめぐる一節で、マッキンタイアは、一八世紀イギリスの有産階級という特定の社会集団の利益を擁護するときに用いられる、建前上の理論の性質を見抜いている(MacIntyre

1988: 214-219)。彼は、歴史家ロイ・ポーターの著作を引用しながら、非有産階級を強制的に支配する手段をもたないために、有産階級は、「脅しと虚勢」によって彼らの同意をとりつけたのであり、「どれだけ不愉快であろうと、欺瞞的であろうとも、友愛的なゲームをしなければならなかった」(MacIntyre 1988: 215)と強弁する。ここで彼は、社会秩序の「支配的基準 standard」が以下のようなものであることを認めている。

ある人びとは自分たちが互酬的な恩恵から除外されていることに気づき、恩恵にあずかっているある人びとは裏切られるだろう。満足や苦痛を与える力をもたない個人や集団ほど、望ましい配慮を受けていない。だから反乱と逸脱者を抑圧するためのサンクションが必要とされる。一八世紀のイギリスでは、正義のルールはこのようなサンクションによって維持されていた。*8 (MacIntyre 1988: 215–216)

財産の所有者と非所有者の互恵性についてみれば、どんな互恵性も幻想であることはあきらかである。「非所有であるということは、抑圧であろうと施しであろうと互恵性のシステムの犠牲者であることを意味する」(MacIntyre 1988: 216)。さらに彼は、秩序を維持する人びとの態度や判断と異なる真理を表明する原理は説得力をもつことができない、と付け加える。このような主張は知的混乱を招くものとみなされ、こうした原理をもちだす人間は「確立されている交換の秩序と調和せず、少なくとも潜在的にはそれを破壊しようとする逸脱者、アウトサイダー(44)」(MacIntyre 1988: 217)として目をつけられるだろう。ここでマッキンタイアがとらえそこなっているのは、彼が言うイデオロギーとしての理論の作用と同じ問題が、「われわれの」正義と実践的合理性の概念を求めて彼がもちだすすべての伝統にも当てはまるということ、そして女性や他の抑圧された集団は、イデオロギーの犠牲者であったということだ。

マッキンタイアは、彼が軽蔑してきた現代のリベラリズムの主要な理論家が、伝統を基礎にした正義論に内在している支配の問題にとりくんでいることを認識できない、もしくはしたくないようだ。彼は、正義について根本的に意見が対立している人びとのあいだでは誰が正しいのかを決定することができないので、「合理性の中立的な概念」はあり得ないとする。しかし現代の正義の理論は、正義の理論の基礎となる推論 reasoning のあり方について、マッキンタイアよりも優れた説明をしている。リベラリズムの理論家は、それぞれが異なる議論の方法をとっているが、マッキンタイアと異なり、正義の原理はそれが適用される社会のすべてのメンバーに受容可能であるべきだと主張してきた。それにもかかわらず、マッキンタイアは現代リベラリズムを完全に歪曲してこう述べる。「リベラルな社会では、ある人びとの選好が他者から重要性を認められるのは、その選好の充足が他の人びとの選好の充足につながる場合のみである。与えるものを所有している人だけが獲得できるのであり、不利な状況にある人びとは交渉の手段をもたない」。これを読むと、マッキンタイアの現代リベラリズムへの非難は内的に矛盾していることが分かる。というのも、彼は『誰の正義か』の冒頭では、リベラリズムは対立する正義の解釈を合理的に評価するために、わたしたちから忠誠や具体的な社会関係、責任、利益をはぎ取るものだとしてリベラルな正義の理論家を非難していたからである(MacIntyre

1988: 321, 336)。ここで彼が正しく理解しているように、ロールズの原初状態とは恵まれた人びとが交渉力をもつのを避けるために設計されたものであるが、先述の引用箇所ではこの点を理由に、リベラリズムの制度と社会関係を非難している。アリストテレスやアクィナスらは「人間の善き生」について論じているにもかかわらず、彼らの実践的理性の説明は、抑圧された人びとの無力化を避けるための手段がない点で矛盾している。だからこそこれらの伝統は容易に奴隷や貧者、女性などの集団への不当な扱いを正当化できるのだ。

『美徳なき時代』の最後に、マッキンタイアはこのように述べている。

「わたしにとっての善とは何か」と問うことは、いかにしてわたしは最善のかたちで［自分自身の］統一的な生を生き抜き、完成に近づくことができるかと問うことである。「人間 man にとっての善とは何か」と問うことは、先の問いに対する全員の答えに共通するものは何かを問うことである。……このふたつの質問を体系的に問うことと、これらに答えようとすることは、名実ともに統合された道徳的な生を生きることである。［強調引用者］(MacIntyre 1981: 203)

善をめぐる理論におけるマッキンタイアのこの説明は、伝統によって構築された正義の理論に内在する支配の問題を、ごまかし、消し去ってしまっている。ホメロスやアリストテレスの伝統も、彼が『誰の正義か』で列挙する他の伝統も、「わたしにとっての善とは何か」という問いに対する全員の答えを考慮していない。マッキンタイアの伝統を基礎にした理論では、不利な状況にある人びとはこれを問うことも望まれていないし、たとえその問いに答えたとしても彼らの声が聞かれることはない。先に引用した節の安易な表現では、「わたしにとっての善とは何か」に対する答えが、一人で答えるときと、すべての人の答えを考慮したときとではまったく違うものになるという重要な点が曖昧にされている(45)。先にみたように、『誰の正義か』でマッキンタイアは、より率直に自らの道徳の理論が主観的なものであることを認めている。「わたしが誰であり、自分をどのように理解するか」は、わたしたち全員の主観的な視点で答えるものである。ふたつめの「わたしたち全員に共通する善とは何か」という問いは、トマス主義のもとで挫折するだろう。

これとは対照的に、第5章でみるロールズの議論のすばらしい点は、正義の基本的諸原理を決定する原初状態は、「その諸原理によって統治されるすべての人間にとっての善とは何か」を考えることを道徳的主体に強いるという点にある。ロールズの理論では、人は自分自身が才能をもっているか、捨て子か愛情あふれる家族に生まれるか、黒人か白人か、恵まれているか恵まれていないか、男性か女性か、信心深いか無神論者かを知らないことが、正義に適い、合理的に秩序づけられた社会とはどのようなものかをめぐる思考に影響を与えることが示されている。しかしマッキンタイアとウォルツァーは、われわれはいまだかつて原初状態に身を置いたことがないのだから、ロールズの理論は力をもち得ないと反論する。しかし彼らの代替案である文脈に位置づけられた理論は、支配的な男性エリート層のイデオロギーをもとにしており、支配の問題を無視することで残りの人びとの声を聞かずに道徳をつくりあげようとするため、道徳的な力をもち得ない。

「われわれの」家父長制的な歴史の伝統は、女性への深刻な不正義を継続させているジェンダー化された社会の構造と実践を永続させることに大きく影響してきた。伝統や共有された意味にもとづく正義の理論は、たとえ批判的であることを意図していたとしても、支配の問題に適切に対応することができない。「われわれ」の伝統、そのなかでも性差別主義者やエリート主義者にとっての正義と合理性の概念に向けられたマッキンタイアの分析は、伝統主義はフェミニストの挑戦に直面しただけで維持できなくなることを明らかにしている。社会批判の方法としてのウォルツァーの「共有された意味」は、歴史的な支配者側の権力を維持するような結果を好むものであり、ジェンダーのような非常に重要な問題において革新的な原則と矛盾するか、十分に反映できないものとなってしまう。一方で、第6章で論じるように、ウォルツァーのもうひとつの正義の規準は、ジェンダーの不正義により効果的に対抗できる。次章では、現代の思想において伝統主義とは対照的な潮流であり、慣習的なリベラリズムにも対抗する、レッセ・フェールの個人主義やリバタリアニズムをとりあげ、この理論が女性を包摂できるのか、またジェンダーの問題を扱うことができるのか考えてみたい。

＊1　アラスカの上院議員ポール・フィッシャーは、夫のレイプへの法的規制に反対して、一九八五年に「婚姻関係における性的行為の中身について知りようがないし、婚姻関係のなかでのレイプに対してその法が強制力を発揮できるわけがない。わたしは古い伝統的な結婚の絆を信じている」と述べている。[46] また、合衆国上院議員のゴードン・ハンフリーは一九八〇年、「連邦政府は伝統的家族やその地域の価値を損なうものに資金を提供してはならないということを根拠に」、「いわゆる虐待された妻の「家」」に対する資金の提供に反対している。(Pleck 1987: 197)

＊2　第一に、マッキンタイアは、われわれは対話に参加するために、対立する伝統の信奉者の信念や視点を

本当に受け入れるのではなく、ものまね役者のように登場人物の声で話すふりをするだけだと慎重に主張する(MacIntyre 1988: 395)。彼がこのように言わなければならないのは、その前にはっきりとこう述べているからだ。本当にひとつの伝統の見解を受け入れることは、その伝統の真偽をめぐる見解にコミットすることであり、ひとつの伝統にコミットする際には、対立する立場を受け入れることを禁じなければならない[強調引用者](MacIntyre 1988: 367)。しかしこれは伝統間の対話を完全に台無しにするものではなかろうか。対立する伝統との出会いをとおして、ひとつの伝統の信奉者が他の伝統のすぐれた合理性を確信するという議論と矛盾すると考えられる(MacIntyre 1988: 387-388, chap. 20)。

　第二に、マッキンタイアは、根本的な道徳的問題について合意に達することに失敗しているとして、伝統の外にいるリベラリズムを酷評しているが、彼自身もこのような問題をめぐる目下の議論に加わることさえしていないし、ましてや答えを提示できてもいない。もし、わたしたちがこうした議論に着手するのであれば、ひとつの伝統がひとつの問題にもっとも合理的な答えを提示しており、他の伝統は他の問題に対しもっとも合理的な答えを提示していると考えるのが当然であろう。ひとつの伝統がすべての道徳的問題に対し、もっとも合理的な答えを提示しうるなどと考える理由はない。現代社会、特にリベラリズムへの失敗をめぐる彼の批判については、『誰の正義か』(MacIntyre 1988: 1-4, 332-335)を参照。

　マッキンタイアはこの著作の最後の一〇ページで、良心的兵役拒否やアファーマティブ・アクションなどの現代の道徳的ジレンマの重要性について論じているが、それでも彼の信じる伝統がこうした議論にどのような貢献をするのか明らかにできていない。『美徳なき時代』(MacIntyre 1981)と『誰の正義か』(MacIntyre 1988)のさまざまな伝統をめぐる議論のなかで繰り返し取り上げられる唯一の具体的議論は、私的所有権が分配的正義に優先するか、従うべきかをめぐるものである。確かにこれはもっとも重要な道徳上の問題である。しかしマッキンタイアは、この問いそのものに挑んでないし、さまざまな伝統がこの問いに対して出してきた答えについても議論していない。現代社会においては、核兵器による戦争抑止や中絶といった重大な道徳的問題があるにもかかわらず、伝統が試されている認識論的危機としてマッキンタイアが出してくる例が、道徳的・政治的問題ではなく、神学的・形而上学的・科学的問題であるという点が、まず奇妙なことである(MacIntyre 1988: 362-363)。

＊3 マッキンタイアは聖ベネディクト、アッシジの聖フランチェスコ、聖テレサ、フリードリヒ・エンゲルス、エレナー・マルクス、レフ・トロツキー、ジョン・スチュアート・ミルの名前をあげている。子育てをした唯一の人物であるトロツキーは、ほんのわずかな結婚生活の後、彼の妻とふたりの娘と永遠に離別している。またハリエット・テイラーについても、ミルの同伴者としてではなく、三人の子どもの母として彼女の生を「徳の……模範」としては、考えていなかった。『美徳なき時代』(MacIntyre 1981)にでてくる唯一の子どもは、飴のご褒美に誘惑されてチェスのやり方を勉強するという例に登場する「非常に知的な七歳」だけである。

＊4 たとえば、ギリシャ時代の「卓越性の善」、特に勇気についての議論でマッキンタイアは、コミュニティの善は、一定の人がその時々に防衛のために自分自身の生命を危機にさらし、そのようなふるまいによって勇気を示し、威信を獲得することを求めていると指摘する(MacIntyre 1988: 41)。しかし彼は、女性が命をかけて出産しなければ、男性が戦争に行くのをいやがるのと同じように、共同体を維持できないということをまったく考えていない。

＊5 『創世記』の一章二七節には、「神は自らをかたどって男性を創造した。神の形に彼を創造し、彼を男と女として創造した」とある。

＊6 ひとつの分かりやすい例として、中絶の問題がある。権利を基礎にしたわたしたちの政治的文化は、生きる権利と身体をコントロールする権利の両方を保障するものと理解されてきた。このリベラルな権利は男性の権利として概念化されてきたため、(潜在的な)人間の生命が他の人間の身体のなかに存在するときに生じる問題に正面から取り組まれるようになったのは、比較的最近のことである。女性も男性のように自分自身の身体をコントロールする権利をもつと主張する人びとと、胎児は受胎の瞬間から人間として生きる権利をもつと主張する人びとのあいだで激しい対立が生じている。わたしたちは、中絶についても広く「共有

された理解」をもちえていないが、その理由のひとつは、基本的なリベラルな権利は女性と胎児の両方に普遍化することができないという点にある。

＊7　ウォルツァーが『現代の批評』でとりあげる一一の社会批評の多くは中流か上流階級の人によるもので、ほとんどすべてが高い教育を受けており、また、一〇の批評が男性によるものである。シモーヌ・ド・ボーヴォワールは、ウォルツァーが指摘するように、女性の状況に対する洞察に満ちた効果的な批判に成功したが、彼女自身は女性の状況に身を置くことを必死に避けてきた。そのことによって、彼女は女性の人生や性質を価値づけることや、男性の世界を批判することができなかっただけでなく、彼女のように男性の世界のなかへと「逃げ込む」ことができた人たち以外に向けて、女性の抑圧の解決策を見つけることができなかった(Walzer 1988: chap. 9, esp. 155, 158-162)。彼女は女性全体が、彼女が真に人間的とみなす生を獲得する方法を提案していない。

＊8　『誰の正義か』でマッキンタイアは、社会学の知の一部を、「特定の集団の社会的・政治的・経済的利益によってあらかじめ覆われている哲学者の思想と探求を説明する」(MacIntyre 1988: 390)という間違いを犯していると非難している。彼は哲学者の思想がときにこのような与件の下にあることをはっきりと認めているが、わたしたちはそれをどのように見分けるのか、マッキンタイアは答えを出していない。

第4章　リバタリアニズム

——母系制・奴隷制・ディストピア

リバタリアニズムとは、ジョン・ロックやバンジャマン・コンスタンのような古典的な自由主義理論家の基本的教義を、その極限まで推し進めたものである。リバタリアンの主張によると、個人の自由のためには、政府の活動は最小限でなければならない。(一部の無政府主義的リバタリアンにいたっては、あらゆる政府が正当化できないとすら考えている)。個人がその人らしく生き、自らの労働の果実を所有する権利は神聖不可侵なものである。政府の目的は、人びとを相互に、また外敵の侵略から守ることのみであり、政府はこの目的に必要な場合を除いて市民たちの財産や住居や生き方を侵害してはならない。こうしたリバタリアンの議論は、財政以外については保守主義的ではない。彼らが最善の政治システムとして提唱するもの――最小国家――はこれまでに実現したことがないので、彼らの主張がその保守にあると理解することは困難だからである。しかしながら近年リバタリアンたちは、彼らにとって残念なことでもあったのだが、一致点と同じくらい対立点もあるはずの保守的右派と自らの立場を同一視してきた。この一貫性のない政治的信念の組み合わせ、すなわち、自由放任的な最小国家主義と、政府による道徳の強制を唱えるいわゆる道徳的多数派としての保守主義の組み合わせは、レーガン大統領の在任中にかなり支配的な立場を享受するようになった。

わたしはここで、リバタリアニズムをあらゆる視点から徹底的に批判してみるつもりはない。その代わりに以下のことを問う。社会の成人したすべての成員に、つまり男性だけではなく女性にもリバタリアニズムの議論を適用したとき、それはどのようなものになるのか、という問いである。現代の学術的なリバタリアンたちにもっとも影響力のある著作、すなわちロバート・ノージックの著作に主に焦点を当て、女性を考慮に入れると彼の理論が不合理でしかないという結論を明らかにする。すなわち、女性を考慮に入れた結果として出てくるのは、『アナーキー・国家・ユートピア』(Nozick 1974)で彼が支持した最小国家であるどころか、ディストピアとして描くことにおそらく誰もが同意するであろう母系制と奴隷制の奇怪な結合物なのである。そのうえで、私的所有権だけにもとづく度合いがノージックよりも小さいリバタリアニズムならば女性を包摂しうるかどうかについても手短に吟味し、そうした理論もまた自己矛盾に陥る見込みが大きいと結論づける。わたしが示すように、リバタリアニズムはどんな形のものであれ、再生産と心身のケアに対する人間のニーズを満たすような私的生活領域 realm of private life を暗黙の前提としているのだが、それはリバタリアニズムの原理の範囲には入らないものなのである。さらに、この私的生活領域で遂行される仕事については、他の領域の仕事とは意味が異なるとか、同じ報酬には値しないといったことも前提にしてしまっている。リバタリアニズムは個人主義的な外見をとるものの、その裏では家族なるものを暗に前提し、しかもそれを無視しているのである。

第二波フェミニズムは、個人の基本的権利に関して、根本的でときに困難な数々の論点を提起してきた。自分自身の身体をコントロールする女性の権利を支持する議論は、リベラルとリバタリアンによるそれ以前の権利理論がいずれも曖昧にごまかしたり見逃したりしてきたジレンマを提起した。それは、ある人の人生の潜在的可能性が他者の身体に(その内側に包み込まれているゆえに)依存しているという事実に由来するジレンマだ。[1] この事実によって提起される道徳的争点は中絶だけではない。胎児に関する父親の権利や（いわゆる代理母の権利を含む）、妊婦が薬品を摂取する権利の主張、あるいは妊娠中に亡くなっていく女性は彼女の意志に反してでも帝王切開を受けるべきなのか否かといった論点も、その事実から生じているのである。これらすべての論点が、そして関連するさらに他の論点も、近年法廷に持ち込まれている。[2] 加えて、離婚後の財産と収入の配分に関する革新派の議論は、金銭的報酬に値する生産労働とそうでないものとの区別について根本的な問いを投げかけてきた。さらにまた賃労働の領域の内部でも、同一価値労働同一賃金の原則をめぐる闘争により、一般に性別を境界として分けられてきた異なるタイプの生産をどのように測定すれば公正な支払いが可能になるのかという、複雑で新しい問題が提起された。だが、リバタリアニズムの理論家たちはこうした問いを扱ってこなかった。他のほとんどすべての政治理論と同じく、彼らは男性家長のみが主題だということを明に暗に前提にしてきたのである。それではこの前提を疑問視するとき、いったい何が起こるのだろうか。

ノージックは『アナーキー・国家・ユートピア』という影響力ある著作で、近代国家の干渉主義は、そのもっとも弱いものですら、正統な範囲をはるかに超えた権力をもっていると主張している。彼の主張によれば、個々人に対して正義に適った権原を認めるならば、われわれが正統化できるのは最小国家のみであり、その機能は人びと自身とその財産の保護ならびに契約の執行という狭い範囲に限定される。再分配的な国家や市民生活への干渉を正当だと主張する理論は根本的に間違っている。それらは、分配された諸物は天からの授かりものではなく、人間の労働の産物だという事実を無視している。そしてそれらは、個々人それぞれの才能や能力は彼ら自身の一部であり、そこから得られる成果を徴収すれば、必然的に彼らの基本的権利を侵害してしまうという事実を無視している、とされる。

ノージックの論述には、現代正義理論のご多分に漏れず、人間がふたつの性からなるという事実への注意が欠如している。彼は、建前上は包括的だとされている彼や男という語を使ってみたり、個々人や人びとというジェンダー中立的な言語を使ってみたりと、その間を行ったり来たりしている。こうして組み合わされた用語法は表向き無害にみえるが、多くの場合と同じく、実は無害ではない。実際そのことは、女性たちを無視し、性別ゆえに女性のみがもつ生産能力についても全面的に無視していることを、隠蔽してしまうのだ。[*1] わたしがここで論ずるように、人はその生産したものを所有するという考えに直接依拠するノージックの正義の権原理論は、女性が、そして女性のみが人びとを生産する自然な能力をもつという事実を考慮するならば、一貫性のない馬鹿げた結論をもたらす。[*2] そうした結論を避けるためには、ノージックのリバタリアニズムのもっとも基本的な教養を放棄すること、すなわち、人間的なニーズやその他の人間的特質といった、生産能力以外のものを考慮に入れることが必要になる。しかしその場合、ノージックが到達したものとはまったく異なる権利の理論に行き着くことになるし、正統な国家に関する結論もまったく異なるものになるだろう。

正義の権原理論

ノージックも認めるように、正統でありうるのは最小国家のみとする彼の論証にとって決定的な重要性をもつのが、正義に適った所有の権原理論が妥当であるか否かである。彼によれば、「もし所有物が適切に生み出されるならば、分配的正義にもとづく拡張的な国家を支持する議論の余地はない」(Nozick 1974: 230)。ノージックの主張によれば、所有物に対する諸個人の権原は、他のあらゆる権利、基本的生存権でさえも凌駕する。彼が言うには、「生への権利とはせいぜい、それをもつことが他人の[権原を有する]権利を侵さない限りで、人が生きるために必要なあらゆるものをもつ、あるいは、もつために努力する権利でしかない。……いかなる生への権利を想定するにせよ、人がそれを適用可能になる以前に、まず所有権の理論が必要となる」[3]。かくして、『アナーキー・国家・ユートピア』の主要な結論――最小国家のみが正当化されるという結論、人びとの稼ぎに対する課税は「強制労働と同じだ」という結論(Nozick 1974: 169)、多くのリベラルたちが支持してきた福祉の権利にはまったく根拠がないという結論――が、所有物への正義に適った権原に関するノージック理論のうえに打ち立てられることになる。

では、人はいかにしてある物への権原を与えられるのか。ノージックによれば、ある分配が(彼が好む呼び方をするなら「所有物」が)正統に獲得された財産の正統な移転の結果であるならば、それは適切にもたらされたと言える。物が正しく移転されるためには、その前提として正しく獲得されている必要がある。それゆえ、権原理論の核心にあるのは獲得の原理であり、その原理によって、それまで所有されていなかった物が所有されるようになるのである。この原理が彼の理論の中心的な位置を占めていることからすれば、ノージックがその「複雑な真理」を引き合いに出すにもかかわらず、その明確な定式化も論証もしようとしないのは驚きである[4]。正義に適った獲得のテーマに直接紙幅を割いているのは、その原理に関するいくつかの大ざっぱな記述以外には、ロックによる論証を解説し、それに対する疑問を提示した数ページ分しかない。実際その本の全体を通じて、ノージックによるロックの参照の仕方は、中世の学者たちによるアリストテレスの参照の仕方を彷彿させるものだ。ロックは有益な出発点としてではなく、所有物という主題に関してわたしたちが尊重するであろう権威として掲げられているのである。その部分を除けば、ジョン・ロールズやバーナード・ウィリアムズのような再分配的正義理論を攻撃する際にノージックが獲得原理をどう用いているかをみて、その原理について分かることを拾い集めていくしかない(5)。

ノージックはそれらの理論に対抗して、あらゆる分配の正義は歴史的でなければならないと主張している。プロセスの正統性のみが重要なのであり、結果的に生ずる事実は重要ではない。すべては「その分配がいかにして生じたかにかかっている」というのである(Nozick 1974: 232)。彼は正義の「結果状態 end-result」理論に反対するが、その理由の一部は、分配が問題となる物はどこからともなく生じてきて、受け取りに名乗り出た人びとに対し何らかの中央機関が割り当ててよいようなものではないという事実を、それらの理論が無視しているからだという。彼の権原理論では、対照的に、生産と分配が本来的に結びついている。彼の獲得原理の核心は以下の通りだとされる。

> 何か物を作るに際し、そのプロセスで使用する他人の保有資源についてすべて(それらの協働する〔生産〕要素のために彼の所有物を移転することによって)購入済み、あるいは契約済みであるならば、誰であれ作ったものへの権原が賦与される。その状況は、何かが作り出されつつあって、誰がそれを手にすべきか未決定であるような状況ではない。物はその権原を有する人びとにはじめから

帰属したものとして世界に現れるのである。[*3]（Nozick 1974: 160）。

ノージックはこの原理を直接的にはまったく論証していない。さらに言えば、ロックによる類似の見解を論じるなかで、彼はその原理の中心的諸側面にまつわる多数の問題点を挙げながら、それらに対する十分な答えもまったく提出せずにいるのだ（Nozick 1974: 174-177）。にもかかわらず、正義に適った所有の「パターンつき」理論と彼が呼ぶものに対抗して、彼はこの原理を精力的に擁護している。ここでいうパターンつき理論とは、道徳的メリットや社会的有用性といった「何らかの自然な次元あるいは……諸次元に応じて、分配は異なるべきだ」（Nozick 1974: 156）と明記する理論のことである（Nozick 1974: 155-160）。ロールズは、才能や能力といった個人的アドバンテージは「道徳的観点からすれば恣意的」であるため、そうした能力の自由な使用から帰結する分配を正当化する理由はないと論じたが、ノージックはこれを明確に拒絶している。ノージックは「なぜ、所有物が部分的にすら自然からの賦与によって決まるべきではないというのか」（Nozick 1974: 216）と問う。そして彼は、個人的属性を行使することから生じた差異は最小化されるべきだという立場を支持する、そうした多数の議論を拒絶する（Nozick 1974: 216-227）。彼の主張によれば、ロールズのように自然な才能を共有資産ないし集団的資産だとみなすことは、「人間 men と、彼らの才能や長所や能力や、その他の固有の性質とを」明確に区別することを含意するが、そのとき「整合的な人格概念の余地が残されているのか……という問いには答えられていない」（Nozick 1974: 228）。個人的資産を集団のものとしてしまうなら、ロールズ自身が見出した功利主義の難点とまさに同じように、人格の個別性を尊重できなくなってしまうとノージックは断言するのである。逆にノージックは、能力の格差はその結果生ずる生産物への権原の格差を正当化するものだとみなす。彼の立場は以下の言明によく要約されている。

ある人がYを獲得できるのは……Yを獲得するプロセスで彼が使用した(生来の資質を含む)すべてのものを、彼が事前に獲得していた(言い換えると、それに値する)ときに限るというのは正しくない。彼が使用する物の一部については、彼は単にもっているだけでもよく、それは正統性を欠くことではない。受けるに値するものの基礎はそれ自体、どこまで遡っても、受けるに値するものでなければならないということはないのだ。

この立場にもとづいて、彼は「人びとの生来の資質が道徳的見地からみて恣意的であろうとなかろうと、彼らにはそれらへの権原があり、それらから生じるものへの権原もある」と結論づける。(Nozick 1974: 225-226)。

ノージックは、これらの結論にもとづいて、基本的福祉を自力で手に入れられない人びとにそれを保障するためであれ、機会の平等を促進するためであれ、徴税を通じて資源の再分配をおこなう国家を非難する。そうした国家は、市民の所有物に対する正義に適った権原を侵害する。基本的福祉の保障や機会の平等の増進といった目標を追求しうる正統な手段は、富裕な人びとに対して、貧しく不幸な市民同胞への自発的な寄付をするよう説得を試みることだけなのである。しかし、自発的交換と慈善的寄付しか認めないそうしたシステムの内部において、非自発的な選択しかできないような制約下で活動させられる人びとが出てきてしまうとしたら、どうなのだろうか。こうした批判を見越して、彼は以下のように強弁する。「他の人びとが各々の権利の範囲内における自発的な選択や行為をした結果、ある人に好ましい選択肢が残されておらず、その人が程度の差はあれいずれも好ましくない選択肢のなかから選択するとしても、それが非自発的なものだということにはならない」(Nozick 1974: 263-264)。そうした人の置かれた状況は、ノージックによれば、不運ではあっても不正義ではないのである。

再生産と権原理論

ノージックの権原理論が、各人は自分自身を所有するという信念を根拠としていることは明らかだ。彼自身その信念をまったく論証していないのではあるが……。議論の出発点にこの仮定を置かなければ、彼のロック的な獲得理論は意味をなさない。彼によれば、人びとは自分自身の身体をコントロールする権利をもっている。また彼は、自分の身体の各部位に対する人びとの権利を、権原の範例的なケースとして引き合いに出してもいる[6]。再分配的な原理は強制労働を正当化すると論難しつつ彼が述べるところによると、それらの原理は「自己所有という古典的自由主義の考え方から、他人についての(部分的)所有権という考え方への転向を伴うものである」(Nozick 1974: 172)。

しかし、各人が自分自身を所有するという仮定は、以下のふたつの事実を無視しない限り、うまくいくことはあり得ない。第一に、人びとは生産者であるのみならず、人間の労働と人間の能力による生産物でもある。ノージックの獲得原理に同意する人は、人びとがなぜいかにして、彼らを作った誰かによって他の物と同じように所有されるのでなく、自分自身を所有できるのかを説明しなければならない。第二に、人びとを生産する自然的能力は、人間たちのあいだにきわめて不平等に分配されている。人びとを生産する自然的能力をもっているのは女性のみである。それゆえ(少なくとも技術発達の現段階では)必然的に、すべての人間はその誕生にあたって、女性の能力と女性の労働/出産による生産物であることが確実なのである。[*4] 人間の生に関するこのひとつの単純な事実を真剣に受け止めるならば、そのことによって、ノージック理論の要である正義に適った獲得原理の不合理な点とノージック理論全体との間に矛盾がもたらされるということを、これから論証しよう。ノージック理論のなかの人びとは、ユートピア的な最小国家どころか、母系奴隷制のディストピア状況に置かれてしまうのである。

その著書の末尾近く、まったく要領を得ない奇妙な一節において、ノージックは、人びとは生産者であると同じく人間労働の産物でもあるという事実に手短にふれている。そこで彼は、ロック的な獲得理論には、「両親」は子どもを作るゆえにその子どもを所有するということが含意されるだろうかと問うている(Nozick 1974: 287–289)。(この一節は、それぞれの用途に応じた中立的言語を用いるという選択肢があるにもかかわらず、言語の包括的な形だと思い込まれている男性形を一般に使用するという、ロックもノージックもともに採用している実践によって、いったい何が達成されうるのかに関する第一級の事例になっている。「両親が」その子どもをつくると述べるとき、ロックもノージックも普段通りの男性形の用語法を便宜上離れている。もし彼らが、普段通りの用語法と一貫した仕方で、父親たちがその子どもを作ると述べていたならば、その主張の誤謬は見逃され得ないほど明白になっていただろう)。ノージックの指摘によれば、財産所有に関するロックの労働理論は、両親がその子どもたちを所有することを含意するように思われるかもしれないが、すでにロック自身もこの結論を避けようと試みていた。しかしノージックは、子どもが両親の所有物であることを否定しようとするロックのさまざまな試みを、十分な理由をあげて棄却している。ロックも示唆するように、ある個人が生産物の所有者になるために、それを完全にコントロールする術を手に入れ、理解していなければならないなどということはあり得ない。というのも、仮にそうだとしたら、たとえばある人が植え育てた樹木のように、ロックが所有物の範疇から除外したくないと考える膨大なものについても、所有が不可能になってしまうからだ。だがノージックの考えでは、神がわれわれをつくったのだから、両親はその子どもの真の生産者だとは主張し得ないというロックによる示唆も、やはり同じように失敗している。なぜならノージックが述べるように、それと同じことは「所有が可能だとロックが考える他のさまざまなもの……そしておそらくは……すべてのもの」に該当してしまうからである（Nozick 1974: 288）。さらにノージックの指摘によれば、ロックは人間の本性のなかに、彼らが所有されることを不可能にする何かがあるといった主張もしていない。実際、まさに神が彼らを作ったゆえに、人びとは神によって所有されるのだとロックは主張しているのである。(7)

さて、わたしがこれから論じるように、ノージックは、人びとが誕生の時点で生産者に所有されてしまうという彼の獲得原理の含意を、ロックと違ってうまく回避できているというわけではない。にもかかわらず、彼はこの非常に重要な問題に対して、それは彼の理論の最重要原理のうちにあるにもかかわらず、まったく正面から立ち向かっていない。彼はその問題を提示し（彼が援用しているジェンダー中立的な言語によって多少隠されてはいるが）、ロックがその解決に失敗していたことを示したにもかかわらず、その問題に立ち向かう代わりに、子どもに対する両親のケア責任という無関係な議論へと脱線し、唐突に論点を変えてしまうのである――それにしても、他のケースでは所有者であることによって意のままに使用し処分する権原が与えられるというのに、なぜここでは責任が付与されるというのだろうか。ロックにとっての問題は、実のところノージックほど深刻ではない。ロックは人びとが神によって所有されていると述べ、さらに人びとを奴隷にすることを彼らの攻撃に対する報復によって正当化してはいるが、人びとが自分自身を奴隷として売り渡すことができるということについては明示的に否定している[8]。それに対してノージックは、あとでわたしが手短に示す通り、彼らがそうできるということを明示的に認めてしまっているのだ。彼は、自分自身がその線で議論を進めるわけではないものの、ふたつのありうる解決方法について述べている。「人びとに本来備わる何かによって、彼らを作った人びとが彼らを所有することが防がれる」と論ずる方法と、生産による所有権の理論に関するなにかによって「両親が子どもをつくるプロセスによる所有権の生成は除外される」と主張する方法である（Nozick 1974: 289）。ところがノージックは、これらの主張のいずれについても、彼の権利理論の他の部分と一貫性のある、満足いく結論にまで進めていくことができない。

　もし人びとが自分以外の誰かによって所有されうるとしたら、ノージックの正義に適った獲得原理からは、彼らは（少なくともその始まりにおいて）彼らをつくった人びとに所有されることになると思われる。したがって、そもそも個人が所有されることが可能か否かが、この問題の主たる論点となる。そしてこの点についてノージックは明快である。彼は個人が奴隷になることに何のためらいもみせないのだ。彼は「自由なシステムは［ある個人が］自らを奴隷として売ることを認めるだろうか」という問いをたて、「認めるだろうとわたしは信じる」(Nozick 1974: 331) と答えているのである。しかし、人びとが自らを奴隷として売るのを許しても、彼らがその誕生時点ではじめから他人の所有物であることは含意されないという反論がなされるのかもしれない。奴隷制に関する言明のすぐ後で、ノージックは、「人びとが自分自身のために選ぶのは構わないが、誰かが他人のために選んではならないものがある」と付け加えているからである。

わたしたちは、この論点についてノージック理論がもつ、理論全体としての含意に注目せねばならない。一方で、すでにわたしも示したように、人びとが少なくともその出発点において自分自身を所有しているということは、彼の理論の中心的前提とされているようにみえる。というのも、もし個人が他人の所有物として生まれてくるのなら、「国家や役人たちがおこなっても良い事柄があるとしたらそれは何なのか、という問いを呼び起こすほど強力かつ広範囲にわたる……権利」(Nozick 1974: ix) を人びとがもつことなど、どうして可能になるだろうか。そしてもしも彼自身の労働や彼自身の身体を誰も所有していないのならば、所有物に対するノージック的な正義に適った権原を、誰がいかにして獲得しうるだろうか。だがもう一方で、人びとは彼らの命を、一人の女性の自然的能力と労働／出産による生産物として開始するという事実についてはどうだろうか。ノージック理論は、一見すると自己所有権に捧げられたものにみえるが、人びとを生産物として所有する女性の権原が、誕生時点における人びとの自己所有権よりも優先するという結論を避けることができない。以下でその理由をふたつほど示そう。

第一の理由は、ノージックが一貫して、正統に獲得された所有権を、基本的ニーズや生命への権利を含む他のいかなる権利主張よりも優先しているということである。人はたとえ飢えていても、他人の所有する食べ物を食べる権利など、たとえその他人がその食べ物を投げ捨てることになるとしても、一切もたないと主張するような理論家が、(9) 乳幼児に自己所有の権利を与えるためであれば、所有権に対するその飽くなき執着をどうして弱めることができるのか、理解するのは容易でない。どう見積もっても乳幼児は他の誰かの身体と労働による生産物であり、その幼児に権利を与えることは獲得原理と矛盾をきたすことになるのだから。ノージックは述べている。「他人が権利と権原を有する物や活動を用いなければ実現できないことについて、その権利を有する人など誰もいない」(Nozick 1974: 238)。もしわたしが(すでに)母の所有物であるならば、それと対立する自己所有の権利をわたしが主張することなどできないのである。

これと密接に関係する第二の理由は、ノージックが明らかに、他者に影響を与える人びとを、彼らから影響を与えられる人びとよりも優先しているということである。彼はこれをエピグラム風にまとめている。「各人からは彼らの選択に応じて〔徴収し〕、各人へは彼らが選ばれたことに応じて〔与える〕」。かくして彼は、たとえば相続や贈与によって生じる不平等は不正義だと主張する人びとについて、自分の資源を意のままに処分する贈与者の権利を無視していると論ずる。そうした主張は〔与え手ではなく〕「受け手の正義」に準拠するという誤りを犯している、というわけだ。ノージックによれば、一般的に言って「他の誰か……が権利を有することがらについては、たとえそれが他の人びとに重大な影響をおよぼす決定であっても、その人びとは口出しする権利をもたない」のである(Nozick

1974: 160, 168, 270)。この考え方を用いれば、ある母親が寛大にもその子どもに自己所有権を与える一方で、別の母親はその子どもを一生奴隷のままにしておくような状況に対し、正義に適っていないとラベルを貼ることは、ノージックにとって困難だろう。権原のある与え手の権利は、潜在的な受け手たちが抱く期待よりも優先されねばならず、結果としての不平等がいかなるものであろうと、受け手たちは彼らに対して不正義がおこなわれたと主張することなどできないのである。

人びとが、彼らを生産した者の所有物だと考えられてしまうジレンマから抜け出すために、ノージックが示唆した第二の方法についても、やはり、どうすればそれを成功裏に用いることができるのか理解するのは難しい。彼らが「すでに人びとに属する世界のなかに生まれてくる」ことは、人間以外のいかなる生産物と比べても、はるかに明白な(かつ文字通りの)ことである。もしもノージックが言うように帰属が権原をもたらすのなら、これこそまさにその明らかな事例であるはずだ。実際、ノージックが特定した獲得原理の諸条件は、女性による乳幼児の生産によってすべて容易に満たされる。ノージックによれば、「何かを作る人は、そのプロセスで使用するあらゆる他人の保有資源について……購入済みあるいは契約済みであれば、つくったものへの権原を賦与される」(Nozick 1974: 160)。妊娠と出産はみたところそうしたプロセスのお手本をなしている。いったん彼女が(たいていの場合そうであるように)精子を無償譲渡されるか、あるいは(さして珍しくもなくなってきているように)精子を購入するならば——いずれの場合も譲渡は正統なものとなる——妊娠した女性は彼女自身の身体とその栄養補給以外の資源を使わずに、子どもを作成することができる。これは確かに通常生じている事実である。人間の性的衝動を所与とすれば、ある女性がその工程のために自分の身体では調達できない唯一の資源を獲得するために詐欺や暴力に訴えることなど、でたらめなつくり話以外には想像もできないことだ[*5](ノージック的な世界では、市場の相場で支払い可能でありさえすれば、彼女にはあらゆる必要な医療ケアを購入する自由があると想定されるのだから)。

生産としてのこの例の独特さは、実際のところ、その他のほとんどのケースにつきまとう複雑さがかかわってこない点にこそある。人間の乳幼児は、豊富に利用可能だが他には使い途がない資源がごく少量あれば、そこから発生する。そういうわけで、その生産物のうち、どれだけが元々の資源からきており、どれだけが付加された労働の価値からきているのかについて、論争の余地があまりないのである。〔人間の〕再生産は「何ものも無から生み出されることはない」という考えをその極限まで突き詰めたものだ(Steiner 1981: 381)。女性の再生産器官の複雑な能力とその労働が、ふたつの細胞から乳幼児への変換を成し遂げていることは明らかである(現代の医療的介入がときに事実をあいまいにしているが)。また、ノージックの立場は、女性たちが自分で産んだ子どもを所有することに対して、そうした生産にあまり努力や意図を伴わないケースがあることを論拠に反論するようなものではない。というのも彼は、生まれつき才能に恵まれた者たちがその才能の成果すべての所有権をもつことを擁護しており(たとえば、彼が挙げるウィルト・チェンバレンの事例を参照せよ)、人びとが見つけ出したものについても、その価値にかかわらず、その「たまたま出くわした」(Nozick 1974: 181)人たちの所有権を擁護しているのだから(Nozick 1974: 161–163)。女性がつくり出した子どもを所有するのは女性のみという結論は、ノージックの手持ちの方法では回避できないように思われる。ノージックはその他あらゆるケースについて、人びとの自然な才能と能力から生じた結果は、なんであれその人たちが完全な権原を有するという原理を強固に支持しているのだから。

この結論に対してノージック理論の支持者が援用しそうな反論が他にふたつほどある――しかし、いずれも説得的ではないと判明する。ひとつめは、人は財産を獲得する際に「他の人びとのために等しく……十分な、そして同じくらいよい」ものを残しておかなければならないという、ロックの但し書きから導き出される。(10) すべての子どもがその出生時点で母親に所有されるとしたら、子どもの自己所有権はいうに及ばず、男性や不妊の女性たちの所有権もこの独占によって侵害されるのではないか、というわけだ。だがこれは、但し書きに関するノージック自身の解釈によるものではない。というのも彼は、非所有者たちの権利が侵害されたと言えるのは、所有者がまったく存在しない「ベースライン」的状況よりもさらに悪い状況に置かれてしまう場合のみだと論じているからだ(Nozick 1974: 176–182)。そしてこれは、明らかに再生産のケースには該当しない。というのも、もし妊娠した女性たちが存在しなかったならば、誰かが所有しうる子どもなど存在しないことになるからだ。ノージック的世界における子どもたちは、人間の能力と労働の生産物であるその他すべてのものと同様の商品であり、子どもを産むことができない人びとも、市場から要求される額で子どもを買おうと自由に申し出ることができるはずである。同じように、誰でも母親たちと自己所有権の値段を自由に交渉できる。新たな治療薬を発見した医療研究者は、ノージックによれば、自分が設定した条件を満たさないなら、その治療薬の販売を拒否しても正義に適っているとされる。まさにそれと同じで、子どもを産む女性たちは、彼女たちが選択するどんな条件であれ、それを満たさない限り子どもの所有権を分け与えることを拒絶しても、他の人びとが女性特有の能力をもたずに入手できるものを何も奪い取ってはいない。薬品の発見者についてノージックが述べていることをパラフレーズすれば、これらの女性たちは「他者の状況を悪化させることにならない。彼らが［子どもをつくら］なかったなら、他の誰も［その子ども］をもつことはなく、他の人たちは［その子どもを］もたない状態のまま」(Nozick 1974: 181)なのだから。子どもたち自身については、もちろん、ベースライン的状況に存在しないのだから、彼らが主張する権利などあり得ないことになる。

最後に、ノージックは、再生産と所有権をもたらす生産とは、その目的や内在的目標の種類が異なっている点で別物なのだとする考え方に(矛盾なく)訴えることもできない。というのもノージックは、そうした考え方に訴えるバーナード・ウィリアムズに対抗して、生産者の活動の目的を決定する権原をもつのは本人だけだと明示的に論じているからだ(Nozick 1974: 233-234)。それゆえ、ある女性が子どもを産むに際して、彼女が選んだ目的がどんなものでも――鳥を飼う人がいるのと同じように、子どもをカゴに入れて楽しむためだったとしても、あるいは殺すことや食べることだったとしてもなお、彼女がそうしたい限りは――、彼はそれに対する妥当な反論を持ち合わせていないように思われるのだ。しかしいくらなんでもここまでくると、わたしがいまおこなっているノージック理論への帰謬法的批判の方が行き過ぎなのではないだろうか。つまり、このばかげた不愉快な事例は、人びとと彼らの自由を他者の攻撃から守るものだとノージックが主張する道徳的付随制約を、実質的に侵害してしまっているのではないだろうか。

いや、そうとは思えない。というのもノージックは、おそらくは弱者に対する義務から強者を自由にすることへの熱意ゆえに、道徳的付随制約による保護の理由となる人間の特徴を、乳幼児や多くの発達障害者がまったく保護されないような仕方で特定しているからだ。まず彼はその特徴の「伝統的」リストを提示する。彼はそれらの特徴の組み合わせによって、人びと相互の関係に道徳的付随制約を課すための理由が構成されると考えている。だが、そのリストでは乳幼児の特徴は皆無に近い。乳幼児にはもちろん「感覚」はあるが、しかし明らかに、「自己意識をもち、合理的であり(抽象的概念を使用でき、直接的刺激への反応に支配されず)、自由意志をもっており、道徳的原理によって行動を制御でき、相互的な行動制限にしたがうこともできる道徳的行為者」ではない。さらにノージックは、これら個々の特徴にもその組み合わせにも満足せず、はるかに高い要求水準にまで話を進める。「意味のある人生をおくる、あるいはそのために努力する」能力や、「自分自身が引き受けることを選んだ全体構想にあわせて、自らの生を規制し導く」能力を、その存在が備えているといった基準である(Nozick 1974: 48-50)。明らかに、そんな能力を、乳幼児や深刻な発達障害のある人びとはもっていない。身体的・心理的に十分かつ適切な養育を受ければ、ほとんどの乳幼児はそうした能力を発達させることはできる。しかしその誕生の時点では、将来そうした養育がなされるかどうか決まっていない。さらに、ノージック的な社会における乳幼児は、そうした養育を受ける権利もなく、最低限生存することへの権利すらもっていない。間違った教えを受けたためにそうした権利を主張している人びとは、そしてわたしたちも、「彼の目標のために他者が権利を有する手段を使う必要があるならば、彼は他者の自発的な協力を求めなければならない。……彼は、他者たちの協力と資源を実現可能な形でとりまとめる必要がある」(Nozick 1974: 238)と考えねばならないのだ。[*6] 乳幼児は、権利侵害から彼を保護する道徳的付随制約の基礎だとノージックがみなす能力を獲得するまでの間、長期にわたって他人の善意に依存しなければならないので、乳幼児が何らかの不可侵の権利をもつものだとみなされることはあり得ない。それゆえノージックは、意のままに乳幼児を処分する母親の権利について、それを否定する論証の根拠をもたないのである。

ノージックの権原理論のパラドクス

子どもがその作成者の所有物であるということは、ノージックによる正義の権原理論のあらゆる原理に照らして疑いないと思われる。ノージックの正義に適った獲得原理によれば、人びとが母親の所有物以外の何になりうるにせよ、そしてノージック的な付随制約の資格を満たすはるか以前に、すでに彼らは何よりもまずその母親の所有物なのである。そのような原理を前提とした社会のばかばかしさときたら、想像することすら難しいほどだ——その社会では、母親自身を含め、その母親から自由をもらうなり買うなりするまでは、またそうさせてもらえない限り、自己所有権を得ることができないのだ。こんな「母系制」はまさに、反フェミニズムはおろかフェミニズムの立場からみても魅力のないものだ。しかしながら、この分析がノージックに突きつける直接の問題は、この分析が彼の理論の核心を、すなわち獲得原理を、自己矛盾に陥れるということである。もしも人びとが、自分自身の人格、身体、生来の才能、能力等々について権原を付与されるという意味で自分自身のことすら「所有」していないのなら、ましてや自分以外の何かを所有する根拠などないと考えられよう。ノージックの権原理論は明らかに、各人は自分自身を所有するという考えを前提にしている。しかしわたしが明らかにしてきたことは、女性たちの再生産能力と再生産労働を考慮に入れるならば、獲得原理の中核に位置する自己所有という考えは、まさにその原理自身によって完全に掘り崩されてしまうのである。

ノージックは、正義の理論がもつべき射程の範囲について、彼の考えを明確に述べている。「確かに、[社会構造の]ある一部分が、特に異常な特徴もなく標準的で平凡で日常的であり、正義の基本原理を満たすのならば、それは正義に適っていると言うべきであるし、もしそうでないなら特別な説明がなされねばならない」(Nozick 1974: 205)と彼は言う。しかしわたしが示してきたように、再生産をノージックの正義の権原理論の含意から除外する試みのためにいかなる特別な説明が提案されたとしても、彼自身の諸原理と整合的でないことが判明してしまう。わたしたちはすでに、ある個人が自分自身の能力と正統に譲渡された資源しか用いずに生産するのだが、その生産物を彼女の所有物だとみなすのは明らかにばかげているような、重要な日常的事例を見出してしまった。すでに述べてきたように、ノージックは、女性たちの再生産能力と再生産労働をその他の能力や労働と区別する理由を、彼の理論の別の部分と整合的な形で提出することができない。このケースに彼の獲得原理を適用すれば、やはり不整合と矛盾の泥沼にはまってしまう。だとすれば、人びとは彼らが生産するあらゆるものについて、他者のニーズにかかわりなく権原を賦与されるという一般原理を棄却するほかに、選択肢はないことが分かってくる。したがって、ノージックが助かるための方法は、彼の権利の権原理論全体と、それにもとづいて打ち立てた最小国家論から撤退し、生産性だけでなくニーズや功績その他の人間的諸能力をも考慮する、より「パターン化した」正義の導出に回帰することしかないのである。

わたしたちは、ノージック版のリバタリアニズムがその主題のなかに女性を含めたとき、自己矛盾的な結論にいたることをみてきた。これらの結論は、もしそれ自体に矛盾がなかったとしても、社会の基礎として、ましてや正義に適った社会の基礎として受容されることなど決してないだろう。ノージックが自らの結論に達する際に、ここまで吟味してきたようなばかげた結論に直面することを回避できているのは、ひとえに彼が現代の他の多くの理論家と同じく、女性たちを無視し、ジェンダー構造化された家族の存在を暗黙の前提としているからでしかない――この前提は、彼の理論の射程にとって決定的に重要であるにもかかわらず、その外部に置かれてしまっているのだ。彼の議論はときおり妻や子どもにも言及するが、それは女性や妻であることとは大して関係ない例を出すためでしかない。自発的コミュニティのユートピア的枠組みを支持する最後の議論において、彼は、家族の義務は個人があるコミュニティから別のコミュニティへと移動する能力の障害になるものだと述べている。彼はまた、子どもたちは「はるかに困難な問題を提示する。世界のなかにある選択肢の範囲が彼らに知らされることを、何らかの仕方で保証しなければならない」(Nozick 1974: 330)ということも認めている。しかし、現実世界の子どもたちが、ノージック理論の主体に要求される道徳的行為者(意味ある生を送る能力をもつ)になるためには、それだけでなくはるかに多くのものごとが必要とされる。彼らは長年に及ぶ丁寧なケアを必要とし、すくなくともその一部については、彼らを愛し熟知している人びと――多くの場合、彼らの両親――から与えられる必要がある。ノージックの理論がこの生の事実、すなわち幼少期についての事実を全面的に無視できるのは、子どもたちを養育し社会化し彼らに親密な関係の領域を与える仕事を、家庭のなかで女性たちが担い続けるという前提を置いているからに他ならない。まさにいまわたしたちが見ているとおり、こうしたことは実によくあることなのだが、家庭生活は、そして多くの女性の生活の大部分は、理論の自明の前提とされている。にもかかわらず、その理論の結論が適用されないという重要な意味で、理論から除外されてしまっているのである。

所有権に極端に依拠しているノージックのリバタリアニズムは、女性を考慮に入れることに失敗している。その理論を女性にも男性と同じように適用するとき、すでにみてきたように、わたしたちは自己矛盾へと、すなわち「母系制」の泥沼へと導かれる。他方、近年の合衆国の政治に対して直接的にも間接的にも影響力をもつようになったアイン・ランドのリバタリアニズムに対しても、ここでおこなってきた批判が妥当すると考えられる。ランドの理論はノージックの理論ほど体系的に提示されてはいないものの、人が生産物に対して有する所有権の不可侵性を強調する点では実によく似ているからだ。[11] しかしリバタリアニズムのなかでも、所有権の優越性だけに依拠する程度が小さいバージョンのリバタリアニズムならばどうだろうか。そうした理論では、アリストテレス主義の個人主義版——各人の合理的な目標は彼自身の人間としての成長を促すとする——が根拠とされたり、無規制な私的所有経済がその他の経済よりも効率的であることが根拠とされたりする。そうした理論家の一部には、ノージックとは違って窮乏した人びとにも生存可能なレベルを保障する政府の最小限の福祉システムを支持する者もいる一方、それすら支持しない者もいる。だが彼らの誰もが、政府がそれ以上の規制や再分配をすることには反対している。[12] 彼らは、各人が自らの才能を用いて生産可能なものを生産するにまかせ、労働と運の結びついたその生産物も享受するにまかせる社会こそ最善であり、なおかつもっとも道徳的に組織された社会だと、原理主義的に信じこんでいるのである。

そうした諸理論に対しては多くの反論がなされてきた。しかし、あるひとつの基本的問題については、ほとんど強調されてこなかった。それはリバタリアンもその批判者たちも、家族とそのジェンダー構造、総じて言えば社会における性別役割が、彼らの議論の射程外にあるという、まったく同じ無根拠な仮定を置いていたからである。リバタリアン理論は、人びとが根本的に利己的であるという考えにもとづいており、ランドのような一部の理論は利他主義に公然と敵対する。しかしそれらの理論は皮肉なことに、人びと(多くの場合女性)がしばしば自分自身の個人的な成功を大幅に犠牲にしてまで他者をケアする広大な生の領域を、当然のものとみなしてしまっているのだ。だからこそそれらは、人間の多大な労働とエネルギーと技能が、生産者に帰属可能なものの生産には注がれていないという決定的に重要な事実を無視できるのだ。それらの労働やエネルギーや技能は、人間そのものの再生産に注がれているのである。

六十数年も前、ジョージ・バーナード・ショーは、労働による所有権理論の基本的な欠陥について、以下のような気の利いた指摘をしていた。「自分自身の苦痛と危険を伴う長期的な労働によって何かを自力で生産する人間の、世界で最も明らかな事例だと言えるのは、赤ん坊を出産する女性である。しかしそのあと彼女はその赤ん坊を頼って生きることなどできない。赤ん坊が貪欲に彼女を頼って生きるのである」(Shaw 1928: 21)。労働による所有権理論とそこから導かれると彼らが論じる最小国家には、このきわめて現実的な問題がつきまとう。だがそのことを忘却したい人びとによって、ショーの発言は長いあいだ押し流されてしまった。第7章でみるように、今日わたしたちの社会が直面する最大の危機のひとつ、女性と子どもの貧困の拡大は、人間の再生産作業が無視され価値が低くみられ続けていることと、両性間の永続的な分業と、そして結婚がますます不安定になっていることとが組み合わされることによって引き起こされている。

*1　この章でノージックの考えを論ずるにあたり、彼の言語スタイルを用いることにする。だがわたしが誤ったジェンダー中立的な行為にコミットしているわけではない。

*2　以下の論証では、女性の再生産労働を考慮に入れたとき、ノージックの正義論に生ずるドラスティックな帰結に焦点を当てる。だがその論証の筋道をたどることは、ノージックの推論と結論を拒絶するその他多数の重要な理由を軽視していることを意味するわけではない。彼の正義の権原理論に対するもっともよい反論は、Paul ed.（1981）の第三部と第四部、特にサミュエル・シェフラー、トマス・ネーゲル、オノラ・オニールの反論に見出すことができる。Arrow（1983）も参照せよ。

*3　ノージックは別の箇所で、権利を有する所有者から贈られた物については、購入したり交換したり生産した物と同じように権原を賦与されると明らかにしているので、括弧内の限定は過剰であることが分かる。

*4　以下につづく論証のなかでわたしが関心を寄せるのは、再生産労働のうち、妊娠・出産の期間内におこなわれ、新生児に結実する側面だけである。明らかにこれは再生産労働のわずか一部にすぎない。本書の他の箇所で明らかにするように、正義に適った社会にあっては、その他の再生産労働は両性が平等に分担すべきだというのがわたしの考えである。本章の終わりに向けて手短に論じていくように、現代社会ではその分担がまったく平等ではないという事実ゆえに、ノージックほど極端ではない形のリバタリアニズムですら維持することは不可能になる。

*5　代理母出産という誤解を招く呼ばれ方をしている事柄は、この標準に対する特筆すべき例外ケースである。代理母出産のケースでは、生物学的母による生物学的父の精子の「使用」は、その子どもに対する将来

の養育権についての条項を組み込んだ契約を条件としている。（そうした契約が法的に強制されるべきか否かはここでの議論の射程外にある。わたしは強制されるべきではないと考えるが、しかしわたしには、ノージック理論にもとづく社会においてそれが不法とされるべき理由を見出すことができない）。他の人工授精のケースはもっと単純である。ノージックの推論に従えば、母親が精子を購入するか譲渡されるかして、その精子と彼女自身の資源との組み合わせの結果生ずる子どもは、彼女に帰属することになる。婚姻には、子どもは平等に母と父のものとみなされるべきだという事前の合意が含まれるとする議論は、あるいは理に適っているかもしれない。しかし、結婚することで彼女らが産む子どもたちへの単独の権原を失うことになるとしたら、ノージック的な世界において、女性たちが結婚への動機づけをもつなどとは考えられまい。

＊6　幼少期の状況に対してこれに似た考え方を明示的に適用した唯一の政治理論家はトマス・ホッブズである。ホッブズは乳幼児について、誕生時に放棄されることなく養育してもらっていることと引き換えに、自らに対する親たちの主権に同意したものと理解せねばならないと論じている（Hobbes, *Leviathan*, chap. 20）。

第5章　公正としての正義

――誰にとっての正義か？

ジョン・ロールズの『正義論』(Rawls 1971)は、現代の道徳・政治理論のあらゆる著作にきわめて強い影響を及ぼしてきた。彼の影響力が広範囲に及ぶことは、ここまでの議論で扱ってきたすべての理論家がそれぞれロールズのとった方法に対して、また、たいていの場合、ロールズが出した結論に異論をぶつけているという事実にも示されている[1]。ここでわたしも、ロールズによる公正としての正義の理論に立ち向かい、ジェンダー、女性、家族という主題について、その理論が明示的に主張したり、否定していることだけでなく、それが暗黙のうちに含意していることについても吟味してみたい。

正義の諸原理の適用対象である現代の自由主義社会はジェンダーによって広く深く構造化されている。にもかかわらず、『正義論』全体を通してそのことがほとんどみえてこないのは驚くほどである。そのせいで『正義論』全体が曖昧になってしまっていることが、フェミニスト的な視座から読んでいると絶えず気にかかる。あとで論証するように、ロールズのリベラルな正義の諸原理を貫徹して適用するなら、わたしたちの社会のジェンダーシステムに対する根本的な挑戦へと向かっていくはずである。しかし他方で、彼自身による彼の理論の説明では、こうした挑戦が展開されるどころか示唆すらされない。そこでまず、ロールズの理論がジェンダーを無視していることを批判し、その後、ふたつの関連する問いへと向かう。〔第一に〕ロールズ理論のフェミニスト的な読解は、彼の基本的な考え(とりわけ批判者たちによって激しく攻撃されてきた考え)に対し、いかなる影響を及ぼすことになるのか。そして〔第二に〕、その理論はフェミニスト的批判のための、とりわけ「正義とジェンダーは共存しうるのか」という問いに答えようとするわたしたちの試みのために、いかなる未開拓の可能性をもっているのか、という問いである。

ロールズの正義理論の中心には、あるひとつの構成概念ないし発見装置がある。それは道徳理論および政治理論に対する彼独自のもっとも重要な貢献であり、その刊行から二〇年近くを経て、いまなお彼の理論が引き起こしている論争の主な焦点となっている。ロールズは、社会の基本制度を規定すべき正義の諸原理とは、人びとが「原初状態」と呼ばれるもののなかで考えることによって到達する原理なのだと論じた。彼は原初状態の特徴を以下のように設定している。まず、原初状態において熟考する「当事者たち」は合理的で相互に無関心であること、そして、彼らが入手できる一般的情報は制限されない一方で、彼らの個人的特徴や社会的立場を完全に覆い隠す「無知のヴェール」が下ろされること、である。この理論は一種の契約理論として提示されたものの、「社会のなかで彼が置かれた状況や生まれつきの資産を誰も知らず、したがって、彼の有利になるように正義の原理を仕立て上げられる立場にいるものが誰もいない」のであるから、ふつう考えられているのとは異なる比喩的な意味での契約理論となっている。つまり彼らは「ふつうの意味で交渉するときに依拠するものはもたないのだ。ロールズの説明によれば、公正な諸原理に到達するための「世界の恣意性の……矯正」をもはこの方法によって達成できる。たしかに、自分が誰なのかを誰も知らないのであるから、誰もが同じように考え、すべての当事者の立場が万人の立場を代表するものとなる。それゆえ、正義の諸原理への到達は全員一致でなされる(Rawls 1971: 139-141, sec. 24)。この章ではのちほど、ロールズの原初状態に対する批判と、その原初状態において熟考する人びとの性質に関する批判をいくつか検討する。そして、それらの批判は無効であるか、あるいはその批判に対して満足な回答を与えるようにロールズ理論を読解できることを示す。だが、まずはロールズ理論では女性とジェンダーと家族がどのように扱われているのか、みておくことにしよう。

万人のための正義?

ごく最近になるまでほぼすべての政治理論家がそうであったのと同じく、『正義論』におけるロールズも、総称的だと思い込まれてきた男性形の指示語を使用している。[2] 人びと＝男性たち men、人類＝男性 mankind、彼 he、彼の his といった語が、ジェンダー中立的な個人や道徳的人格などの語とまぜこぜになっている。世代間問題についての事例は「父親たち」「息子たち」という語で書かれているし、かの格差原理も「兄弟愛 fraternity の原理」に相当するものだと述べられている(Rawls 1971: 105–106, 208–209, 288–289)。もしロールズが、道徳哲学や政治哲学の長い伝統に自覚的に同意しているのでないのなら、この慣習的用語法もさして重要ではなかったかもしれない。だが道徳哲学や政治哲学の伝統では、そうした「総称的な」男性形の語であれ、より包括的な指示語(「人類」「人格」「あらゆる合理的存在者そのもの」)であれ、いずれにせよもっぱら論証における結論の範囲から女性を排除するのに用いられてきた。カントはその明らかな一例である。[3] しかしロールズがカントの倫理学の一般性と普遍性について述べるとき(Rawls 1971: 251)、そして彼自身の原初状態において選ばれる諸原理をカントの目的の王国を制約する諸原理になぞらえ、「[それらの原理]にしたがって行為することは、自由で平等な合理的人格としてのわれわれの性質を表現する」(Rawls 1971: 256)とするとき、[4] ロールズは、カントがその道徳理論の適用対象に女性は含まれていないと考えていた事実に触れていない。また道徳的発達に関するフロイトの説明を簡潔に論ずる際にもやはり、ロールズは男性の超自我の形成に関するフロイト理論を大部分ジェンダー中立的な言語を用いて提示し、フロイトがエディプスコンプレックスを不完全にしか解決できない女性の道徳的発達にはひどく欠陥があると考えていたという事実には触れもしない(Rawls 1971: 459)。このようにロールズには、自らが属する伝統のなかに性差別があることへの認識が欠けている。そのせいで彼が用いる指示語は曖昧になりがちなのだが、仮に性差別に気づいていればそのようなことはなかっただろう。フェミニスト的な読者であれば、次のように問わずにいることは難しい。この正義の理論は果たして女性にも適用できるものなのか、と。

正義の不偏的諸原理を定式化するために、原初状態の人びとには知らされない彼ら自身の特徴をリスト化している重要な箇所があるが、そこをみても、上の問いに対する答えは与えられない。ロールズはその後のある論文において、性別も道徳的に無関連とされるべき偶然的要素のひとつであり、無知のヴェールによって隠されると明示的に述べてはいる。[5] だが『正義論』ではその全編を通じて、原初状態の個人に知らされない事柄のリストには「彼の社会的立場、彼の階級的位置や社会的地位、……生まれつきの才能や能力の分配における彼の運、彼の知力や筋力等々、……彼の善の構想、彼の合理的な生のプランの詳細、彼特有の心理学的な特徴についてすら」(Rawls 1971: 137)含まれるとされる一方、[6]「彼」の性別については一切言及されもしないのだ。しかし当事者たちは「人間社会についての一般的事実を知っている」(Rawls 1971: 137)のであり、[7] おそらくそこには、人間社会が慣習によって、そしていまなお一部は法によって、ジェンダー的に構造化されているという事実も含まれるはずだ。ならば、当事者たちが自分の性別を知っているか否かは、論ずるに足る重要事項だと考えられよう。ロールズはもしかすると「等々」という言葉でそれをカバーしているつもりなのかもしれないが、それが重要だとは考えていなかった可能性もある。

その曖昧さは、原初状態のなかで正義の諸原理を定式化する自由で平等な道徳的人格たちのことを、「一人ひとりの個人」ではなく「家長」ないし「家族の代表者」として捉えるべきだという主張によってますます悪化している(Rawls 1971: 128, 146)。ロールズは、当事者たちを家長として考える必然性はないとしつつ、しかし彼自身は一般的にそのように考えると述べている。そして彼がそうする理由については、原初状態のなかの各人が、次世代の人びとの福祉について多少とも気にかけることを保証するためだと説明している。世代間正義すなわち正義に適った貯蓄原理を確立するためにロールズが重要だとみなすこうした世代間の「感情的紐帯」の議論は、当事者たちを〔次世代の子どもをもつ〕家長と考えない限り、原初状態の当事者たちはお互いに無関心だという一般的な仮定とのあいだに問題を引き起こしてしまう。〔だが当事者を家長として考えれば、〕家族のなかに感情の紐帯があるとしても、「家族の代表者としての彼らの利害関心は、正義の環境 the circumstances of justice に含意されているように、対立したものになる」わけだ(8)(Rawls 1971: 128)〔訳注:資源に適当な希少性がある場合、人びとは単独で努力するより社会的協働によってはるかに多くの利益を生み出すことができる。しかしその利益の分配方法になると、彼らの要求は対立する。社会的な正義の実現が問題とされるのは、このように「社会的協働が有益であると同時に、利益の分配については利害対立が生じる」ような条件が成立している場合であり、そうでなければ正義は特に問う必要がない（たとえば、社会的協働が不要ならば利益分配の問題も生じない）。「正義の環境」とは、このように正義が問題となるような条件が満たされた社会状態のことを指す（Rawls 1971: 126–130）」。

もちろん、家長は必ずしも男性である必要はない。実際、少なくとも合衆国では、過去数十年間に女性家長の比率は驚くべき伸びをみせている。しかし一般的な言葉づかいにおいて、「女性家長世帯」という言葉が成人男性の同居しない世帯を指すためにしか使われないという事実は、もし男性がいたならば、家族や世帯の長として女性よりも優先されるという前提があることを、暗に示しているのである。原初状態の当事者たちについて、「彼らは自らを父親としてイメージすることで、彼ら自身だったら自分の父親に何を要求してよいと考えるかに気づき、そのことを通じて、自分の息子たちにどれほどのものを残しておくべきか確認するのである」（Rawls 1971: 289）とロールズが述べる際、彼はまさにこの印象通りのことをおこなっている。彼がこの「家長」に関する仮定を置くのは世代間正義の問題に取り組むためだけで、それが性差別的仮定であるということはおそらく意図していない。にもかかわらず、彼はそのことによってまんまと公的／家庭的の二元論の罠にはまってしまっており、それに伴って、家族生活と男女間の関係を社会正義の理論の適切な主題だと考えられない、慣習的な思考様式に陥ってしまっているのである。

ここで以下のことを指摘したい。ロールズは彼の理論の冒頭で、家族は社会正義の理論の主題の一部であると、正しく述べてもいるのだ。「われわれにとって正義の主題とは、社会の基本構造のことである。より正確に言えば、主要な社会制度による基本的権利と義務の分配のあり方、社会的協働から得られた利益の分配に関する決定のあり方のことである」と彼は述べる。ここでは、政治の基幹制度と主要な経済的・社会的編成は基本構造だと言える。なぜなら「〔それらは〕ひとつの体制として、人びとの権利と義務を定義し、彼らの人生の見通し、すなわち彼らが期待しうる将来の状態や望みうる成功の程度に、影響を及ぼすからだ。そしてその基本構造が正義の主題であるのは、その効果がとても深いものであり、〔人生の〕出発点から現れるものだからだ」〔強調引用者〕(Rawls 1971: 7)。ロールズはそうした主要な社会制度の一例として、政治の基幹制度、基本的諸自由の法的保護、競争市場、私有財産制とともに、「一夫一婦制家族」をあげている[9]。このように当初、正義の諸原理が適用されるべき基本的社会制度のひとつに家族を含めていたことは、家庭〔私的〕領域と公的領域とを二分法的に分けて扱うリベラリズム思想の歴史に照らせば驚くべきことであったのだが、ロールズ自身が述べた基本構造に含める基準に照らせば、それは必然的なことである。家族の構造が違えば、そして家族内での権利と義務の分配が違えば、人びとの「生の見通し、すなわち彼らが期待できる将来の状態や望みうる成功の程度」に影響があることはほとんど否定できないし、それらが女性の生の見通しに与える影響を否定するのはなおさら難しいからだ。そういうわけで、社会的正義の領域に関するロールズの当初の定義に家族が含められ、公私の二分法に対して一時的にせよ疑問が投げかけられていることは間違いない。しかしながら、そうした仮定にもかかわらず、理論のその他の部分では、家族がほとんど無視されてしまっているのである[*1]。

ほぼ不可視化された家族

『正義論』第一部においてロールズは、正義のふたつの原理を導出し、擁護している――〔第一に基本的自由の平等の原理と、〔第二に〕公正な機会の平等の要請と組み合わされた「格差原理」である。これら正義の二原理は、社会の基本構造に適用することが意図されたものである。それらは「権利と義務の割り当てを制御し、社会経済的な利益の分配を規制する」(Rawls 1971: 61)原理である。この第二原理は、社会の基本的諸制度のなかに権威の格差や責任の格差、富や余暇といった資源分配における格差があることが許されるのは、社会でもっとも不利な立場の人びとがその格差のために最大の利益を得られる場合、なおかつ公正な機会の平等という条件下で、万人に対して開かれた地位にともなう格差である場合のみだと主張するものである。

第二部では、ロールズはかなりの紙幅を費やし、『正義論』冒頭で挙げた基本的社会構造のほぼすべての制度について、彼の正義の諸原理の適用を議論している。思想と良心の自由の法的保護は、立憲民主制の制度および手続きとして擁護される。競争的市場は収入の公正な分配に関する議論で特に大きく扱われており、生産手段の私的所有と公的所有をめぐる論点については明示的にどちらの可能性も残したままにしている。というのも、ロールズは、いずれの所有のあり方にせよ、彼の正義の原理と両立可能なバージョンがありうると論じているからである。[10] しかしこれらの議論全体を通して、伝統的なものであれそうでないものであれ、一夫一婦制家族が正義に適った社会制度か否かという論点についてはまったく論じていない。「正義の二原理を満たす制度システムの素描はいまや完成した」(Rawls 1971: 303)とロールズが宣言するとき、彼は家族内の正義についてはまったく注意を払っていないのである。事実、些細な言及を除けば、『正義論』において家族が登場する文脈はたったの三つしかない。〔第一に〕正義に適った貯蓄原理のために必要な世代間のきずなとしての文脈。〔第二に〕公正な機会の平等に対する〔家族間の不平等に由来する〕障害のひとつとしての文脈。〔第三に〕道徳的発達の最初の学習場所としての文脈。ロールズが正義に適った制度としての家族について最初に明確に言及したのは、これらのうち第三の文脈においてである――もっともそこでは、「何らかの形態の」家族について、正義に適った制度であるかどうか検討するためではなく、正義に適った制度であるとただ仮定するために言及しただけなのだが[11]（Rawls 1971: 463, 490）。

しかし、この仮定に裏付けを与えるような考察を、ロールズ自身が主要な社会制度の社会的正義に関しておこなっていないことは明らかだ。このことが理論全体に深刻な影響を及ぼしてしまうことについて、手短に論じよう。まず、その理論の中心的な考えは以下のようにまとめられる。ある制度の構成員たちが、その社会構造のなかで自分が占める立場が分からないような状況〔原初状態〕に置かれたとする。そうした仮説的な状況に置かれた構成員たちから同意が与えられるような構造やルールをその制度が備えているとき、そのような制度の特性を、公正としての正義という。『正義論』における論証のもくろみは、正義の二原理こそが、そうした仮説的状況〔原初状態〕に置かれた人びとが同意する原理だということを示すことにある。しかし、原初状態に置かれた人びとは、家族の長ないし家族の代表者だとされるのであるから、彼らは家族内の正義に関する問題を裁決できる立場にはないことになる。ジェーン・イングリッシュが指摘しているように、「原初状態のなかの当事者を一個人ではなく家族の長とすることによって、ロールズは家族を、正義の要求が通らないものにしてしまった」（English 1977: 95）のだ。ロールズは、子どもたちに関する限りは、彼らを一時的に不平等に扱い自由を制限することをパターナリズムによって論証しようとしている（Rawls 1971: 208–209）。（この論証は、基本的に健全で愛のある家族については十分かもしれないが、虐待やネグレクトが起こっている家族にはなんの役にも立たず慰めにもならない。ロールズの諸原理は、本来そうしたところでこそ、外部の当局の介入による子どもたちの保護を要求するはずだと思えるのだが)。それに対して、妻たちは(あるいは「長」ではない家族の成人メンバーは)、原初状態のなかでまったく代表されないままである。それゆえ、もしもその後ロールズが仮定するように家族が正義に適ったものであるとしても、それらは、他の諸制度とは異なる(彼が明確に論じていない)論拠でそう言えるのでなければならない。なぜなら、〔他の諸制度と同じように、原初状態に訴える議論では〕下位にいる家族成員たちの見方がいったいどのように聞き入れられるのか、理解不可能だからだ。

ロールズが、原初状態の人びとを「家長」だとする想定から脱却しているか、あるいは「家長」が女性である率は男性と同じくらいだと想定しているように思われる箇所がふたつほどある。〔第一に〕彼はシティズンシップの基本的権利の割り当てに関して男性を女性より優遇することは、「そのことが女性たちの利益になり、また彼女らの立場から許容できる場合にのみ……格差原理によって正当化される」(Rawls 1971: 99)と論じている。〔第二に〕その後にも、彼は人種差別主義の不正義と不合理について、それはそのまま性差別主義の特徴でもあると述べているように思われる(Rawls 1971: 149)。しかしそうした箇所では公的な性差別に挑戦するそぶりを見せているにもかかわらず、第二部における制度についての議論では、正義に適った制度を定める当事者たちは家族の長(しかもかなり伝統的な家族の男性家長)であり、それゆえ家族内や男女間での正義に適った分配という論点には関心を払わないという想定に、数多くの点で暗に依拠してしまっているのだ。このように、「家長」に関する想定は中立とも無害ともほど遠いものであり、その理論の射程から人間の生の広大な領域を、とりわけ女性の生の広大な領域を放逐する効果をもってしまうのである。

たとえば、富の分配についての議論では、原初状態のすべての当事者たちが、無知のヴェールが除去されたとき、自分は賃労働市場の参加者だろうと予想する想定がなされているようだ。また、分配上の分け前に関する議論は「世帯収入」についてのものなのに、あたかも世帯の利益や福祉と個人の利益や福祉が同じものであるかのように「個人」への言及がちりばめられている(Rawls 1971: 270-274, 304-309)。ここでこの混同によって曖昧にされてしまうのは、賃金とはあくまで労働力として雇用された成員に支払われるものなのだという事実、ジェンダーによって特徴づけられた社会(あらゆる現代社会)では女性の不払い労働が男性のそれよりはるかに高い割合にのぼっており、多くの場合労働と認められることすらないという事実である。そしてその混同はさらに、結果として生ずる男女の収入格差や女性の男性に対する経済的依存が、余暇や威信や政治権力などへのアクセスに影響し、さらに世帯内の成人メンバー間での権力関係にも影響する見込みが高いという事実までうやむやにしてしまう。家族内の正義に関する議論は、必ずやこれらの論点に取り組まねばならない。(本書の最後のふたつの章において、わたしは、今日のジェンダー化された家族構造と実践について、ロールズの基準も含めた正義の基準に照らして吟味し、それらの基準からの要求を明らかにすることで、家族とりわけ婚姻関係をより正義に適ったものとするための改革のあり方を示唆するつもりである)。

さらに後に出てくる市民の義務に関する議論でも、正義は原初状態のなかの家長によって合意されるという仮定のせいで、ロールズは決定的に重要なもうひとつの論点を考察できなくなってしまっているようだ。それは女性の兵役免除についてである。彼は軍隊による徴兵について、自由への不正義な攻撃に対する防衛のためなら正当化できると結論づけるが、そこでは、諸制度が「こうした不運な負担から被害を受けるリスクが社会のすべてのメンバーによってある程度均等に分有され、義務のために招集される人びとの選定において回避可能な階級バイアスが存在しないことを確実にするよう努める」［強調引用者］という条件をつけている（Rawls 1971: 380-381）。しかし、この平等なシティズンシップの基本的諸自由に対する大幅な干渉を女性が完全に免除されていることについては、少しも言及されていないのである。

このように、第一部においてロールズは、公的な性差別が正義に適っていないことを二点にわたって明確にしているにもかかわらず、第二部では、彼の「家長」仮説のせいで深刻な影響をうけてしまっているように思われる。彼は、女性の方が経済的により依存していることや、典型的な家族においてなされている性別分業や、基本的なジェンダー構造から派生する膨大な社会現象について、社会の基本構造の一部だと考えていないのである。さらに第三部に進むと、彼は「何らかの形態の」家族の正義を所与のものとして受け容れてしまう。代替的な家族形態については一切論じもせず、それどころか彼はまさにジェンダー化された伝統的な家族構造と役割を念頭に置いているようですらある。彼によれば、家族とは「小さな協働集団で、通常明確な上下関係を特徴としており、その各メンバーには一定の権利と義務がある」（Rawls 1971: 467）。道徳教育における家族の役割の一部は、「善き息子または善き娘の美徳」に関する両親たちの期待を通じて果たされる。さらにロールズはつづける。家族や学校、近隣、仲間集団その他の協働集団のなかで、人はさまざまな道徳的美徳と理想を学び、その後の人生においてさまざまな地位、職業、家族内の立場を占める人びとになっていくのだと。「これらの理想の内容は、善き妻や夫、善き友人や市民などに関する多様な考え方によって与えられる」(Rawls 1971: 468)。この著作では全体を通じて、従来総称的だと思い込まれてきた男性形の指示語が使用されているのだが、この部分では例外的に男性形の指示語が使用されていない。このことからも、娘の善と息子の善は違うものだし、妻の善と夫の善は違うものだということを、ロールズが暗に示唆していたのだと分かる。やはり、かなり伝統的なジェンダーシステムを暗に前提としてしまっているようなのだ。

ロールズは「秩序立った社会には、何らかの形態の家族が含まれる」[強調引用者]という仮定を置きつつ、それに付け加えて「より幅広く考察すれば、家族制度も疑問視され、それ以外の仕組みの方が望ましいことが明らかになるかもしれない」と述べてはいる(Rawls 1971: 462-463)。しかし、家族の制度や形態について疑問を呈するただそれだけのために、『正義論』が取り組んでいる巨大な課題よりさらに幅広い考察など果たして必要なのだろうか。諸個人のライフ・チャンスに強く影響し、それゆえ正義の基礎的主題の一部をなす基本的社会制度のひとつとして家族を挙げた点では、ロールズは確かに正しい。成員に期待されるコミットメントの度合いや種類が多様で自発的に参加や離脱ができる教会や大学のような私的な協働集団と、家族とは違う。なぜなら、人はジェンダー構造化された家族に結婚を通じて参加するかどうかは選択できるものの(それもかなり制限された選択ではあるのだが)、ある家族に生まれ出ることについてはまったく選択ができないからである。ロールズの信ずるところによれば、正義の理論は「[個人が]いかにして彼ら自身になっていくか」を考慮に入れねばならず、

「彼らの最終目的や利害関心、彼らが自分自身や人生に向き合う態度などを、所与としてはならない」。ロールズ自身のこの信念に照らしてみれば、家族の構造を正義の諸原理に従わせることに関するロールズの失敗はきわめて深刻である(Rawls 1977 : 160)。なぜなら、家族のジェンダー化が、特に女性が育児を担っていることが、男女の異なる社会化のされ方――すなわち、男性と女性がいかにして「彼ら自身になっていくか」――の決定的な規定要因であることは明らかだからだ。

もしロールズが彼の理論を構成する際に、無知のヴェールの背後で進行する事柄の参加者になるのは〔家長ではなく〕すべての成人した個人だという想定を貫いていたなら、家族も個々人のライフ・チャンスを左右する主要な社会制度のひとつとして、正義の二原理に従って構成されるよう要求するほかなかったはずである。わたしはロールズ理論のこの積極的な可能性について、本章の最終節でさらに展開してみたい。しかしその前にまず、ロールズ理論が家族内の正義の問題を無視していることによって生ずる重要な問題点を検討しておこう。家族内の正義を無視することにより、人がいかにして正義感覚を発達させるのかに関するロールズ自身の説明が危うくなってしまうという問題点である。

ジェンダー、家族、正義感覚の発達

ロールズの理論において家族が登場するのは、正義に適った貯蓄原理に必要な世代間のきずなについての部分と、機会の公正な平等に対する障害として手短に言及されたところを除けばひとつしかない。それは、道徳的発達における最初の学習場所であるという、非常に重要な文脈においてである。ロールズは『正義論』第三部のあまり注目されていない一節において、秩序立った社会が安定的になるのは、その成員たちが「正義の原理が要求する行為への、強力で日常的に実効性をもつ欲求」(Rawls 1971: 454)たる正義感覚を持続的に発達させているときに限ると論じている。彼はとりわけ幼少期の道徳的発達に注意を向けており、正義感覚が獲得される主要な段階を示そうと試みている。

ロールズが家族は正義に適っているという仮定を置くのはこの文脈においてである。そして、ここで正義に適っていると想定された家族が、道徳的発達に関する説明のなかで根本的に重要な役割を演じている。第一に、自分に価値があるという感覚の発達について彼が説明する際に、その子どもに対する両親の愛情が――それはいずれ相互的になるものなのだが――重要な役割を果たすとされる。子どもを愛し、「彼の尊敬に値する対象」であることによって、「両親は彼のなかに、彼自身の価値についての感覚と、両親のような人間になりたいという欲求を喚起する」(Rawls 1971: 465)。人生の初期における健全な道徳的発達の成否は、愛、信頼、愛着、模範、手引きなどにかかっているとロールズは論じている(Rawls 1971: 466)。

ロールズが「協働集団の道徳性」と呼ぶ、ふたつめの道徳的発達段階では、ロールズは家族をジェンダー化され上下関係のあるものと記述しているのだが、家族こそは、一連の役割や立場を経験していくことによってわたしたちの道徳的理解を増進させるような、多くの協働集団のうちの最初のものだと認識している。この段階で学習される公正さの感覚のなかで決定的に重要な側面は、他者の異なる視点をとる能力であり――後で論ずるように、これは原初状態のなかにいるかのような思考をするために本質的に重要である――、そして、他者の視座からのものごとの見方を「彼らの発言や振る舞いや表情から」学び取る能力である。わたしたちは、他の人たちの目的や計画や動機がどのようなものなのか、彼らの話やおこないから読み取るための術を学ぶ。ロールズによれば、これが経験されない限り、「われわれは、自分自身を他人の場所に置き、われわれが彼の立場にいたとしたら何をおこなうかを見出すことができない」。これができることこそ、「それ〔他者の状況〕を参照することで、われわれが自分自身の行動を適切な仕方で制限するために」(Rawls 1971: 469)必要なのである。社会の多様な協働集団においてさまざまな役割につくことは、家族において形成された愛着という基礎のうえに、その人格の「仲間感覚の能力」を発達させ、「友情と相互信頼の紐帯」をもたらす(Rawls 1971: 470)。第一の段階で「両親に対する一定の自然な態度が発達したのと同じように、ここでは仲間との間で友情と信頼の紐帯が育っていく。そのそれぞれの場合に、一定の自然な態度がそれに対応する道徳的感情の基礎となる。逆にこれらの感情の欠如は、そうした態度が欠けていることの現れなのである」(Rawls 1971: 471)。

正義に関するロールズの思考は、多くの点でカントの考え方から強い影響を受けている。だが、この道徳的発達の説明全般について言えば、カントによる無味乾燥な合理主義的説明とは驚くほど似ていない。正義は理性のみにもとづかねばならないと主張したカントにとって、独立に確立された道徳的諸原理から導かれる感情以外は、いかなる感情も道徳的には疑わしいもの、すなわち「単なる傾性」にすぎない(Okin 1990a: 231-235)。それと対照的にロールズは、正義に適うと想定された家族のなかで最初に育まれる感情が、道徳的思考能力の発達にとって重要だと明確に認めている。ロールズがおいた道徳的発達の第三段階と最終段階――人びとが正義の諸原理それ自体に愛着をもつようになる段階だと想定されている――を説明するにあたって、ロールズは「正義感覚は人類愛と連続している」と述べている(Rawls 1971: 476)。それと同時に彼は、密接に結びついた人びとに対してわたしたちがとりわけ強い感情をもつことを認めており、それはわたしたちの道徳的判断のうちに正しく反映されていると述べている。「われわれの道徳的感情は、われわれの世界の偶発的環境からの独立性を示してもいるが、……特定の人びとや集団に対するわれわれの自然な愛着には適切な持ち場がある」(Rawls 1971: 475)。彼は共感が、すなわち他人の環境にいる自分自身を想像することが、道徳的発達における主要な役割を果たすと明確に述べている。彼が道徳的感情や情動に関する考えを展開するにあたって、カントから離脱し、アダム・スミスやエリザベス・アンスコム、フィリッパ・フットやバーナード・ウィリアムズといった道徳哲学者へと向かっていったのは、驚くべきことではないのである(Rawls 1971: 479ff)。

ロールズは彼の道徳的発達の三つの心理学的法則を要約するなかで、正義感覚の発達のためには愛情ある養育が根本的に重要だと強調している。ロールズによると、その三つの法則は、

> 単なる〔心理学でいう〕連合や強化の原理ではない。……愛や友情といった能動的情動やさらには正義感覚さえ、われわれの善のために行為しようという他の人びとの意図の表れから生じてくると〔、それらの法則は〕主張している。われわれの幸福を彼らが望むゆえに、われわれはお返しとして彼らの幸福を気にかけるのである。(12) (Rawls 1971: 494)

道徳的発達の法則はロールズが並べた順番に、それぞれひとつ前の法則に依存するものになっている。

そして第一法則の最初の前提こそ「家族の諸制度が正義に適っているならば……」というものなのである。このようにロールズは、幼い子どもたちをその最初期の段階から養育する人びとの愛情あふれる世話と、そしてその世話がおこなわれる環境の道徳的性質――とりわけ正義――こそが道徳的発達全体の基礎であるという率直かつ理に適った認識を示している。つまり、正義感覚の発達の基礎にある活動と生活の領域とは、その必然性はないにもかかわらず歴史上つねに女性が担ってきた活動と生活の領域なのである。

ロールズは家族の諸制度が正義に適っているという仮定の根拠を説明していない。だがもしも、ジェンダー化された家族が正義に適ったものではなく、カースト制や封建社会の遺物に過ぎないとしたら――つまり家族内の役割や責任や資源が、正義の二原理にしたがって分配されるのではなく、カースト制や封建社会のように、社会的な意味を過剰に付与された生得的な差異にしたがって分配されているのだとしたら――、ロールズが考える道徳発達の構造全体が、あやうい基礎のうえに組み立てられていることになる。家族は子どもたちが育まれ、人間の相互行為の模範を見出す最初の場となる。その家族が平等と互酬性ではなく、依存と支配にもとづくものだったなら――それが事実であることが実に多いのだが――、子どもたちが両親からどれほど愛情を受けたところで、子どもたちの眼前にある両親同士の関係の不正義を埋め合わせることなど不可能なのではないだろうか。性別役割が堅固に割り当てられた支配関係のある家族のなかで、ロールズの道徳発達理論が求めるような「われわれ自身を他者の立場に置き、その立場にいたらわれわれが何をおこなうかを見出す」方法を、わたしたちはどうやって身につければよいのだろうか。男女双方の大人たちに等しく養育されることがなければ、いかにして、子どもたちの道徳的心理の発達が男女を問わず十分に等しく満ち足りたものとなり、原初状態に体現されるような正義について熟慮できるようになるというのか。両親の双方が養育をとも̀に̀受̀け̀持̀つ̀ことなしに、大人として両親の双方が正義感覚の基礎にある共感能力を維持することなどできるだろうか。(13)そして最後に、家族とより大きなコミュニティ——そのなかで人びとはお互いに対する仲間感覚を発達させると想定されている——とが正義に適った協働集団として連続的に接続されていなければ、正義の実践に明らかに必要となるさらに拡張された共感能力を彼らが育んでいくことなどあるだろうか。このように家族内の正義に対するロールズの無関心は、道徳発達に関して彼自身の理論が求めるものと緊張関係にあることが明らかである。家族の正義は、社会的正義にとって中心的な重要性をもたざるを得ないのである。

ここまでわたしはすでに、道徳的発達に関するロールズ理論が家族において生じる道徳的感情を強調していることに引きつけながら、ロールズのフェミニスト的読解を示唆しはじめている。わたしの考えでは、この読解は、ロールズ理論をこれまでなされてきた一部の批判に抗してより強力なものとするために貢献しうる。(14)というのも、原初状態の人びとが正義の諸原理に到達する仕方についての彼の論証の多くは、彼の道徳発達に関する説明とは対照的に、相互的な無関心と合理性によって、つまり合理的選択の用語で表現されているからだ。そのせいで彼の理論は不必要な三つの批判に晒されていると主張したい。〔第一に〕利己的で個人主義的な人間という許容しがたい仮説に依拠した理論だという批判。〔第二に〕「外側からの」視座をとるゆえに、現実の人びとによる正義についての考察とはほとんどまったく無関係な理論だという批判。〔第三に〕普遍的かつ不偏的な諸原理を打ち立てようという理論の目的が「他者性」ないし差異の無視をもたらしているという批判。[15] わたしはこれら三つの批判はすべて間違っていると考えている。しかし、それらの批判を招いた要因の一端は、ロールズに合理的選択の用語を用いる傾向があったことにある。

わたしの考えでは、原初状態についても、そこで生じることについても、別の用語で記述するほうがはるかに具合がよい。ロールズ自身も述べているように、彼がそれらに課している諸条件の組み合わせは、「原初状態のなかにいる各人に対して、他者にとっての善も考慮に入れるよう強いる」(Rawls 1971: 148)ものである。当事者たちが合理的選択理論的な「合理的で相互に無関心」という性質をもつ行為者でありうるのは、どの自己が自分であると判明するのか彼らが知らないときのみである。無知のヴェールという条件は、それがなければ利己性でしかないものを、他者に対する、しかもわたしたち自身とはかけ離れた人も含んだ他者に対する平等な関心へと変換する、強い条件なのである。原初状態の人びとが誰のものでもない立場から考えることなど不可能だということは、そこからロールズ理論が「空虚な」自己概念に依存していると結論づける批判者たちも示唆するとおりだ。だが、彼らはむしろ、ひとつひとつ順々にという意味で、〔誰のものでもない立場ではなく〕あらゆる人の視座から考えねばならないのである。これをおこなうためには、最低でも、まったく異なる他者の視点への強い共感と、そこから発せられる声を注意深く聞き取る態勢との両方が必要とされる。これまで示唆してきたように、これらの能力が広くゆきわたりやすい社会とは、ジェンダー的な期待を伴わずジェンダーを強めることもない、正義に適った家族を備えた社会だと考えられるのである。

フェミニズム的批判の道具としてのロールズ正義理論

原初状態という考えは、ロールズ理論の中核をなす素晴らしいものである。その重要性は、伝統や慣習や諸制度をあらゆる視点から問い、考えることを要求することにより、「彼」が最終的にどの立場になるかにかかわりなく、あらゆる人に受容可能な正義の諸原理を保証する点にある。原初状態に備わる批判力の強さは、ロールズ理論に対するもっとも創造的な批判者たちの結論が、ロールズ本人よりさらにラディカルで幅広い原初状態の解釈から考え出されていることを考えれば明らかだろう。(16)その理論は、伝統や共有された理解にもとづく正義の理論が本質的にはらんでしまう支配をめぐる問題点や、才能や幸運に恵まれた人びとを優遇してしまうリバタリアニズム理論の問題点を、原理上回避できている。しかしながら、フェミニストの立場で読むとき、ロールズ自身の理論がはらむ問題点は、「彼」の指示対象の曖昧な多義性のなかに詰め込まれている。ジェンダーシステムは、その根を家族における性別役割にもち、事実上わたしたちの生活の隅々まで枝葉をはびこらせた、社会の基礎的構造のひとつである。だが、これまで示してきたように、ロールズは性を根拠とする公的で法的な差別を(彼が「道徳的に無関連であるべき」だとみなす他の根拠の場合と同じように)即座に禁止する一方で、ジェンダーシステムの正義に正面から取り組むことには失敗している。しかし、もしわたしたちが、無知のヴェールの背後の人びとは性別を知らないという考えや、基本的社会制度としての家族やジェンダーシステムこそ詳しく吟味されるべきだという考えを、どちらも真剣に受け止めたうえでロールズを読解するならば、これらの現代の制度に対して、フェミニズムからの建設的批判がもたらされることになる。そしてまた、ジェンダー化された社会においてロールズ的な正義理論を適用することの隠された困難についても、同じことが言える。

これらの論点について順に説明していきたい。だがまずは、わたしが数年前に見かけた風刺画を紹介することで、ロールズ理論のフェミニスト的読解の批判的視座と初発の問いを照らし出すことができるだろう。職服を身にまとった三人の年配の男性裁判官が、彼らの妊娠した腹部を見下ろして驚いているさまが描かれている。一人が他の二人に対し、「われわれはおそらくその判決を考え直した方がいいね」と述べているという、それだけの風刺画である。この風刺画は絵画的な表現によって、ロールズの原初状態のような概念——それはわたしたちに、他者の立場、とりわけわたしたち自身は決して占めることのない立場を採用させる——が正義についての考察において果たす重要性を例示している。それはまた、人びとがそのように考えたならば、正義の達成に必要なものは男女間の形式的・法的平等だけでは足りないという結論にいたることも十分ありそうだということを示唆している。近年みてきたように、妊娠や中絶、出産、休暇等について、結果的に女性に不利な差別を引きおこすような「ジェンダー中立的」法律が制定されたり、支持されたりすることは、本当に起こりうることなのだ。たとえば、連邦最高裁は一九七六年に「全般的保障を与える障害者福祉プランから妊娠を除外することは、決してジェンダーにもとづく差別ではない」という決定を下している(17)。先の風刺画のよいところのひとつは、そうした事柄に関する人の考えというものが、その人自身も「妊娠中」になりうるといった知識によってたやすく影響されるものだと示唆している点だ。あの風刺画はさらに、ジェンダー構造化された社会に生きている限り、わたしたち自身を原初状態のなかに置いて考えることの可能性に限界が伴うことをも指摘している。年長の男性判事たちが妊娠中の自分たちをある意味で想像できたとしても、それよりずっと難しい問題は、正義の諸原理を構成するにあたって、彼らが女性としての自分たちを想像できるか否かということだ。このことは、ジェンダーによって構造化された社会における性別が、事実として、道徳的に無関連であるべき偶然的特徴であるのか、という疑問を立ち上げる。

あとで疑問を付すことになるのだが、まずは、性別がこの意味で偶然的なものだと仮定してみよう。つまりロールズも明示的に考えていたように、代表となった人間〔原初状態の当事者〕の道徳的思考においては、無知のヴェールによって隠されたその他すべての事柄と同じように、自分の性別についても分からないものと仮定してみよう。その場合に明らかだと思われるのは、正義の諸原理を定式化し適用する際に、わたしたちは男女双方についてその立場を適切に考慮に入れなければならなくなるということだ――ロールズはそうしなかったのだが。原初状態のなかにいる人びとは、とりわけ、女性の視座を特別に考慮しなければならないはずである。なぜなら「人間社会に関する一般的事実」の知識には、女性が非常に多くの事柄について不利であり続けているという知識が含まれていなければならないはずだからだ。また、社会の基本的諸制度について熟考する際にも、彼らは家族を事実上無視してよいどころか、むしろ特別な注意を払わねばならなくなるだろう。現在の形態の家族は、社会的正義を最初に学ぶ場所となるだけではなく、慣習によって責任や威信を男女に不平等に割り当て、子どもたちに性別役割を身につけさせる、性的不平等の永続化にとって決定的に重要な制度でもあるのだから。

ロールズが到達した正義の諸原理は、数え切れないほど多くの点で、ジェンダーで構造化された社会や伝統的な家族役割との不整合がある。ロールズ理論をフェミニスト的に応用すれば批判的インパクトが生まれる。それはおもにその第二原理、すなわち不平等は「もっとも不利なものに最大の利益をもたらす」とともに「誰にでも開かれた職や地位に伴う」ものでなければならないとする原理から生じる(Rawls 1971: 302)。つまりこういうことだ。わたしたちの現行の性別役割――夫役割と妻役割、母役割と父役割を含む――のごとき役割や地位がもし仮に第一原理をパスできたとしても、そのような役割と性別とのあらゆる結びつきは第二原理の要請によって禁止されることになる。地位や行動期待を性別という生得的特徴に応じた所与の性質として指定してしまうジェンダーが、家族の内部だろうと外部だろうと、社会構造の正統な部分を形成することなどあり得ない。以下の三点にわたる例証は、正義に適う秩序立った社会に関するロールズの重要な要求と、上記の結論とを結びつけるための手助けとなるだろう。

第一に、基本的な政治的諸自由につづくもっとも重要な諸自由のひとつは、「職業選択の自由」である(Rawls 1971: 274)。しかし容易に理解できるように、家庭外で賃労働をしているか否かにかかわりなく、女性の家事・育児責任の方が〔男性よりも〕ずっと大きいという、わたしたちのジェンダーシステムの中心にある暗黙の前提と慣習的な期待のせいで、この職業選択の自由は中途半端なものになってしまう。事実、これらの責任の女性への割り当て――そしてその結果生ずる女性から男性への非対称的な経済的依存――と、それに対応して妻を養う夫の責任は、男女双方の職業選択の自由を中途半端なものにしてしまっているのだ。しかし男女の慣習的な役割は、人生の進路の選択に関して、男性よりもはるかに厳しい障害を女性にもたらす。実際、賃労働から家庭内役割に切り替える方が、その逆よりもはるかに容易である。ロールズは分業のいくつかの側面については反対していないものの、秩序立った社会には「他者に媚びるように依存せざるを得ない者や、人間的な思考や感性を鈍らせるような単調なルーティーン的職業の間での選択を余儀なくさせられる者などおらず」、職業は「誰にとっても意味に満ちた」ものになると主張している(Rawls 1971: 529)。これらの条件が満たされる見込みが高いのは、家族責任を割り当てることによって女性を賃金労働力の周縁セクターに追いやり、女性を男性に経済的に依存させやすくしてしまうことなどない社会だろう。ロールズの正義の諸原理は、家族内の分業だけではなく、その分業を前提とする家族外のあらゆる制度についても、根本的な再考を要求するものだと思われる。

第二に、ジェンダーの廃止は政治的正義に関するロールズの基準を満たすために本質的に重要だと考えられる。というのも彼は、原初状態の人びとによって形式的な政治的諸自由の平等が支持されるのみならず、こうした諸自由の実質的価値(たとえば、貧困や無知といった要因がそれら諸自由に及ぼす影響)におけるいかなる不平等も、格差原理によって正当化されねばならないと論じているからだ。すなわち、「立憲的プロセスは、実行可能な限度まで、原初状態における代表の平等性を保存しなければならない」(Rawls 1971: 222)。[18] ロールズは階級間格差の文脈でこの要請について論じ、政治に自ら携わる人びとは「社会のあらゆるセクターから、ある程度平等に選び出される」べきだと述べているのだが(Rawls 1971: 228)、これが男女間格差にも妥当することは同じくらい明らかで重要でもある。女性と男性の政治的な代表の平等性とわたしたちのジェンダーシステムとは、特に彼/彼女らが親だとすれば、明らかに合致していない。高級政治官職における女性の少なさが、このことを明白に示している。一七八九年以来、一万人以上の男性が合衆国下院議員となったのに対し、女性はわずか一〇七人しかいない。一一四〇人もの男性が上院議員になったのに比べ、女性は一五人しかいない。最高裁判事を務めたのは、最近任命されたサンドラ・デイ・オコナーただ一人だ〔訳注：いずれも本書の原書が刊行された一九八九年までの数値である。合衆国最高裁にはその後二〇一三年現在で、ルース・ギンズバーグ、ソニア・ソトマイヨール、エリーナ・ケーガンの三人の女性判事が在任している〕。人口の過半数以上を構成する性別以外のいかなる階級で考えてみても、その代表がこれほどの低水準にとどまるならば、政治システムになにかひどい欠陥があることのサインだとみなされるだろう。しかし、イギリスの政治家シャーリー・ウィリアムズが最近述べたように、「家族、子どものケア、養育に関する責任の分担に革命」でも起こらない限り、「政治のように忙しい仕事を選ぶ……女性が少数にとどまらないこと」など不可能なのだ。(19)

最後に、ロールズによれば、原初状態における合理的な道徳的人格は自尊心の保証を大いに重視するとされる。彼／彼女らは「自尊心を掘り崩すような社会的条件を、どのようなコストを支払ってでも回避しようと望むことになるだろう」(Rawls 1971: 440)。自尊心はあらゆる基本財のなかでも「おそらくもっとも重要なもの」(Rawls 1971: 396)なのである。(20)原初状態の人びとが女性なのか男性なのか分からなければ、彼／彼女らはこの最重要の価値の利益になるよう、男女間の徹底した社会的・経済的平等の確立に関心をもつことは確実である。どちらの性であれ、他人に卑しく媚びへつらって喜びを提供する必要など生じないように保護するためだ。彼／彼女らは、女の子も男の子も平等な自尊心をもち、自己定義と発達に関する平等な期待をもって成長できることの重要性を強調することになろう。

彼／彼女らはまた、言論の自由に深刻な悪影響を与えないような仕方で、ポルノグラフィを規制する手段を見出すよう強く動機づけられることにもなろう。一般に、一方の性のメンバーに対して、他方にとっての性的客体として奉仕する強いインセンティブを与えたり強いたりするような、非対称的な基本的社会制度に彼／彼女らが寛容でありうるはずはないのだ。

このようにして、ロールズの正義理論には、ジェンダーによって構造化された社会制度を批判する潜在的可能性がある。そしてそのことは、正義の諸原理を定式化する人びとは自らの性別について無知だという設定をまじめに受け入れることによって展開できる。しかし、このフェミニスト的批判の簡潔な説明を始めるにあたって置いた仮定については、あとで疑うことになると述べておいた。すなわち、ロールズが折に触れて示唆するように、ある人格にとって性別は道徳的に無関連で偶然的な性質にすぎず、人間がこの自らの事実について無知であるという仮説を立てることがほんとうに可能だ、という仮定である。そこでまず、この仮定が理に適ったものでなかったとしても、わたしがいま素描したもの以外にも、別のフェミニスト的ロールズ正義理論の分派がありうるということを説明しよう。そして、社会がジェンダーの境界によって構造化されている限り、おそらくその仮定がもっともらしくなることはないということを論じよう。結論としてわたしが到達するのは、現在のわたしたちのジェンダー構造は社会正義の達成と両立不可能であるということ、さらに、非性差別的 nonsexist で十分に人間性を備えた正義理論を完全に展開するためには、ジェンダーが姿を消すことが要件だということである。

ロールズは明らかに、社会的システム内での立場の違いが個人に及ぼす影響に気づいてはいる。にもかかわらず彼は、原初状態における自由で合理的な道徳的人格たち――一時的に実際の性格や社会環境における偶然性から解放されて、「代表的な」人間の視点を採用する――を仮構することが可能だと考えている。彼はこの課題について、決して幻想を抱いているわけではない。すなわち、それは公正さに関する日常的な思考法からの「視座の大転換」を必要とするのだ。しかし、無知のヴェールの助けによって、わたしたちは「誰もが等しい立場で採用可能な視点をとる」ことができ、そのことによって「われわれは他者たちと共同の視点をともにもち、個人的な偏った見方からの判断をせずにすむ」ようになると彼は信じている。ロールズによれば、この合理的不偏性ないし客観性の結果、万人が同じ論証によって確信を得ることにより、正義の基本的諸原理に関する合意が全員一致で達成される。彼は、原初状態のなかの人びとが、すべての道徳的な争点や社会的な争点について合意するとは考えていない――「倫理的な差異は残存するはずである」――のだが、あらゆる基本的諸原理、すなわち「本質的な了解」に関しては、完全な合意に到達することになると考えているのである。しかしながら、この全員一致に関する論証では、ひとつの決定的に重要な仮定が置かれている。すべての当事者が類似した動機づけと心理をもち(たとえば、合理的で相互に無関心であり、羨望が存在しないと仮定されている)、類似した道徳的発達のパターンを経ており、それゆえ正義感覚の能力をもつと考えられる、という仮定である。そしてロールズはこの仮定を、そのうえに一般理論を打ち立てても差し支えないような「弱い条件」だと考えている(Rawls 1980: 551; 1971: 516-517, 139-141, 149)。

しかしながら、わたしたちの実際の社会では、人間が、正義の諸原理を定式化するためなら放棄できるとされる利害関心、表面的意見、偏見、視点が異なっているだけでなく、基本的心理や、他者との関係における自己の構想や、道徳的発達の経験においても異なっているとしたら、ロールズの仮説的な原初状態も代表的な人間たちの全員一致も、その理論的整合性が疑わしくなってしまう。そして近年では、ジェンダーで構造化された社会における女性と男性の生活経験はその出発点から異なっており、そのことが彼／彼女らそれぞれの心理や思考様式や道徳的発達パターンに実際に重大な影響を及ぼすことが、多くのフェミニスト理論家によって論証されてきた(21)。特に、男女いずれの子どもたちももっぱら女性に養育されるというわたしたちのジェンダー化された社会における根本的な事実が、男女の心理学的・道徳的発達に及ぼす影響が注目されてきた。女の子にとっての個別化の経験——人がもともと心理的に融合していた養育者から自分を分離する経験——は、男の子のそれとは非常に異なる経験であり、各性別の成員たちの自己認知や他者との関係についての認知は異なったものになると論じられてきた(ナンシー・チョドロウが精神分析的な対象関係理論にもとづいて展開したこのテーゼについては、第6章でより詳細に説明する)。加えて、一方の性のメンバーが他方の性に多くの点で服従するような社会で成長する経験と同じく、主たる養育者であるという経験も(そして、そうなることを期待しつつ成長するという経験も)、やはり女性たちの心理学的・道徳的視座に影響するということが論証されてきた。フェミニスト理論家たちは、わたしたちが成長過程で遭遇するさまざまな経験を、実際の生活からイデオロギー的基盤への同化にいたるまで、詳細に吟味し分析してきた。そしてシモーヌ・ド・ボーヴォワールによる「人は女に生まれるのではない、女になるのである」(Beauvoir 1952: 301)という主張に、重要な中身を与えてきたのである。

これらの研究によって、完璧ではなくともすでに示されていると考えられるのは、ジェンダー構造化された社会には女性独特の視点といったものがあるということ、そしてこの女性の視点が、あの風刺画に描かれた年長の男性判事たちと理論上同じことをおこなっている男性哲学者たちによって、十分な仕方で斟酌《しんしゃく》されることなど不可能だということである。特に、女性による養育が幼い子どもに発達上の影響を及ぼすということからは、たとえば人種に社会的重要性が付与された社会における人種の違いや、階級社会における階級の違いより、ジェンダー化された社会における性別の違いの方が、人びとの正義についての思考に影響を及ぼす見込みがはるかに高いということが示唆されているように思われる。女性の視点という観念は、それ自体問題をはらむものであるが、男女双方が完全に参加することなしには十全に人間的な道徳・政治理論など展開し得ないということを示唆してもいる。そのためには最低限、対話における女性たちの居場所が、男性とほぼ等しい数になり、また男性に匹敵する影響力をもつことが要請されるだろう。だがジェンダーを境界線として構造化された社会では、これは起こり得ない。

さらに言うと、〔ジェンダー構造化された社会は〕それ自体が、十全に人間的な正義理論の発展のためには不十分である。というのも、もしも正義の諸原理が自分の特殊な性質や社会的立場を知らない代表者によって全員一致で採用されるべきものならば、彼／彼女らはその心理学的・道徳的発達におけるあらゆる基本要素について一致していなければならないはずだからだ。このことが意味するのは、現在男女の間にみられる差異に影響を与えている社会的諸要因は、女性による養育にはじまり、女性の服従と依存の現れであるすべての事柄にいたるまで、ジェンダーのない制度や習慣によって置き換えられなければならないということである。母と父による養育を平等に受けている子どもたちだけが、いまは男女間に不均等に分配されている心理学的・道徳的諸能力を十全に発達させることができる。身近な人たちの日常的な物質的・心理学的ニーズを満たすといった、これまで主に女性の領域とされてきた事柄に男性たちが平等に参加するようになってはじめて、そしてまた、大規模生産や統治や知的・芸術的生活といったこれまで主に男性の領域とされてきた事柄に女性たちが平等に参加するようになってはじめて、男女双方のメンバーがこれまでよりも完全な人間的パーソナリティを発達させられるようになるのだ。ロールズやその他の哲学者のほとんどは、人間的な心理や、理性、道徳的発達その他の諸能力は、人類という種のうちの男性によって完全に表現されていると想定してきた。だがこの想定自体が、わたしたちのジェンダー化された社会に備わる男性支配的なイデオロギーの一部として、いまや批判に晒されるようになっているのだ。

では、ジェンダー化された社会における女性の視点を考慮することで、ロールズの正義理論にどのような影響が及びうるのだろうか。いくつかの想定や結論は疑問に付されることになる一方、逆に強められるものもあるだろう。たとえば、伝統的に女性側が担当してきた人間的生活への貢献を当然のものとして等閑視せず、十分に考慮に入れるならば、生の合理的計画と基本財に関する議論も、ロールズが最高の価値を認めるような複雑な活動ばかりでなく、関係性にもっと焦点をあてる議論になるかもしれない(22)。ロールズは、自尊心は「おそらくもっとも重要な基本財」(Rawls 1971: 396)であり、「原初状態の当事者たちは、［それを］掘り崩すような社会的条件を、いかなるコストを払ってでも回避しようと望むことになるだろう」(Rawls 1971: 440)と述べている。幼少期に良い環境のなかで望ましい身体的養育をうけ、そして特に望ましい心理的な養育を受けることは、子どもの自尊心の発達にとって本質的に重要である。しかし、基本財に関するロールズの考察のなかにこうした議論は存在しない。自尊心の基礎はごく初期の幼児期に形成されるのであるから、その形成を促進し、子育てそれ自体にも敬意が払われるような正義に適った家族の構造と実践があること、そしてそれを補完する公的助成を受けた良質な児童ケア機関があることは、確実に、正義に適った社会の基本的要件となるだろう。他方、先にも示したように、ジェンダー化された社会ではもっぱら女性的とされているような自己と他者との関係に関する構想が、ジェンダーのない社会においては男女双方のメンバーによって少なくとも一定程度均等に共有されることとなるが、その構想を参照することによって、たとえば格差原理のように他者との強い同一化能力を必要とするロールズ理論の諸側面は、さらに強力なものになりうるのである。

本章における論証は、フェミニストの視点からみたロールズ正義理論の潜在的な有効性と、ジェンダーのない社会への適用可能性に関して、複合的な結論にいたった。ロールズ自身はジェンダーを無視しており、基本構造における家族の位置についても当初は言及していたものの、家族は正義に適った制度なのか否か、そしてどのような形の家族が正義に適った制度なのかについては考察を欠いていた。さらに重要だと考えられるのは、彼が『正義論』のはじめでは、(家族を含む)基本構造の諸制度とそれ以外の「私的な協働集団」や「日常生活の多様でインフォーマルな慣習や習慣」とを明確に区別していたにもかかわらず、もっと最近の著作になると、家族は「私的」ゆえに非政治的な協働集団だという考えをはっきりと強めていることである。そして彼は、そうした協働集団にとって正義の諸原理はあまり適切ではなく、関連すべきではないと示唆してもいる。[23] 彼の道徳的発達理論それ自体が、愛にあふれ正義に適った幼少期の家庭環境における人びとの経験を主たる拠りどころとした理論だという事実にもかかわらず、彼はそうしてしまうのだ。したがって、ロールズ理論は現状では内在的なパラドクスを抱えたものになってしまっている。つまり、ジェンダーに関する前提ゆえに、彼は人間の養育の領域には正義の諸原理を適用しないのだが、しかしまさにその領域こそ、正義の達成と維持のために本質的に重要なものなのである。

他方でわたしは、ロールズの思考法と彼の結論のもつフェミニスト的な潜在的可能性は注目に値すると論じてきた。参加者たちの性別、才能、境遇、目的といった個別的性質を無知のヴェールによって覆い隠す原初状態は、ジェンダー構造に挑戦するための強力な概念である。生活領域を公的／家庭的、政治的／非政治的に分ける伝統的なリベラリズムの前提を捨て去りさえすれば、わたしたちはロールズ理論を道具として、家族内でもより広い社会でも、男女間の正義を達成することがいかにして可能なのかを考察することができるのである。

＊1　基本構造を正義の主題とする理由について論じた後年の論文において、もはやロールズが家族を基本構造の一部だと述べていないということには注意しておく価値がある。Rawls (1977: 159) を参照せよ。

第6章

越境する正義
――公私二元論への挑戦

ここまでの三つの章でみてきたように、現代の英米圏における主流の正義論は、多分に専業主婦の妻をもつ既婚男性についての理論であった。この点は、古典的・伝統的な政治理論の場合と比べると一見して明白とまでは言えず、とりわけ、見かけの上ではジェンダー中立的な言語で語られる場合にはいっそうみえにくい。しかし、彼らの主張をそのまま女性に拡張しようとしてみるだけで、問題はたちまち明らかになる。極端なリバタリアニズムの基本原理は、自己矛盾を孕む馬鹿げた結論を導いてしまうものだった。「われわれ」の伝統にもとづくとされる合理性、正義、そして人間の善は、どれも男性中心的なものにすぎなかった。「共有された理解」に訴えようとする理論もまた、過去と現在の支配従属関係がこうした理解にもたらす影響に目を向けようとしないために、家父長制を強化してしまう傾向があった。リバタリアンが主張する平等な所有権のなかに、子どもを産む能力と育てる労働とを包摂しようとするとき、また、「伝統とはいったい誰の伝統か」、「共有された理解とはどの理解か」と問いかけるとき、これまでの正義論が、あるときは巧妙に、またあるときはあからさまに覆い隠された家父長的な想定に依拠してきたことが明らかになる。

ロールズが提起した公正としての正義の理論によって、わたしたちはジェンダー問題に挑むための真に有望な議論の道筋を見出すことができた。それは、ロールズの議論から「家長」という前提を取り除くことである。しかし、そのためには、リベラルな思想が現在に至るまで長らく根源的なものと捉えてきた、ある種の二元論の問題点を暴き出すとともに、その詳細を明らかにしなければならない。すなわち、政治的生活と市場という「公的」な世界と、家族的生活と個人的関係という「私的」で家内的な世界を峻別する二元論である。この章でわたしは、真に人間性を備えた fully humanist 正義の理論は、ここでいう公私二元論についての徹底的な批判的検討を経ずには達成できないことを主張したい。このような作業を引き受けるにあたって、多くの専門分野にわたるここ二〇年のフェミニズム研究の成果がきわめて有用と思われる。キャロル・ペイトマンが言うように、「公私二元論は……、究極的には、フェミニズム運動が取り組んできた課題そのもの」(Pateman 1983)なのである(1)。

章の後半部分では、この二元論というイデオロギーの弱点を明らかにするつもりである。わたしは以下で、「個人的なことは政治的である」ということ、および、公私二元論は男女の不平等を生み出し強化する循環構造をみえにくくする点で誤解を与えやすい概念であるということを、四つの論点から主張していく。第一に、常に政治的なものの典型として理解されてきた権力が、家族生活にとって中心的な重要性をもっているということ。第二に、家内領域はそれ自体、政治的決定によって形作られるものである以上、国家が家族生活に介入するか否かが選択可能であるという発想がまったく意味をもたないということ。第三に、わたしたちがまさにその場所でジェンダー化された自己になるという意味で、家族は疑いようもなく政治的な存在であるということ。そして第四に、ジェンダー構造下の分業は、女性が他のすべての生活領域へと進出するのを妨げる現実的かつ心理的な障壁を作り出すということ。もっとも、具体的な論点へと降りていく前に、マイケル・ウォルツァーとロベルト・アンガーという現代の二人の政治理論家の議論を一瞥《いちべつ》しておくことが、つづく批判的検討にとって有益だろう。彼らは自分たちの議論からフェミニズム的な含意を十分引き出すことはできなかったが、彼らが何を語り、何を語らなかったかをみていくことで、公私二元論、および「非政治的」な家族という考え方を批判するための、格好の出発点が与えられるだろう。

それぞれの領域における正義

女性とジェンダーの問題にほとんど関心を払ってこなかった現代の主流の正義論の中にあって、マイケル・ウォルツァーの著書『正義の領分』は異彩を放っている（Walzer 1983）。性差別的でないその語り口から、家族もまた、両性の権力の不均衡と性差別に対して特別な関係を形作る「正義の領域」のひとつと捉える立場に至るまで、ウォルツァーの理論は、フェミニズムに無関心だったほぼすべての道徳哲学・政治哲学とは好対照をなす。それでもなお、ジェンダーのプリズムを通してみることで、彼の著書の強みと弱点の双方が浮かび上がってくる。すでに、正義の基準として「共有された理解」という考え方が信頼に値しないと主張することで、ウォルツァーの議論の欠点に焦点を当ててきた（第3章を参照）。ジェンダーに関して言えば、わたしたちの間には何ら「共有された理解」と呼べるようなものはなく、仮に理解が共有されているようにみえるときでさえ、ほとんどの場合、ある集団が別の集団を支配していることの結果にすぎない。一方は他方の強い力によって沈黙を強いられるか、さもなければ「意味不明」の烙印を押されてしまうことになる。しかしここでは、彼の議論がもつ強みの方に目を転じたい。諸領域の独立、すなわち、「支配」状況が生じない限りにおいて、異なる不平等が境界を接して共存し続けることを可能にするというウォルツァーの理論枠組みは、社会批判、とりわけフェミニスト的社会批判のためのきわめて強力な武器となるからである。

ウォルツァーによれば、それぞれの領域内部において、正義は社会的財の平等な分配を要求しない。個々の領域においてどのような分配が正義に適うかは、その領域がいったいどのような関心にもとづくのかに依存しているからである。さらに、ウォルツァーが提唱する「複合的平等」概念は、個々の領域の内部で生じた不平等が他の領域の不平等へと転化する、彼の言う「支配」を生じさせてはならないという意味において、個々の領域の自律性を担保することを要請する。(2) たとえば、政治的投票にかかわる領域においては、金銭の影響力はきわめて厳しく制限されるべきである。ウォルツァーの「支配」に対する批判は、すぐさま「単に彼／彼女が財yを所有しているというだけの理由で、財xの意味とは無関係に財xが分配されるべきではない」という原理を採用することを意味する。社会的正義とは、「異なった財が、異なった集団における男性／女性に対して、異なった理由にもとづき、異なったプロセスを通じて」分配されることである(Walzer 1983: 20-26)。

ウォルツァーは、多様な分配の領域における自律性の達成度合いをもって正義とする考え方は「決定的に重要な原理であり、真の意味で、……ラディカルな原理」だとする(Walzer 1983: 10)。このラディカルな特徴は、たとえば零細企業を所有しコントロールする労働者の権利(Walzer 1983: 291-303)といった、数多くの事例に対して原理を適用するなかで、具体的に明らかにされている。ウォルツァーによれば、この原理が現実の社会に対してラディカルな含意をもつのは驚くべきことではない。というのも、現実の社会においては、原理に従って確立された望ましい分配のあり方は、権力をもった男性／女性によって、しばしば踏みにじられ、財は強奪され、領域は侵犯される。実際、このような違犯はシステマティックなものである。……分配のあり方は複雑であるにもかかわらず、ほぼすべての社会は自分たちが社会的に「黄金律」と考えるものに従って構成されている。すなわち、ただひとつの「善／財」が、あらゆる分配の領域において突出した力をもち、あらゆる領域の価値を決定してしまう。そして、それらの善／財は独占され、その価値は独占者たちの力と連帯によって維持されることになるのが通例である。（Walzer 1983: 10）

ウォルツァー自身は、ジェンダー構造が「領域の分離」と「複合的平等」という基準によって立つ、正義に適った社会の条件に違犯するとわずかに言及するにとどまっている。これに対してわたしは、ジェンダーは何より根源的で、社会の隅々まで浸透した支配の実例であり、それゆえウォルツァーの言う「複合的平等」にとって深刻な脅威となることを主張したい。もし、わたしたちの社会の多くの人が、ジェンダー構造が公正かつ適切なものであると考えているか、あるいは、社会の他のあり方を想像すらできないならば、〔ジェンダー構造が正義に違犯するという〕ウォルツァーのコメントは、彼自身が唱える「共有された理解」という社会正義の基準を掘り崩してしまうことになる。わたしたちの社会で広く共有されているとは言い難いとしても、正義の「領域の分離」基準に対してフェミニズムが含意するものは、社会変革の必要性である。すなわち、多くのフェミニストが主張しているように（このことは同様に、第7章で示すデータからも裏付けられる）、家族の内部における権利、利益、責任、そして権力の不平等な分配は、それ以外の多くの社会的・政治的領域における不平等と密接に関係している。そこには、女性に対する男性の支配を強化する循環構造が作動しており、家庭から仕事へ、そしていわゆる「政治的」な場からまた、家庭へと巡っていく。

理論を具体的に適用し、議論するなかで、ウォルツァーは「複合的平等」に対するフェミニズムの含意について、ときに明確に自覚している。たとえば、承認に関する章の冒頭において、ウォルツァーはその後の議論が一部の女性にしか妥当しないと述べている。彼が指摘するには、依然として女性が家庭のなかで役割を割り当てられ続けているかどうかは、「ミス」と「ミセス」という敬称が使用され続けていることに象徴的に示されている。ウォルツァーによれば、「女性の統一された敬称の不在は、多くの女性が統一された社会、すなわち、今ある承認の領域から排除され続けていることを示している」(3)(Walzer 1983: 252)。ここで述べられていることは、巨大な氷山の一角にすぎず、彼のこの本において他のほとんどの章では省みられていない。このような女性の排除、ないし、まったく違う観点からの包摂は、この本で議論されているほとんどすべての正義の領域にも同様に当てはまる。政治的権力、職場、きつい仕事、お金と商品、安全のうち、いったいどれが両性の間で平等に分配されていると言えるだろうか。どの場面をとっても、女性は子の養育に主たる責任をもつ親として、現実にであれ可能性の上であれ、誰かの妻／母という機能的役割を与えられ、少なくとも一時的には男性に依存しなければ生きていけないものとして位置づけられる。このような女性役割は、ほとんどの社会的財の分配において、一般的に男性に比べて女性がより少ない利益しか得られず、より多くの負担を背負わされている現実と深くかかわっている。ウォルツァーは時折、承認に関する議論でみせたフェミニズム的観点を拡張しようとするものの、また、「女性問題」と題された部分でわずかに議論を展開しようとするものの、ほとんどの場面ではその重要な含意を見落としてしまっている。

女性の抑圧という議論を導入するに当たり、ウォルツァーは「現実の女性支配は、女性の家族内の地位というよりも、他のあらゆる場所からの排除とより深く関係している」と述べる。家族が「性にまったく無関係な」多くの活動について性別役割を押しつけることで女性に不利を強いるとしても、この「政治経済的女性嫌悪」からの解放は家族の外部で開始されるとウォルツァーは主張する。社会的財の分配は、女性の家族内役割によって決定されるのではなく、その財に関連する理由に従って分配されなければならない。市場もまた、「女性の参入を阻むいかなる内部的障壁」を有していてはならない。しかしながらウォルツァーは、女性嫌悪からの解放は、完全に家族の外部でおこなわれるのではないと考えている節がある。すなわち、「家族内部の権力が職場という領域にこれ以上影響を及ぼせないように、家族それ自体が再編成されなければならない(同様に、他のあらゆる分配の領域においても同様であると、付け加えてもよいだろう)」(Walzer 1983: 240-241)。多くの箇所において、ウォルツァーは家族の外部で作動するジェンダーシステムを批判している。しかし、ウォルツァーは家族内部で作動し続けるジェンダー構造については、彼の「領域の分離」基準がそれを要請するにもかかわらず、ほとんど何の関心も払っていない。

このことを、正義は家族内における道徳的な徳としてふさわしくないのだという信念に帰するのは誤りであろう。というのも、ウォルツァーは家族を「特殊な関係の領域」と捉えているにもかかわらず、別の箇所では単に「個人的関係、家内生活、再生産、そして子どもの養育は、途方もなく重要な分配であることに変わりない」とも主張している(Walzer 1983: 229, 242)。そして、責任であれ、権利であれ、選り好みであれ、権力であれ、そこに分配がある限り、そこには公正と不公正が潜在しているはずである。しかし、ウォルツァーはこの差異化された分配の領域に対して当然払われるべき関心を払っていない。たとえば、「きつい仕事」と題された章で、ウォルツァーはかなり幅広く、数多くの場面を取り上げ、(できればやりたくないが誰かがやらねばならない)有償労働について議論しているにもかかわらず、あらゆる無償労働に事実上まったく関心を向けていない。無償労働の大部分は、彼が定義する「きつい」労働、すなわち、女性によって家庭でおこなわれる、不払い労働であるにもかかわらず、である。ウォルツァーは、膨大な時間をとられる子どものケアについてわずかに言及するのみであるが、それが明らかに誰かがやらなければならない労働であり、ある状況下ではできればやりたくない労働にもなりうる。もし、ウォルツァーの議論が全体として多くの点において平等主義的でなかったとしたら、次のような誤解を生んでいたかもしれない。すなわち、彼は、平等をあまり重視しない思想家と同じように、外の世界に承認・政治権力・職場などを求めて働きに出た妻／母が、その家族責任を賃金によって有償の家内労働を買うことで代替しようとする戦略を採用しているのではないかという誤解である。しかし、このような戦略は多くの人びとにとって経済的に問題外であるばかりか、ウォルツァーにとっても受け入れ難いものだろう。というのも、彼は住み込みの使用人のいる家族を「小さな圧政……を免れない」と断じ、あらゆる種類の家内サービス労働を「貶められた」労働とみなしている。公正な社会が訪れた暁には、市場の力学によって、非熟練労働者の賃金は現在の水準から熟練労働者の賃金近くまで上昇し、その結果として、貶められた仕事に喜んで従事するケースはずっと少なくなるだろうと考えている(4)(Walzer 1983: 52, 179–180)。それゆえ、ウォルツァーは、不利な立場に置かれた女性が、低賃金や劣悪な労働条件で家内労働に従事することを受け入れないはずである。それは、わたしたちの社会においては、より有利な立場にいる女性の問題を解決するために、ほぼ常に有色女性によって担われる労働であり、しばしば合法的な移民資格を得るためにおこなわれる労働でもあるからだ。「アメリカの郊外で暮らす女性たちが、ジャマイカ人の労働なしにどうしてやっていけるでしょうか?」とかつてわたしに尋ねた豊かな白人中産階級の男性の感傷は、ウォルツァーの共感を呼ばないに違いない。

ウォルツァーは、有償の家事労働が不要になるほど十分に公正な社会を希求するのではなく、保育サービスを認めないことを選ぶ。彼によれば、幼い子どもに対する共同体的なケアは、イスラエルのキブツのような小規模で緊密な社会でない限り、「愛情の大いなる損失を生じる可能性が高い」という。こうした見解は、彼が「官僚的な育児へと遺棄された」子どもたちに言及する箇所とも符合する(Walzer 1983: 233n, 238)。それでは、家族、とりわけ男女関係を、正義の基準が適用されるべき領域とみなすような社会では、今日ほとんどすべて女性が世帯内で担っている仕事を、誰がどうやって担うというのだろうか。もちろん、この問いに対するウォルツァーの答えは、すべてのフェミニストにとって重要なものであり、これまでの主流の正義の理論家とはひどくかけ離れたものであるが、彼が括弧書きや脚注であまりにさらりと書き流しているために、簡単に見過ごされてしまう。「きつい仕事」についての章は、ほとんどすべてきつい賃労働に関するものであり、彼自身も指摘するように、ほとんどが女性によって担われているものである。しかし、ウォルツァーの結論は、平等な社会におけるあらゆるきつい仕事、とりわけ「汚い」仕事に対する唯一の回答は、「少なくとも部分的かつ象徴的な意味では、我々全員でこれを担わなければならない」というものである。さもなければ、こうした仕事を担う者が、他の者がそれを免れることによって貶められ、政治的共同体の対等な成員に戻ることができなくなってしまう。「それゆえ、必要とされているのは、ある種の家内的な賦役〔強制的な奉仕労働〕である。こうした奉仕労働は、地域コミュニティで、工場で、事務所で、あるいは学校においても求められるという意味で世帯内に限られるわけではないが、とりわけ世帯の中で重要となる」〔強調引用者〕(Walzer 1983: 174-175)。したがって、対等なものたちの社会においては、「少なくとも部分的かつ象徴的な意味では」、性別に関係なく家事は平等に分担されることを、ウォルツァーは認める。そして、保育は彼のネガティブな定義を満たさないために「きつい仕事」から除外される一方で(少なくとも幸運な環境に恵まれた保育者にはあてはまるかもしれない)、彼は同様の解決策を提案するのである。脚注の括弧のなかで、ウォルツァーは「(どうして両親は社会の再生産を分担できないのだろうか)」と問いかける(Walzer 1983: 233n)。[*1]

わたしはウォルツァーが保育を評価しないことに強く反対するが、[*2]もしこうした共有が「部分的かつ象徴的」なものにとどまらず現実的で完全なものになるならば、彼の提案する解決策が、伝統的なジェンダー構造化された家族で継承されてきた不正義を取り除くことができるという点には同意する。報酬が支払われず、ほとんど承認も得られない仕事が世帯内の成人によって平等に分担されないかぎり、家族のなかでだけでなく、その他のあらゆる分配の領域、政治や自由な時間の領域、承認や経済的安定の領域においてでも、女性が男性と同じだけの機会の平等を手にできない状況はつづくだろう。世帯内の責務の平等な分担は、領域の分離という正義の基準を十分に満たすためには必要不可欠なものである。もし、平等な男性と女性からなる社会において、家族内部の出来事が他の領域を支配し侵入することがないようなかたちで社会的財が分配されるべきだとすれば、両性の平等によって家族の内部が統べられるときのみ、家族を独立した領域として考えることができる。他方で、その解決策は、広く浸透した行動パターンのみならず、わたしたちの社会において、完全にではないにせよ広く共有された、性差についての社会的な理解や制度、またその含意についての理解を、根底的に問い直すものである。それは、ジェンダー構造を家族という難攻不落の要塞において徹底的に破壊するというだけではなく、その他のあらゆる社会的領域に反響していくはずである。ジェンダー構造を廃棄することの正当性がわたしたちの現在の共有された理解の奥深くに埋め込まれていることを示すだけで、ウォルツァーがわずかに言及するにとどまった性的不平等に対する解決策は、「共有された理解」基準に照らして公正であると主張できたはずなのである。

「領域の分離」基準に照らせば、家族生活と個人的生活は、少なくとも成人のメンバーの間では、他の領域に移転されるような不平等を含まないとき、かつそのときに限り公正なものとみなすことができる。しかし、結婚と家族は国家の介入が許されない自己統制的なものであるはずという考えに照らせば、この基準を家族に対しても維持すること自体が、公私二元論への明確な挑戦なのである。もし、プライバシーがそれ自体、男性にとっても女性にとっても、わたしたちの誰にとっても同様に価値あるものだとすれば、プライバシーを享受する場としての家族は、誰であれ安心と平等を感じさせてくれるものでなければならない。しかし、ジェンダーの歴史を紐解いてみれば、両性の平等は家族のなかであれ他のどこであれ、たまたま達成されるようなものではないのは分かり切ったことである。

それは、法的、政治的、社会的な変革によってのみ可能なのだ。

「善き家族」神話の解体

公私二元論の再考を促し、正義の基準としての家族生活を再評価し得るという意味で、今後わたしたちが取り組むべきフェミニスト以外の政治理論の領域は、「批判的法理論」運動と呼ばれる分野である。[*3] 近年、この運動の内部で、あるいはその影響のもとで、強力なフェミニズム研究が発展してきており、そのうちのいくつかはこの章の後半で紹介するつもりである。しかし、それ以外の理論家もまた、現行の法・法実務・法的思考に対する批判を展開するなかで、女性と子どもが不正義を被らない社会に向けて、何を再考し何を再構成すべきかを考えるために役立つ議論をおこなっている。こうした潜在的な可能性の大部分は、その先達であるリアリズム法学と同様、批判的法理論運動が、法における形式的平等をはるかに凌ぐ現実の不平等と権力の不均衡とに関心を向けていることにある。

ロベルト・アンガーによる法・政治理論の主眼は、権利の形式的平等に対するリベラリズムのこだわりと、近代自由主義―資本主義社会のなかの現実の支配と依存の関係間の緊張関係を明るみに出し、徹底的に解体することにある。『知と政治』において、アンガーは明確にコミュニタリアニズムの観点から理論構築をおこなっている(Unger 1975)。しかしながら、望ましい共同体を過去の伝統に基礎づけようとするマッキンタイアのような反動的コミュニタリアンとは異なり、アンガーの立場はより徹底したものである。また、ウォルツァーのように自らが打ち立てようとする平等主義的共同体の基礎はすでにそこにあり、わたしたちの共有された意味のなかに隠されていると考えるわけでもない。

そうではなく、アンガーは愛に向かう人間の潜在能力を、その政治的等価物である「共感 sympathy」を発達させていくことを通じて、また、職場をこうした共感を発達させることができる「生活の共同体 communities of life」ないし「有機的集団 organic groups」へと変容させていくことを通じて、個人と共同体の緊張関係といったリベラリズムが孕む二重性の解体へと歩を進めることができればと考えている。さらに、コミュニタリアンにしては珍しく自己批判的に、アンガーは本の終盤にさしかかるにつれてこうした理論の内在的な問題点を、彼自身の議論を掘り崩してしまいそうなほど、あまりに率直かつ説得的に取り上げている*4(Unger 1975: 284-289)

新たな社会構造の構想を描こうとしたアンガーの歩みは、ジェンダーとそれがリベラルな思想と実践に与えるインパクトを無視したことによって、妨げられてしまっている。リベラリズムに対する分析とその二元論を批判するなかで、アンガーは、公的/家内的という中心的な二元論、あるいは、多くの二元論が深く依拠しているジェンダー化された社会構造に正面から向き合えていない(5)。むしろ、アンガー自身もまた二元的思考に囚われてしまっている。たとえば彼は、芸術、宗教、恋愛といった私的な領域のような、人生において提供されるべき理想へと近づく人間の経験の領域を、日常生活の一部ではない「特異な extraordinary」領域とする見方を支持している。彼によれば、こうした事柄は「単に抽象的な方法で善を表象しているにすぎず、日常生活とは切り離され、日常生活の対極にある」(Unger 1975: 22)。仕事と市場からなる「日常」世界と「特異な」愛の領域というアンガー独自の領域分離は、彼の理論の対象であり深い関心を寄せる「自己」が、実際にはジェンダー構造化された社会における男性の「自己」として想定されていることにきわめて多くを負っている。

もしアンガーの理論をすべての人に適用しようとするならば、そのような想定はまったく受け入れられないものであるばかりか、彼自身の理論的・実践的な政治的目的にとってさえ、まったく役に立たないものであるだろう。アンガーは気づいていないが、家族の内部に位置づけられた特定の種類の愛と特定の種類の仕事は、彼自身のラディカルな政治学にとって大きな可能性を秘めているのである。ほとんどの場面において、彼は家族生活の領域を無視している。家族はごく簡単に言及されるときでさえ、一方では利己的な「日常生活」領域からは峻別された、愛が支配する理想的な領域と、他方では成員のあいだの公平性には関心などもたない「実質的な正義」の非リベラルな領域のふたつに「引き裂かれ」たものとして描かれる。(6) ここには明らかにふたつの要素が欠落している。第一のものは、現在の家族に関する制度と実践に対する批判であり、個人的な支配と依存関係に多くの関心を寄せていた理論家としては、まさに驚くべきことである。政治的共同体の不可欠の基礎として民主的集団について議論する際、アンガーが「[家族のような]日々の生活において従属や支配を経験する者は、いざ民主的集団の事柄についても対等な成員として考え、行動することは期待できない」(Unger 1975: 273)と言うとき、彼の洞察はジェンダー構造化された家族生活が変革されねばならないことを要求している。ここで欠けている家族への批判は、批判的法理論運動の影響を受けたフェミニスト法理論家によって提起されている。

アンガーの議論に欠落しているものの第二は、彼が理想とする、社会が求めるような平等にケアを担い合う個人の涵養が、新たな家族の形が広がることによって可能になるのではないかという肯定的な評価である。彼は、変わりゆく家族の道徳的な可能性をまったく無視してしまっている。そこは、理性と感情が等しく要請され、すべての人びとが他の人びとを日々ケアしあい、そうすることを通じて、自らの計画と欲求を他人のそれらと摺り合わせる方法と、いくつかの重要な点で自分とは異なる人びとの視点から物事を見る術を学ぶことができる場所である。「近代国家におけるあるがままの」(Unger 1975: 264)家族が、彼のコミュニタリアニズムの理想に対して多くを約束しないという事実によって、アンガーほどのラディカルな理論家が歩みを止めるべきではない。もし彼が提案する通りに、職場と市場を脱中心化し、民主化することを通じて変革することが可能だとすれば、なぜ同じような見方で家族を変革できるかもしれないと考えられないのだろう。もし、そうした集団での生活が社会関係と個人的経験の質を変えることができるとしたら、ジェンダー化され、不平等化された家族の構造が、無視されてよいはずはない。もしアンガーが両性の現実の経験と、あらゆる年齢における個人的な関係により大きな注意を払っていれば、彼は「特異な」世界と「日常」世界のギャップにあれほど悲観的にならなくても済んだかもしれない(Unger 1975: 232-235)。

同様に、アンガーが近年の論考で取り組んでいる、契約概念に対するラディカルな問い返しもまた、再検討されるべき部分のせいぜい半分ほどしか達成できていない。彼の一九八三年の論文「批判的法理論運動」において、アンガーは、賃労働と商取引の世界における支配と依存が、どれほど「契約」という考え方によって正当化されているかについて厳しく批判的な態度をとっている(Unger 1983)。しかし、彼は家族に対してはほとんど関心を払わない。(7) 家族への批判をほのめかすにとどめることで、アンガーは重要なことを見落としている。すなわち、アンガーが目指すような非対称な個人的依存―支配関係から解放された「超リベラルな共同体」の実現が可能になるためには、アンガーが契約理論の観点から家族外の財産関係や賃労働に疑問を投げかけたのと同じくらい徹底的に、わたしたちは結婚に対して疑問を投げかけなければならないのである。もし、生まれ落ちたわたしたちを最初に社会へと導き入れる集団が支配で満たされているとすれば、その社会を支配から解放していくことに希望などもてるだろうか。

近年の「超リベラル」理論によれば、アンガーはリベラリズムを批判すると同時に、リベラリズムの含意について詳しい議論を展開している。アンガーは、特定の社会関係のモデルが、北大西洋の裕福な資本主義的自由主義諸国における現行の法システムを解釈し、正当化するために用いられていることを厳しく指摘する。このモデルは、組み合わされた連作の絵画のように関係する構成要素から成り立っており、国家とシティズンシップの民主的な理想がそれぞれの絵に込められている。ひとつは家族や友人からなる私的な共同体であり、もうひとつはこれとは対照的な、仕事と交換の日常領域における契約と非人格的なピラミッド型の組織である(8)(Unger 1983: 578–579)。彼の言う社会関係の「粗い crude」見方の説明として「ヴェニスの商人」の例を引用しながら、アンガーは人びとが相互の愛着で結びつく家族領域をベルモントに重ね合わせ、逆に、人びとが利己心によって動かされ契約によって統制される市場領域をヴェニスに重ね合わせている〔訳注：ベルモントはシェイクスピアの戯曲『ヴェニスの商人』に登場する架空の地名。親友バッサーニオの結婚のために莫大な借金を抱えることになった商人アントニオに対して、ユダヤ人の金貸しシャイロックが起こした裁判をめぐるこの物語は、欲望が渦巻き法が支配する商業都市ヴェニスの場面と、古い慣習に縛られながらも愛と友情が歌い上げられる田舎町ベルモントの場面とを、交互に往復しながら展開していく〕。「市民はときに安全な場所へ避難することができる」とアンガーが付言するように、人びとはベルモントが存在するおかげで、ヴェニスにおける打算的な関係にどうにか耐えることができるのである(Unger 1983: 622-623)。アンガーは、ベルモントとヴェニスという神話によって正当化される社会生活の厳格な分断を、可能な限り根絶しようとしているかにみえる。

しかし近年の論考においてさえ、アンガーは既存の家族構造に対して一定の批判的な態度をとっており、ジェンダー平等にいくらかの関心を払っているとしても、依然として彼の批判対象と同じような失敗を繰り返している。契約の領域と利他の領域という神話的対比を「危険な」ものとみなし、家族を理想化するものだと認識しているにもかかわらず、アンガーは近年の理論においても過去と同じ種類の過ちを繰り返している。すなわち、家族に代表される個人的な関係の領域は、日常生活の領域には含まれないという幻想を抱き続けている。このことは、ベルモント/ヴェニスの喩えに関する彼の発言からも明らかである。すなわち、「このモデルのもっとも特筆すべき点は、道徳的により望ましい人間のつながりのモデル[民主制と家族や友人との私的な共同体]を、たいていの人びとがほとんどの時間を費やす平凡な活動や組織から除外している点にある」[強調引用者](Unger 1983: 623)。したがって、彼がこの喩えを引くのはヴェニス的領域における自己利益追求を批判するためであり、その変革に取り組むためである。しかしながら、かなりの人びとが多くの時間を家族の活動に費やしているという事実が、おそらくは彼の男性中心的な見方によって曖昧にされているために、アンガーは、ベルモントに託された利他主義にもとづく家族領域を根本的に変革する必要性をほとんど感じていない。

現在のリベラルな社会経済構造を批判する際にアンガーが用いる主な道具のひとつは、契約に関する考え方の転換である(Kennedy 1976)。アンガーの説明によれば、契約とはふたつの原理とそれらへのふたつの対抗原理から成り立っている。すなわち、ふたつの(契約)原理とは、契約への自由(契約するか/しないか、誰と契約するか)と、契約内の自由(条項の選択)である。これに対応するふたつの対抗原理とは、契約相手を選ぶ自由によっても「社会生活の共同体的側面を転覆することは許されない」とする原理、および、不公正な契約の不執行の原理である(Unger 1983: 620)。リベラルな法理論においては、契約の二原理がルールのごとく強調される一方で、ふたつの対抗原理は後景に退き、ある種の例外的な状況のみに適用されるものとみなされるのが通例であった。アンガーはこれに対して、もし二原理だけでなくふたつの対抗原理に焦点を移すならば、より平等で民主的な社会生活の秩序化が要請されると説得的に論じている。

契約を原理的なレベルで根底的に再考することは、現代の家族法——とりわけその基軸である婚姻法と離婚法に、厳しい批判の目を投げかける可能性を秘めている。しかし、こうした批判的な視点を垣間見せながらも、アンガーはその可能性を追求しようとはしない。代わりに彼がおこなうのは、公私二元論に対する批判的な視点を開放することである。アンガーは、契約にもとづく「ヴェニス的」世界と私的コミュニティにもとづく「ベルモント的」世界という、伝統的なリベラリズムの対比の仕方を批判する。この神話によれば、婚姻関係にもとづく私的な世界は、友人関係にもとづく世界と類似しているが、両者のもつ「特有の共同体的価値」は契約法の介入によって破壊されてしまう危険があるという(Unger 1983: 621)。こうした見方によれば、家族関係に契約法を適用することは、次のふたつの理由で不適切ということになる。第一の理由は、家族生活を基礎づけるのは交渉や合意ではなく信頼であり、「公的な権利や権原の語彙を持ち込むことは、家族の結束を危険にさらしてしまう」

というものである。第二の理由は、家族内の権力の不平等であるが、アンガーによればこのことは普段は明示されない。すなわち、家族は「ある種の権力構造によって成り立っており、家族成員に対しておよそ不平等な信頼の分配を甘受するよう要請する」。というのも、家族はその家長の権威によって維持されているからと論じられる。アンガーが指摘するように、古典的な契約論は「このような個人的 personalistic で非対称な権力の行使」に真っ向から反対する(Unger 1983: 624)。それは、信頼のなかの不平等ではなく、不信のなかの平等を説くからである。

アンガーは、このような「感情によって粉飾された権力の構造」としての家族を、「支配の構造」として提示する。ほんのわずかしか論じられていないとしても、現在広く知られているこれまでのフェミニスト以外の理論家による家族法の議論に比べれば、はるかに率直に家族内に不平等が存在することを認めるものである。リベラルな思想における家族の理想化がもたらす逆説的な効果によって「相互的な責任は、法律上も実際上も、共同体的な避難場所と考えられてきた家族生活よりも、無慈悲な取引の世界の方にうまくあてはまるかもしれない」という事実がみえなくなってしまうことを、アンガーは正しく認識していた(Unger 1983: 624, 625)。もし、この小論の冒頭のように、政治の究極的な関心は人びとのあいだの直接的関係であるというのが彼の主張だとすれば、読者はそうした実り多い議論の展開を期待するかもしれない。それは、結婚と家族に対する強力な批判へ向かい、家族のなかでは契約といった考え方がふさわしくないという神話の解体へと向かう道である。しかしながら、アンガーは共同体への契約という親和的な契約を「危険なもの」とみなすにもかかわらず、彼は自らの挑戦をほぼ完全にその「契約的」側面、すなわち神話を堅持しようとする大勢と同じく、市場の分析へと限定してしまうのである。フェミニストの視点からみたこの小論の問題点は、「共同主義的な理想」の正体が、実際には「しばしば家族生活の特徴であった個人主義的な権威と依存」であったという皮肉を指摘しておきながら、アンガーがそれ以上何の関心も払わないことなのである(Unger 1983)。

彼が自由主義的資本主義に帰する不平等が、もし、乗り越えられなければならないものであるとすれば、それよりもまず、近代社会の例外として特に前自由主義的なものでありながら、家族生活の中心に置かれている両性間の分業にこそ批判の矛先を向ける必要があるだろう。出生という偶然にもとづくジェンダー構造は、リベラルな社会で育まれ維持される諸制度よりもむしろ、はるかに封建制やカースト制に近いものである。所有権の不平等を「個人を他者に対する直接的な依存へと追い落とす脅威」(Unger 1983: 597, 594)として注意を向ける一方で、アンガーは平均的な家族内の性別分業に直接に起因する経済的依存状態と向き合うことができていない。彼が言うように、もし、批判的法理論運動の目的がリベラリズムの前提を彼らの結論へとつなぐことであるとすれば、その最初にして主要な課題のひとつは、リベラリズム以前の遺物であるジェンダーの問題でなければならないはずである。

もし、ベルモントとヴェニスのようなふたつの対照的な領域へと生活を分割する神話の正体を見極めようと望むならば、そしてもしわたしたちが、マクロな社会構造とミクロな社会構造のあいだの個人としてのきわめて重要な連関を十分に考慮するならば、わたしたちは明確な形で家族批判を追求しなければならない。何よりもまず、リベラルな社会における婚姻という制度に率直な目を向け、婚姻が契約論を当てはめるにはふさわしくない領域であるという神話じみた考え方を破壊することから始める必要がある。実際のところ、法は婚姻関係にある人びとの契約の履行を強制したがらない一方で、婚姻は長い間、特殊な形態とはいえ、それ自体契約であるとみなされてきた。すなわちそれは、対抗原理はさておき、リベラルな契約原理にはそぐわない特殊な契約とみなされてきたのである。[9] それは、たとえば異性のただ一人のパートナーを選ばなければいけないという意味で、当事者のパートナー選択の自由を制限するとともに、契約条項を選択する自由をもたないという意味で、前もって定められた契約 preformed status contract である。

夫婦間の明示的契約であっても裁判所がその執行を拒んできたことを、信頼のうえに築かれるべき私的な共同体への介入を控えてきた裁判所の姿勢に完全に帰することができると考えるのは、まったく適切ではない (cf. Unger 1975: 97; 1983: 621-625)。それは、少なくとも裁判所が婚姻契約の条項がすでに満たされているとみなしているからである。たとえば、妻が夫から生活費をもらわないという婚姻内の合意や、夫が妻に家族内の仕事に対する賃金を支払うという合意の執行を拒絶するとき、裁判所は、前者の場合は妻の扶養される権利が、後者の場合は妻の夫に対してサービスを提供する義務が、婚姻契約それ自体によって合意されていることを根拠にしているのである。同様に、たとえば妻が受け取るべき適切な生活費の水準を決定することを拒む場面のように、裁判所が事前に合意された婚姻契約の条項の執行を控えるのは、夫と妻がともに生活する限り、そうした事柄を決定するのは家長である夫に他ならないことを根拠にしている。[10] 婚姻が特異な契約であることを示すもうひとつの側面は、契約関係に入る当事者が、自分たちが結ぼうとする契約関係の詳細な条項について、あるいは、その解消条件について、よく理解している必要がないという点である。したがって、通常の契約に求められるような「十分に理解したうえでの意思にもとづく行為」とは、とうてい呼べないような代物なのである(Unger 1983: 569)。

このような変則事例は、家族法の原理の観点からも興味深いものであり、家父長的な社会慣習の維持と強化にとっても重要である。しかしながら、現在に至っては、婚姻関係における性別分業の裁判所による執行と同じくらい重要なのは、男女の社会化のパターンと婚姻関係における夫の現実の権力の強さによって長年維持・強化されてきた慣習そのものである。第7章でより詳しく紙幅を割いて論じるつもりであるが、こうした要因によって、両性間の性別分業(妻が家族内の無償労働のはるかに大きな割合を引き受け、彼女たちの職業生活を犠牲にして夫や子どものニーズを優先する傾向にある)が、時を経るにつれて夫婦間の非対称な権力関係を強化し、増大させる循環構造を形作っているのである。ジェンダー構造化された結婚は、社会的に生み出され強化される不平等の明らかな例である。婚姻関係における私的な関係をどのようにして変革していくかを考えるためには、婚姻が何世紀ものあいだ不平等な契約の範型であり続けてきたし、不平等を強調し深化させるよう作動し続けてきたという事実を十分自覚することが不可欠だろう。

アンガーは、婚姻は契約であるという事実を表明するかわりに、婚姻が対抗原理は言うまでもなく、契約原理そのものを侵犯しているという事実をみえにくくしてしまっている。さらにまた、結婚における性別分業の問題と直接対峙しないため、アンガーは市場で耐えぬくための家庭というベルモント／ヴェニス神話に疑問を投げかけることもできない。彼によれば、「市民はベルモントへ避難することもできるし、ヴェニスの正義からベルモントの慈悲に訴えることもできる」(Unger 1983: 622–623)。

こうした慰めの約束は、家族内の多くの女性にとってわずかな慰めにしかならない。彼女たちの賃労働や仕事の世界における機会は、家庭内で要求されている労働によって大きく制限されており、「ときに避難できる」どころか、膨大な時間と労力を投入する場所なのである。『知と政治』(Unger 1975)において、こうしたズレは、アンガーの世界観に広く浸透している男性中心性という言葉でのみ説明できるように思われる。

アンガーはまた、彼自身が商業契約の場面において強調しているような対抗原理が、家族関係の平等主義的な変化によって結婚に対しても適用できる可能性を見過ごしている。フェミニストの視点から読めば、彼の契約論批判を結婚・離婚の領域に適用できる可能性は火をみるより明らかであるにもかかわらず、アンガーにはまったくと言っていいほどピンと来ていない。彼は「コミュニティを自己犠牲として理解し、契約を感情なき金儲けとして理解することへの強烈な反論」を果敢にも試みているにもかかわらず、家族法が変革されるべき必要性にはまったく関心を払わないのである(Unger 1983: 625, 641, 644)。しかし、もしよりよき社会において、公的な(契約の)側面の及ばない「小さいが継続的な契約関係と共同体からの待避場所」が必要だとすれば、逆に家内的共同体 domestic community からの小さな避難場所もまた、大いに必要となるのではないだろうか。もし、一方で制限のない利己心が十分な仮定ではないとすれば、他方で自己犠牲もまた満足な仮定とは言えないのではないか。こうした一連の思考は、たとえば、クレア・ダルトン、マーサ・ミノウ、フランシス・オルセンといった、批判的法理論運動に影響を受けたフェミニストによって発展されつつある(Dalton 1985; Minow 1985a: 877–897; 1985b; Olsen 1984; 1985)。契約論の再検証を通じて、アンガーが経済的生活の制度的基礎のために引き出したように、家族制度に対する根底的な含意を引き出すことができるだろう。ウォルツァーの理論もアンガーの理論も、公私二元論とジェンダー構造への挑戦に先鞭をつけたにもかかわらず、さほど重要な成果を上げることができなかった。にもかかわらず重要なのは、双方の理論家が描いた平等主義的な社会の青写真にとって、現在の両性間の権力と責任、権利と役割の分配に根本的な疑問を投げかけ、その再編を訴えることが不可欠であり有効であったという点にある。政治学、法学、社会心理学、そして歴史学におけるフェミニスト理論は、この挑戦を長らく引き受けてきたのである。

政治的なこととしての個人的なこと

「個人的なことは政治的である」というスローガンは、公私二元論に対するフェミニスト的批判の中心的なメッセージである。それは、現代のほとんどのフェミニズムの中心をなす考え方である。一九世紀から二〇世紀初頭にかけて、女性参政権の獲得と妻の法的劣位の解消を求めた彼女たちの多くは、男性による女性の政治的な支配と個人的な支配との関係に自覚的であった。にもかかわらず、一九六〇年代に至るまで、女性が家族のなかで担う特別な役割について疑問を投げかけた者はほとんどいなかった。投票や教育機会における平等な権利を主張する一方で、多くの女性たちは、家族に深くかかわる女性が当然にそのケア責任を担うものという広く流布していた想定を、自然で避けられないものとして受け入れていた。

個人的なことの政治性に関するもっとも早い主張は、家族は女性の抑圧の根本的な原因であるから

「破壊」されなければならないとする、一九六〇―七〇年代のフェミニストたちのラディカルな主張までさかのぼる。(11) 初期フェミニズムのこうした反家族的性格は、フェミニズムに反対する勢力のみならず、「保守」フェミニストや「バックラッシュ」フェミニストと呼ばれる陣営によって誇張され、利用されてきたと言える。そうした人びとは、フェミニズムの主張全体を攻撃したり、あるいは、自分たちに都合のよい部分を除くすべてを攻撃したりするために、特に家族の問題について騒ぎ立ててきた(Stacey 1986)。しかし、現代の多くのフェミニストは、ジェンダー構造化された特定の家族形態を批判の俎上に載せてきたものの、あらゆる家族形態を攻撃してきたわけではない。「家族」という語は、あらゆる親密性によってつながり集まった人びとを包摂するよう定義されるべきとして、フェミニストの多くが、はっきりと同性結婚を支持しているし、ほとんどのフェミニストが仕事と家庭という二重の負担か家族を諦めるかという二者択一の間で選択を迫られることを拒否している。わたしたちは、家族という制度を諦めることを拒否するし、両性の分業を自然で変えられないものとして受け入れることを拒否する。さらに、ジェンダーが社会的構築であることが理解されるにつれて、フェミニストは家族集団や家族実践がいかに変革の可能性に開かれているかをますます認識するようになってきた。家族は、決してそのジェンダー構造と不可避に結びつけられているわけではないが、こうした考えが疑問に付され、新しい家族のかたちや伝統的でない分業のあり方が、単に認識されるだけでなく推奨されるようにならない限りは、家内的な領域においても公的な領域においても女性の平等を望むことはできないだろう。

それゆえ、フェミニストたちは、それ以前のパラダイムによって長らく非政治的であるとみなされできたもの――すでにみてきたように、多くの政治理論家によって依然そうみなされているもの――の政治性へと関心を移してきた。セクシュアリティ、家事、子どものケア、そして家族生活にかかわる個人的な領域の政治性は、ほとんどのフェミニズム思想の基礎に位置するようになった。異なる政治的立場から、多様な学問分野のフェミニストたちは、女性の家庭での役割と職場における女性の分離と不平等のあいだの、また、ジェンダー化された家族のなかで社会化されることと女性の抑圧にかかわる心理学的な側面とのあいだの、密接で複雑な関係を明らかにするとともに、分析をすすめてきた。わたしたちは、長らくほとんどすべての政治理論を支えてきた想定に対して、絶えず強烈な疑問を投げかけ続けてきた。それはすなわち、家族的・個人的生活にかかわる領域は、その他の社会的領域のすべてからすっかり切り離されていると考えることは、まったく正当であり議論の余地さえないという想定である。

しかしながら、ここまでの議論で明らかにしたように、従来のフェミニストによる議論は、現代の多くの政治理論家が語る正義と十分に接続されてこなかった。以下でわたしは、個人的生活と家族の本質的な政治性に関するフェミニズムの中心的な主張について議論していくことで、家庭生活は国家と法制度によって正義に適ったものになり、その正義を強固なものにできるという主張を展開したい。今日のアメリカ合衆国における大多数の世帯で性別分業が実践されている状況では、女性は結婚によって、とりわけ母親になることによって脆弱な存在へと転落し、そこには不正義がはびこる余地が膨大に残されてしまうのである。

わたしたちの生活における家内的側面と非家内的な側面のあいだの相互関係は、あまりに深く、あまりに広く張り巡らされている。両者の権力構造を背景として、女性の生活はこうした相互関係から、男性に比べてはるかに決定的な負の影響を受けている。最近『ニューヨークタイムズ』の一面に掲載された、ふたつの記事を題材に考えてみよう。ひとつめは、女性のあいだのプチ・エリート、すなわち、州でも最高クラスの法律事務所に勤める女性弁護士に関する記事である。(12)もし彼女たちが夫や恋人とのあいだに子どもをもうけたいと思うならば、パートナー〔共同経営者〕への「昇進コース」から外れてしまい、かわりに昇進の見込みがない「ママ・コース」に乗せられることになる。こうした事務所では、「九時五時」の仕事は一種のパートかアルバイトのようなものに過ぎないと考えられている。ある母親の証言によれば、毎日一二時間働き、頻繁に休日出勤を重ねていても、共同経営者に昇進する見込みは「ゼロ」だという。(13)この記事からは、彼女の子どもに父親がいるのか、また、同じ有名法律事務所で働く男性にも同様に子どもがいるのかは読み取ることができず、ただ、育児休暇をとるような男性弁護士は「軟弱」とされることに触れているのみである。この事例のように、非常に高い教育を受け、高給の職業につき、社会的な影響力をもっていたとしても、女性というだけで家庭における性別分業が素朴に想定されてしまうのである。(14)*5

翌日の紙面には、ミネソタ州の連邦控訴裁判所が判決を出した、中絶の権利にかかわる非常に重要な事件の記事が掲載された。(15)男性のみで構成された裁判所は、一八歳以下の女性が中絶を望む場合、彼女自身の両親にそのことを告知するか、さもなければ州判事の特別な承認を得ることを、州が義務づけてよいと七対三の評決で認めた。たとえ、彼女の両親が離婚していたり、別居していたり、あるいは遺棄されたような場合も同様である。先に紹介した前日の記事と並べてみると、この記事がもつ重要性がますます大きなものになる。すなわち、高度に政治的影響力のある法実務のトップに上り詰めるのは、誰よりも子育て経験に乏しい人びとであることを示しているのである。もっとも権威のある弁護士事務所の共同経営者から裁判官になる割合が大きい。同様に、競争の激しい法学研究分野出身の裁判官もいるが、この場合もやはり、大学でのテニュア〔終身在職権〕を得るためにもっとも実務がのしかかる大変な時期が子育て時期に重なるため、親業を担う人びとにとって差別的に作用することになる。こうして選ばれるのは、中絶に関する決定からはもっともかけ離れた人びとであり、まして一〇代の少女と母親の関係にかかわる事例に至ってはなおさら何も知らない人びとである。わたしたちはここに、社会でもっとも脆弱な人びとに関する高度に政治的な意思決定に、システマティックに埋め込まれた母親の不在を（そしておそらくは育児を押しつけられる「情けない」父親の不在も）見て取ることができる。すなわちそれは、女性、極度の貧困層、黒人といった、貧困家庭に育ち一〇代で妊娠した黒人女性と、やがて生まれてくる子どもたちについての決定である。ここに、峻別されるはずの公的領域と家内領域とのつながりを見出すのは難しいことではない。

この事例は、フェミニストたちが「個人的なことは政治的である」というスローガンによって意味したいもののひとつにすぎず、ときに、「政治的なことは個人的である」というもうひとつの含意を伴っている。もちろん、こう主張することによって、家族はフェミニズムとフェミニズム理論の政治にとって中心的なものになったし、今なお中心的な位置を占めている。家族と個人の領域はその他の領域と峻別でき、国家は家内領域へと介入することを控えることができるし、またそうすべきであり、それゆえ政治理論は正当にこの点を議論の外に置くことができるという、昔から信じられ今もなお生き残っている想定を、現代のフェミニズムは厳しく批判し続けている。これに対して、公私二元論を批判することと再構築することの双方が、フェミニズムが未来に向けて取り組むべき困難な課題なのである。

ここでわたしは、伝統的な公私二元論に挑戦するフェミニストの多くが何を主張していないかについて指摘しておかなければならない(16)。というのも、実際、少数のフェミニストはこれを主張しているからである。二元論を批判することは、必ずしも人間の生活におけるプライバシーの価値やその概念自体の有用性を否定するものではない。また、公的な領域と私的な領域のあいだに何らか意味のある境界を引くことができないと主張するものでもない。わたし自身も含めた多くのフェミニストは、個人的なことと政治的なことを単純に、ないし全面的に同一視しようとしているわけではないのである。たとえば、キャロル・ペイトマン、リンダ・ニコルソン、メアリー・オブライエンらはみな、一部のラディカル・フェミニストたちによる「個人的なことは政治的である」ことの解釈からは距離をとっており(Pateman 1986: 297–298; Nicholson 1986; O'brien 1981: 193)、公と私の完全な重なり合いないし同一性を認めないという点で、わたしは彼女たちに賛成する。アニタ・アレンによる最近の著作『アクセスの困難 *Uneasy Access*』(Allen 1988)は、フェミニズムの観点から、ほとんど満たされることがない女性の個人的なプライバシーのニーズを議論した本である。国家の権威が少なからず制限を受ける個人的な領域の存在とプライバシーの概念は、必要不可欠なものである。しかしながら、そのような領域が正義に適った安全なものになり得るのは、成員がみな平等であり、子どものように一時的に不平等な扱いをうける者たちが虐待から守られている場合のみである。「政治的なことは、どのくらい個人的なのか」と問うことや、「どのような意味で、個人的なことは政治的であり、政治的なことは個人的なのか」と問うことは、フェミニズムの議論において重要な意味をもつ(Nicholon 1986: 19–20)。つづく第7章で展開する結婚のポリティクスについてのわたしの議論も、これらの議論に関するものである。ここでわたしは、現在の正義論で想定されているような、「私的」な家庭生活と「公的」市場や政治にかかわる生活とを分かつ二元的な考え方に関する四つの主要な難点を取り上げ、その布置を描いてみたいと思う。言い換えれば、個人的なことが政治的である四つの場面について描くことになるだろう。

第一に、家内的・私的な生活における出来事であっても、権力の力学から逃れることはできない。これは、政治的なるものを他から区別する特徴と考えられている。家族の内部で働く権力は、夫から妻に対してであれ、両親から子どもに対してであれ、しばしば権力として認識されることはない。その理由は、昔から自然なこととみなされてきたためか、あるいは、家族においては利他性や利害の一致によって権力がさほど問題ではなくなると想定されているためである。こうした点は、家族の内部関係に関心を払わないことによって、現代のほとんどの正義の理論家によって暗黙裏に想定されている。しかし、殴る蹴るといった野蛮な権力行使が家族とは無縁であるという考えは神話に過ぎないということが、すでに一九世紀から、とりわけここ二〇年で、ますます暴かれるようになっている。現在ではよく知られていることだが、妻への虐待は依然としてごくわずかな割合しか表面化しないものの、決して珍しい現象というわけではない。一九七六年の全国調査によれば、毎年合衆国では一八〇〇万から五七〇〇万人の女性が家庭で暴力を受けている。最近ケンタッキー州でおこなわれた婚姻関係における暴力に関する調査によれば、その前の一年間で、男性パートナーと同居する女性の四%が、蹴られるか噛まれる、殴られる、物を投げられる、あるいは、ナイフや銃で脅されたり襲われたりするといった暴力を経験していることを明らかにした。また、こうした程度の身体的暴力を過去のいずれかの時点で同居男性から受けたことがあると答えた女性は九%にのぼり、実際の事件の発生率はもっとずっと高いことが予想される。一九八六年のデータをみると、殺人被害女性の三〇%が夫かボーイフレンドによって殺されているのに対して、妻やガールフレンドに殺された男性は六%であった(17)(U.S. Department of Justice Bureau of Justice Statistics 1988)。

身体的暴力が妻やガールフレンドと思われる女性に向けられる場合、そうでない場合と比べて、人びとははるかに暴力に対して寛容になる。このことは、おそらく部分的には、家父長的家族において暴力が法的に認められた男性による支配の手段であったという事実に起因している。初期リベラリズムの理論家たちが「個人」の名の下に主張したプライバシーとは、すなわち家長の権力のことであった。夫や父親がその妻や子どもたちに対して権力をもつことは当然とされ、そこには物理的な「しつけ」をおこなう権利も含まれていた。そうした原理がもはや法的に認められていないにもかかわらず、警察や裁判所が「プライベート」なものとされた家族の紛争に「介入する」のをためらってきたことで、家族のなかの暴力は最近まで事実上黙認されてきたのである。一九世紀の終わり頃から二〇世紀初頭にかけて、児童虐待が「発見」された。そして、一九七〇年代から八〇年代にかけて、部分的には一九六〇年代に始まるフェミニズム運動と子どもの権利運動の結果として、妻への虐待が「発見」されるとともに、児童虐待が「再発見」されることになる。現在ではかつてに比べて、家族内の暴力ははるかに見逃されてよいものとは考えられなくなっており、社会が取り組まなければならない問題のひとつとして認識されるようになっている。また現在では、妻と子どもの双方に影響を与える家族内の暴力が、男性と女性のあいだの権力と依存関係の違いと密接にかかわっていることは疑いを容れない。さまざまな現実の証拠を前にして、家族は権力が問題とならないがゆえに私的で非政治的なものであると主張することが不可能なのは明らかである。また、こうした身体的な力の行使に加えて、より軽微であるが、決して軽んじられるべきでない別の権力の形態も家庭内で作用しており、このうちのいくつかについては次の章で議論するつもりである。フェミニストが指摘するように、国家の家族への介入は最小化されるべきであるという考え方は、多くの点で、経済的あるいは身体的により大きな力のある家族成員の権力を維持強化する効果をもっている。プライバシーによって家庭は、とりわけ女性や子どもにとって危険な場所にもなり得るのである。(18)

公私二元論が引き起こす第二の問題は、フェミニスト歴史家やフェミニスト法学者が示してきたように、家族がますます私的で家内的な領域になるにつれて、その存在自体が、その領域の定義の仕方が、どのような行動がそうした領域内で受け入れられるのか否かが、すべて政治的意思決定に委ねられてしまうということである(Olsen 1985; Minow 1987; Nicholson 1989: esp. introduction and part 3)。もし国家が介入を控えるべき領域が明確に境界づけられているとすれば、その領域は定義されなければならないだろうし、その定義は政治的決定事項となるはずである。しかし実際には、国家はただ単に家族に「立ち入らないよう」にしているわけではない。無数の方法で、国家は結婚の条項を決定し、また執行しているのである。何百年ものあいだ、結婚した女性は慣習法によって法人格を奪われてきた。

このことは、夫の妻の財産に対する権利、さらには妻の身体に対する権利までをも強化し、その結果、女性が離婚することや別居することさえも事実上不可能にしてきたのである。既婚女性が財産権を得て離婚ができるようになったずっと後になっても、すでにみてきたように、婚姻はその条項があらかじめ無数の方法で定められた特殊な契約であり続けてきた。裁判所は、妻の取引や扶養への権利を認めることを拒絶してきたが、同時に、一定レベルのサポートを実行するために家族に「侵入する」ことさえも拒絶してきたのである。たとえば、夫婦間レイプを問題視した裁判所はほとんどなかったし、結婚した女性は「法の名の下に無償で家事をおこなうことを強制され、その義務を変更することは許されなかった[19]」。加えて、ここ二〇年の「離婚革命」より前の離婚の条項は、アメとムチを駆使することによって結婚生活における伝統的な性別役割を著しく強化するものであった。レノア・ワイツマンが一九八五年に書いたように、「夫を家長とみなす慣習法の想定は、ほんの一〇年前まで制定法や判例に深く埋め込まれたまま」であった[20]。

さらにまた、国家による家族生活の統制にかかわるまったく別の次元も存在する。歴史的には、法は生活するに足る賃金を稼ぐための手段から、女性を閉め出してきた。仕事や市場、政治にかかわる領域において男性が当たり前のように行使している権利を、つい最近まで女性は法的に否定されてきた。これらの権利の行使は、彼女たちが家庭内で担う責任を阻害してしまうという理由からである。これらのすべてが、明らかに結婚の家父長主義的構造を補強してきたのであるが、公的なことと私的なこと、政治的なことと個人的なことの分離という神話は、時代を超えて維持されてきた。女性の法的無能力に関する規定のほとんどが取り除かれた現代においてさえ、国家は結婚、離婚、養育権の設定といった決定的な場面において、家族を規制するために直接の手段を用いることができる。誰が誰と結婚できるのか、誰が法的に誰の子どもなのか、いかなる場合に結婚は解消できるのか、こうした事柄の一切は立法によって決定されている。逆にまた、こうした法律それ自体と、法律がどのように適用されるのかが、人びとの家庭生活のあり方、および、すでに述べたような生活全般にかかわる循環構造に決定的な影響を与えているのである。

フランシス・オルセンが細部に渡って実に鮮やかに示したように、国家が家族に介入するか否かを選択できるというのは、単なる神話を超えてまったく無意味な想定である。実にさまざまな方法で、「国家は人びとの家庭内での行動に影響を与える背景規則を設定している」のである。一方で、法は家族におけるあらゆる行動を正統化しているわけではない。たとえば、殺人はもっとも明白な例だろう。しかし、法は家族成員の行動を、赤の他人の行動と同じように規制しているわけでもないのである。たとえば、親は子どもに対するしつけや教育の手段として「外出禁止」を課すことができるし、家出した子どもを連れ帰るために国に支援を申し込むことができる。また、赤の他人の場合と異なり、子どもは自分を誘拐したとして親を訴えることができない。さらにまた、オルセンが言うように、「家族への国家の介入にもっとも反対する人は、国家は子どもに対する親の権限を強化してしまうと主張するだろう」。「国家は家族の形態と機能に深く巻き込まれているために、国家が家族に介入するか否かを語ること自体がナンセンスである」(Olsen 1985: 837)。たとえば、離婚に関する具体的な例においては、「不介入」とは離婚を許すことを言うのだろうか、それとも許さないことを言うのだろうか。離婚を困難にすることだろうか、それとも、容易にできるようにすることだろうか。問題は、介入「するか否か」ではなく、「どのように」介入するかなのである。国家の家族への介入という神話は、現状維持を支持する人びとにそれを「不介入」と呼ぶことを可能にし、たとえばドメスティック・バイオレンスの被害女性にシェルターを提供するといった現状変革を求める政策に「介入」のレッテルを貼ることになる。このような言葉の使い方により、懸案の政策が公正なものであるかどうか、脆弱な立場にあるものを害さないかどうかといった、より関連の深い問いから焦点がずらされてしまう(Olsen 1985: 842, 861-864)。本書の第8章では、国家や法は結婚や家族について決定的な役割を担うことを免れ得ないとして、現在と比べてより公正かつ平等なかたちで担うにはどうすればよいかを示すつもりである。

家族という非政治的な領域と公的ないし政治的な領域からなる、明確な公私二元論の想定が適切でないことの第三の理由は、家庭生活は初期の社会化の大部分がおこなわれる場所だからである。フェミニズム研究は、わたしたちがいかにしてジェンダー化された自己へと成長するのかを理解することに、多大な貢献をなしてきた。精神分析とその他の心理学にもとづく理論は、とりわけジェンダー化された子育てによって、どのようにしてジェンダーが再生産されるのかを明らかにしてきた。そのような発達の理論のもっとも初期のものは、ナンシー・チョドロウの議論であり、その説得力は現在でも大きな影響力を持ち続けている。チョドロウは対象関係理論に拠って立ちつつ、子どもにとっての個体化――最初は心理学的に融合しているケア提供者から自分自身を引き離すこと[21]――は、養育者が同じ性の場合と、異なる性の場合とでは、まったく異なる経験になるとする(Chodorow 1974; 1978)。わたしたちが暮らすジェンダー構造化された社会においては、養育者は決まって常に母親(か、さもなければ他の女性)であり、このことは男の子と女の子を性的に差異化された心理的発達の過程へと導くことになる。性を同じくする親から離れてアイデンティティを獲得するという心理的作業は、同性の母親(ないし代わりの女性)がいつも側についている女の子にとっては非常に異なったものになる。というのも、同一化すべき同性の親が一日の大半は不在である男の子は、具体的な知識なしにこうした作業を遂行しなければならないからである。チョドロウによれば、その結果、女の子および女性のパーソナリティは、より他者と心理的なかかわりをもつようになり、また、(他者の)養育を選びがちになったり、それに向いていると思われやすくなったりすることになる。これに対して、男性の場合は、他者と切り離されて「公的な」地位の獲得に方向づける能力を強く要請されるようになる。このようにして、現在のジェンダー構造において、性別によって子育ての初期段階における役割が割り振られることの影響が説明される。したがって、母親業はそれ自体、女の子のなかで「再生産」されるのである。女性と男性の重要な差異が、家族内で現在おこなわれている性別分業によって作られることを認めさえすれば、家族がいかに政治的な制度であるかがますます明らかになるだろう。

それ以上に、家庭生活と他の生活との連関は、なぜ女性が子どもの主たる親になるのかという疑問に対する完全な答えが、単に家族を観察したり、ジェンダーの発達心理学を参照したりすることによってはもたらされないという事実によって強調される。その答えの大部分は、圧倒的多数の女性が依然として低賃金で先のない労働に従事している、性別職域分離のなかに見出すことができる。この事実は、たいていの二人親家族において母親が子育ての主たる責任を担うことを経済的に「合理的」なものとし、ジェンダーにもとづく不平等の循環を引き続き駆動させることになる。

「個人的なことは政治的である」がゆえに公私二元論が破綻をきたす第四の場面は、ほとんどの家族の内部でおこなわれる性別分業によって、女性が他のすべての生活領域へと進出するのを妨げる現実的・心理的な障壁を作り出すことである。リベラルな民主政治においては、ほとんどの職場と同様に、発言し議論することは完全な集団の一員として決定的に重要な要素であるとしばしば認識されている。たとえば、マイケル・ウォルツァーは「民主主義は、……権力の割り当てに関する「政治的な」方法であり、……市民のあいだでの議論が重要な位置を占める。民主主義は、発言と説得、修辞学的な技法に重きを置く。理想的には、もっとも説得力のある主張をおこなった市民が……成功を収めるのである」と書いている(Walzer 1983: 304)。(22) しかし女性は、その発言から威信を奪われることによってしばしばハンディキャップを背負っている。近年のあるフェミニストの分析が示すところによれば、「女性がいかに威信をもつかを学ばないこと」が問題なのではなく、「現在の威信がそもそも女性の声を排除するようなかたちで概念化されている」ことが問題なのである(Jones 1987)。このことは、多くの男性にとって、女性の公的な人格と私的な人格は切り離せないほど密接に関連していると考えられていることに大きく起因しており、また、職場や公的な政治組織における影響力のある地位に、しばしば女性がアリバイ的にお飾りとして採用されることでさらに悪化してしまう。そのひとつの例は、ここ数年でますます詳しく調べられるようになった、州裁判所における性的な偏見である。この偏見は、女性が被告、原告、被害者、弁護士であっても、あらゆる女性に対する司法の態度に影響し、それに付随する判決の言い渡し、DVの取り扱い、性暴力被害者、元夫からの生活費と子どもの養育費、そして損害賠償に影響を与えている。(23) 公的領域において、ときに女性は姿をみられることもなく、その声は聞かれることもない。わたしたち女性は、できる限り男性と同じようにふるまう限りにおいて、ようやくその姿をみられ、その声を聞かれることができるにすぎない。ときに、わたしたちは侮辱され性的な嫌がらせを受けることによって沈黙を強いられる。ときに、わたしたちの言葉は聞き届けられず、あるいは、男性の意識内で重要な特定の女性(特に、彼らの母親)の人格の上に投影されるがゆえに歪められてしまう。

家庭内の性別分業によって女性が背負わされ、外に広がる諸領域へと運ばれていくこれらハンディキャップはすべて、わたしたちが容易にコントロールできるものではないことは明らかである。過去から現在に至る性別分業の結果、とりわけ女性にとって、公的領域と家内領域は、まったくもって明確に線引きできるものでも別々のものでもない。両者を峻別されたものとみる視点は、男女の性質と役割を本質的に別個のものと暗黙裏に想定する、伝統的な男性の社会観に根ざしている。このような視点が、歴史上初めてわたしたちすべてを包摂するはずの、真に人間的な正義の理論に引き継がれてよいはずがない。つづく第7章では、特に現代のアメリカ合衆国の文脈において、「領域の分離」という形で示されたものが、実際には、男女間の不平等の循環と密接にかかわっていることを、より詳しくみていこう。

＊1　子育ての分担が両性間の正義にとって重要なのは、なによりもまずそれが望まれない仕事だからではなく、好ましい状況においておこなわれるならばそれは深い喜びに満ちたやりがいのある仕事だからである。子育ての分担が両性間の正義の前提となる理由は、①それは膨大な時間を割かれる仕事であり、それをただ

一人で引き受けるものの教育、賃労働、ないし公職といった他の多くの社会的な善の追求を妨げるからであり、また、わたしが第8章で議論するように、②子どもたちの中の性のステレオタイプを減じられる可能性があるからである。

＊2　たとえ「大衆 mass 社会」であっても、「集団 mass 保育」を提供しなければならないわけではない。もし十分なケアがおこなわれ、費用が支払えない親は補助金で賄えるとするならば、あらゆる子どもに小規模で愛情あふれる保育サービスを提供することも可能だろう。子どもにとってよい経験となるだけでなく、よき保育サービスは他のふたつの問題を解決するのに役立つだろう。ひとつに、保育サービスなしでは、育児を二人で分担できないひとり親家庭の問題は解決できない。もうひとつに、補助金によって賄われる良質なケアは、家族環境の違いによって作り出される機会の平等への障壁を和らげることに役立つだろう。

＊3　批判的法理論は、法学術界の左派運動の一種であり、法が不可避的にもつ政治性を強調することで、法実務および法理論が主張する客観性に対して異議申し立てをおこなっている。

＊4　「コミュニタリアニズム政治のジレンマ」と名付けられた一節は、わたしの知る限りコミュニタリアニズムの思想のなかで唯一、支配の問題を含むコミュニタリアニズム自身の問題と真っ向から格闘している箇所である。

＊5　フェリス・シュワルツもまた、最近の論争的な論文で、たとえ両親が相当に地位の高い専門職であったとしても、はじめから両性間の伝統的な子育ての分業を想定している。彼女はこれを「男性と女性のあいだで常に変わらない差異のひとつは、妊娠・出産に関するものである」として正当化し、母親になることの期待から、子どもをもつことへの心理的調節、子育てに至るすべてをまとめて議論している。しかし、まったく矛盾するようにみえるが、その数行あとで、「今日の先進国では、唯一ジェンダーと関連しているのは出産だけである」ことにも触れている。彼女によれば、「男性と女性は依然として伝統的な役割を演じるように社会化されているが、……明らかに男性も女性もそうした役割にとらわれずに、いかようにも行動することが可能である」。したがって、はじめは不変とされていたものが、次の段落ではまったく可変なものにな

ってしまっている。シュワルツの報告にもあるように、「四〇歳までに九〇％の重役男性が子どもをもつのに対して、重役女性はたった三五％しか子どもをもつことができない」理由も、彼女の論文が母親のなかでも重役女性に焦点を絞っている理由も、公的領域と家内領域の相互関係を理解しようとしない限りは認識することができない(Schwartz 1989: 66-67, 69)。

第7章　結婚と女性の脆弱性

ここまでの各章で明らかにしたように、社会正義についての主要な現代の理論は、わたしたちの社会に存在する男女間の複合的な不平等や、それを支える社会的構築物としてのジェンダーに対して、ほとんど、あるいはまったくと言っていいほど関心を払ってこなかった。社会正義を扱う主流の理論家も、その批判者たちも（わずかな例外を除いて）、家族内部の不平等には大して関心を払っていない。彼らは以下の三つのうち、一、二の場面に限定して家族と正義のかかわりを考えてきた。第一は、家族を平等な機会への障害物とみなす議論である。しかし、こうした議論の焦点は、家族「内」の性差ではなく家族「間」の階層格差に当てられている。家族が機会の平等を妨げるという議論は正統かつ深刻なものであるにもかかわらず、ジェンダーの観点を無視することによってこの問題の重要な側面が見落とされてしまっている。男女間の不平等に関心を払わずに家族を論じる者は、性別にかかわらず貧困家庭や労働者家庭の子どもたちが機会の平等を制限されているだけでなく、階層にかかわらずジェンダー構造化された家族が女性と女の子の機会の平等を根本的に制限しているという事実に目を向けることができない。また、彼らは家父長的な社会構造と家族における生活実践に起因する女性の脆弱性が、家族間の不平等によって子どもが被る機会の不平等の問題をいっそう悪化させていることにも気づかない。この章で議論するように、シングルマザー家族 families headed by a single female が珍しくなくなるにつれて、女性の経済的脆弱性がいっそう子どもたちを脅かしているのである。

第二、第三に、正義論の論者とその批判者は、家族をそもそも正義がそぐわない制度として理想化する傾向にあるか、あるいはそれほど一般的な立場ではないが、家族を正義の感覚を養う重要な場とみなす傾向にある。わたしはこのふたつの立場のうち、特に、正義よりも高貴な徳に支配されるものとして家族を理想化し、それゆえ家族は他の基本的な社会制度と同じようには正義に適うか否かをテストされる必要がないとする人びとに的を絞って、強く反論を唱えてきた。わたしは、たとえば寛大さといったより高貴な徳が家族にふさわしいことに希望を捨ててはいない一方で、現実のレベルでは、正義は他の基本的な社会制度と同様に、家族にも適用されるべきもっとも重要な徳のひとつであることを強く主張する。家族は、有形無形のさまざまな社会的財が分配される重要な領域であるが、とても公正とは言えない仕方でこれらの財の分配がおこなわれてきた歴史がある。あるいはまた、家族内部の正義を見落としている正義の理論家が指摘するように、家族は道徳的発達にきわめて決定的な役割を果たす生命／生活の領域でもある。もし正義が、日々の家族生活のなかで少なくとも学び始められることがないならば、それ以外のいかなる場所で養われると期待することも不毛であろう。正義に適った家族なしに、わたしたちはどうやって公正な社会を期待できるだろうか。とりわけ、両親の関係が正義の基本的な基準にもとるならば、子どもたちはどうやって正義の感覚を培うことができるだろうか。

結婚や家族を正義という観点から考えることは容易ではない。ひとつには、わたしたちはいまだ十分に正義と親密性を結びつけることができておらず、理論家に家族を理想化する傾向があるのはこのことにも起因している。あるいはまた、正義論がもっとも関心を傾けている問題には、たとえば生活水準の格差のように、家族成員に当てはめることができるかどうか明らかとは言えない議論もある。事情の異なる国があるとはいえ、アメリカ合衆国の家族は少なくとも住居をともにする限り、同じ水準の生活を共有しているのが普通だからである。しかしながら、これからみていくように、家族の収入を誰が稼いでいるのかという問題、あるいは、その収入がどのように分けられるのかという問題は、収入の使い道を決定するといった家族内部での権力と影響力の分配に深く関係している。またこの点は、身体の安全といった他の利益の分配にも影響を与えている。以下でわたしは、権力と脆弱性に関する理論を援用することによって、現代のジェンダー構造化された結婚に関する事実と、そこから不可避的に浮かび上がる正義の問題について議論し、分析していく。わたしは、現在のわたしたちの社会において実践される結婚と家族は、正義に適った制度ではないことを主張する。結婚と家族は、社会におけるジェンダーシステムの中軸にあり、女性を依存と搾取と虐待に晒し、その立場を脆弱にする。もし夫と妻のあいだで分配される、有償無償の労働、権力、資産、自尊心、自分を磨くための機会といった社会的な財の数々に真剣に目を向けるならば、社会的に構築された男女間の不平等が一目瞭然となるだろう。

わたしのこの章における議論は、かなりの部分を経験的なデータに依拠していると同時に、ふたりの理論家の洞察に多くを負っている。道徳哲学者ロバート・グディンと、経済学者アルバート・O・ハーシュマンのそれである。彼ら自身は、自らの議論をジェンダー構造化された家族に対して用いたわけではないが、彼らが構築した権力と脆弱性に関する説得的な議論は、わたしたちが現代の結婚に関するデータに目を向けるうえで、計り知れない助けとなってくれる。

グディンは近著『傷つきやすい者を保護するということ *Protecting the Vulnerable*』(Goodin 1985: 109)のなかで、正義の問題にとって、社会的に作られた傷つきやすさ〔脆弱性〕がいかに重要であるかを議論している。彼は何よりもまず、わたしたちがあらゆる人に対して負っている一般的な道徳的義務が存在すると主張する。すなわち、「自分たちに比して特に脆弱な人びとを保護する特別な責任を、われわれは負っている」のである。(1) 福祉国家が市民に対して、より脆弱な人びとに貢献する義務を課すのを正当化することに、グディンの主眼は置かれている。しかし、彼の主張は他の多くの社会問題や社会制度に新しい光を当てるために援用することが可能であり、そこには結婚と家族も含まれるだろう。グディンの理論が特に結婚という制度に適用可能だと思われるのは、それが単に脆弱な者の保護を扱っているからだけでなく、脆弱性それ自体の道徳的な地位についても扱っているからである。グディンが示唆するように、脆弱性のうちのいくつかは、明らかに大きく自然に由来するものもある。たとえば、たとえ子どもを保護する責任をどのように割り当てるかが社会的に異なっているとしても、子どもの脆弱性それ自体は自然なものだろう。また、たとえば病気による脆弱性のように、一見「自然」であるようでも、実際には多かれ少なかれ現実の社会的配置に左右されるものもある(2)(Goodin 1985: 190)。そして、「もっとも重要な依存と脆弱性のなかには、性質上、ほぼ完全に社会的と言えそうなものもある」〔強調引用者〕(Goodin1985: 191)。非対称な脆弱性によって生じた社会的な義務は、場合によっては首尾よく満たされることがない以上、そして、非対称な脆弱性が搾取を受けやすい以上、現時点で変更可能な社会的に作られた脆弱性は道徳的に許容されるものではなく、最小化されなければならないと、グディンは主張する。ここで彼は、ジョン・スチュアート・ミルが不満を漏らした

「不正それ自体を正すことをせずに、不正な権力の帰結を警戒するにとどまった改革者たちと博愛主義者たちの大いなる過ち」という句を引用して、ミルに倣おうとしている[3](Goodin 1985: 189)。グディンは、「現在の社会的配置によって生み出され、形作られ、維持されている種類の脆弱性に関して言えば、わたしたちは、常に脆弱な人びとを保護するように努力すべきであるのと同様に、搾取へと転化されるような種類の脆弱性を減らすよう努力すべきであろう」と結論づけている[4](Goodin1985: xi)。

相互依存的な関係や、対称的な傷つきやすさといった社会的に受容可能な関係のなかから、受け入れがたい非対称な傷つきやすさを区別するためにグディンが採用する基準のひとつは、二人の当事者が関係から離脱する能力の差異を検討することである。グディンによれば、たとえ二人の関係にある程度の不平等が存在していたとしても、「従属させられている側が、甚大なコストを支払うことなく関係を離脱することができる限りは、支配的な側によって搾取されることはない」からである(Goodin1985: 197)。以下でわたしが議論するように、現実的な関係からの離脱可能性には差異が存在するということが、今日の合衆国で一般的に信じられている意味での結婚を、脆弱性を含む関係のなかでも道徳的に受け入れがたいものにしている重大な要素のひとつなのである。

関係が相互的であるか非対称であるかを、当事者間の離脱可能性の程度を比較することで判断するというアイデアは、アルバート・O・ハーシュマンが何年も前に著した二冊の本で大きく展開したものである。『離脱・発言・忠誠』と題された一九七〇年の本のなかで、集団や組織のメンバーによる告発＝発言 voice が、そのメンバーに退出 exit の可能性が実際どの程度開かれているのかに関連していることを説得的に主張している。彼によれば、発言と退出のあいだには複雑な関係がある。一方では、退出を容易に選びうる場合は、「発言の作法が身につかない傾向がある」。たとえば、満足できない商品を買ってしまった消費者の場合、容易に他社の同等の商品に買い替えることができるために、多くの労力を割いてクレームを申し立てることはあまりない。他方では、明に暗に退出を匂わせることは発言に影響力をもたせる重要な手段であるために、退出の可能性がほとんど現実的でない場合やゼロであるような場合には、発言は効果のないものになってしまう。したがって、「発言はそれが可能である場合だけでなく、それが不可能である場合にも、まったく違った意味で困難なものになってしまう」。このため、メンバーの発言がもっとも効果的であるためには、「退出の可能性が開かれている必要があるが、あまりに容易すぎたり魅力的すぎたりする選択肢ではない必要がある」(Hirschman 1970: 43, 55, 83)。ハーシュマンは、高い障壁を設けることで退出を妨げる制度のもとでは、退出を匂わせることの効果を減じてしまうために、発言の効果も、発言すること自体も抑制してしまうと結論づける。ゆえに、組織や制度の腐敗や衰退を防ごうとするために影響力を行使しうるふたつの作法は、ともに無効化されてしまうのである。

『離脱・発言・忠誠』において、ハーシュマンの注意は主として多くのメンバーからなる集団に向けられていたため、彼の関心はあるメンバーの他のメンバーに対する権力よりもむしろ、メンバーの組織に対する権力に注がれていた。しかし、たとえば結婚のような二人のメンバーからなる制度の場合には、一方の退出によって制度が弱体化するのではなく制度自体の解散につながってしまうことに起因する、特殊な力学が働くことになる。望むと望まざるとにかかわらず、二人の一方の退出という決定により、もう一方は自動的に強制退出させられることになるからである。それゆえ、当事者が二人の場合の退出可能性が相対的／相関的であることは、両者の関係における権力構造に決定的な影響を与えている。ハーシュマンはこのことを、今から数十年前に出版された『国力と外国貿易の構造』と題した著作で、国際関係論の文脈において論じている[5](Hirschman 1945)。この本において彼は、ある国家Aが、相対的に国家Aとの貿易関係の継続に依存している別の国家Bとの貿易関係を築くなかで、いかにして権力を増大させるかを示している。両国が貿易から何らかの利益を得ているとしても、その利益は一方の国家においては他方の国家よりも大きな意味をもっている(Hirschman 1945: 31)。したがって、比較的貿易に依存していない国家が貿易関係から大きなコストを支払わずに退出できる可能性により、明に暗に退出を仄《ほの》めかすことを通じて、相対的に依存している国家を意に従わせるための影響力を行使することができる。さらに言えば、国家Aとの貿易に依存する程度によっては、国家Bは国家Aとの貿易により依存的になるようにその経済を方向づけることになる可能性もある。あからさまな形を取るか否かにかかわらず、資源や選択肢がもともと乏しい側の当事者によって自発的に呼び込まれる依存状態は権力の原因になりやすく、このような状況において、非対称な依存状態は関係が継続されるなかで増大しやすい。

では、これらの原理をいかにして結婚に当てはめることができるだろうか？　結婚が何らかの意味において、相互にとりわけ感情的な脆弱性や依存性とかかわっていることに異議を唱える人はほとんどいないだろう。結婚はまた、性に関係なく不平等な脆弱性を備えていることも明らかである。たとえば、夫や妻は互いの配偶者に対する愛の程度、または感情的な依存の程度によって自分を変えるかもしれない(妻が夫よりも常に愛が深いとか、常にその逆であるという意味ではない)。にもかかわらず、以下で見ていくように決定的な点において、ジェンダー構造化された結婚は、社会的に作られた明らかに非対称な脆弱性へと、女性を巻き込んでいくのである。ごく少数の例外を除けば、結婚における性別分業によって、婚姻関係の内部においても家庭の外の職場においても、女性は男性よりもはるかに搾取されやすい。現代社会に暮らす女性は、相当な程度さまざまな方法で、結婚それ自体によって脆弱なものにされている。発達の途上にある女の子は自分で子どものケアに責任を負いたいという個人の期待（その後社会によって強化される）によって、また、男性の経済的支援を引きつけ維持しようとしなければならないという役割への期待によって、脆弱性への最初の段階に足を踏み入れる。女性は、現代のほとんどすべての結婚における実際の性別分業によっても脆弱な存在にされる。また女性は、専門職も含めた賃労働の世界が、「労働者」には妻が家にいるものだという想定にもとづいて構成されているために、職場でも不利益を被っている。もし女性が子どものケア責任を引き受けるならば、彼女はますます脆弱な存在となり、もし結婚が解消されてひとり親になれば、脆弱性はピークに達する。

　このような図式を、フェミニストとは関心を共有しない社会理論家の多くが認識しそこねてきた理由のひとつは、彼らが社会的に作られた（それゆえ回避可能な）女性の脆弱性と、大部分が自然な（それゆえ大部分が回避不可能な）子どもの脆弱性とを混同してきたためである。このことは、普段は表立って主張されず、根拠づけられてもいない「女性は子どもの主たる育児責任を担う」という想定とセットになっている。しかし、以下で示すように、互いに絡み合った子育てに対する伝統的な女性の責任によって、また、結婚の歴史と現代的な実践によって大部分が形作られる女性の従属と依存によって、女性は経済的にも社会的にも、脆弱にされるのである。

ここで、結婚と家族は非常に多様な形をとりうるのであり、そのすべてが女性メンバーの依存や脆弱性に帰結するとは限らない以上、「近代的結婚」という定義もなく幅の広い概念が不公正であるという主張は、意味をなさないのではないかという批判があるかもしれない。このような批判には一定の妥当性があるが、わたしは以下でその基準を示すと同時に、一般的な議論とその例外とを区別しておくことで、批判に答えてみることにしよう。現代の結婚をきわめて特異なものにしているのは、まさにその定義の不在である。もはや社会には結婚に関する規範や期待についての合意された意見が存在しないかのようにみえることは、依然として夫が妻を「喰わせる」ために外に働きに出ていき、妻がさまざまな不払い労働を通じて夫に「尽くす」ことが夫婦の主要な責任であるという男女観と、幼い子どもの母親を含むほとんどの女性が、労働者として働きながら圧倒的に大部分の家事・育児を担っているという事実のあいだの隔たりをみれば明白である。さらに、依然として残る稼ぎ手としての男性イメージは、別居と離婚の一般化という事実、そして、ますます多くの女性と子どもが離婚後に「喰わせてもらえない」現実とは相容れないものである。結婚への期待と予測される帰結のあいだには、それ自体が不正なだけでなく、結婚における人びとの行動に決定的な影響を与えるような深い溝が口を開けている。結婚をより明確に定義し変革することなしに、現在もつづく女性の不平等を緩和する途はない。伝統主義者とフェミニストとの意見の不一致からも、結婚に対する人びとの期待と結婚に参入した人が経験しがちな現実の帰結との食い違いからも、現在の社会において何が結婚であり、結婚とはどうあるべきかに関する明確な合意が存在しないことは明らかと言ってよいだろう。

結婚には長い歴史があり、この歴史は、わたしたちの生に大きな影響を与えている。マルクスが言うように、まさにわたしたちは「過去に直接向き合い、過去から与えられ、伝えられた状況のもとで歴史を作る」のである(Marx 1969: 378)。明らかに、たいていの人びとが結婚について考えるとき、ジェンダーは中心的な役割を果たしている。結婚しているカップルのみならず、同棲カップル、異性愛者やゲイ、レズビアンなどさまざまなタイプのカップル数千組を対象とした近年の詳細な調査は、いかにわたしたちの結婚概念にとってジェンダーが重要な役割を果たしているかを裏付けている。フィリップ・ブルームスタインとペッパー・シュワルツがその著書『アメリカン・カップルズ』で示したのは、現行の家族法のみならず、結婚に対する伝統的な期待が、夫婦の態度や期待や振る舞いに影響を与えているという発見である。これとは対照的に、ジェンダーについての期待や結婚制度のような歴史をもたないがゆえに、ゲイ・カップルやレズビアン・カップルは自分たちの生活をより自由に、より平等主義的な形で構築することが可能になっている。この研究は次のように結論づけている。「第一に、異性愛モデルがより多くの安定性と確実性を提供する一方で、それは変化、進歩、役割と義務に関する選択を禁じる。第二に、多くの点で効率的な異性愛モデルは、男性が支配的なパートナーであることを前提としている」。インタビューを受けた同棲〔異性愛〕カップルは、一方のパートナーが主たる経済的稼ぎ手であるとか、双方の稼ぎや資産をプールして共有しようとはそれほど考えていなかった。同性愛カップルは、結婚とジェンダー要因の双方が欠けているため、同棲している異性愛カップルと比べても、いっそうこうした想定が少なかった。たとえば、同性愛カップルのほぼ全員がどちらかのパートナーに家庭を守る役を割り当てることを拒否している。これとは対照的に、結婚している回答者の多くは、伝統的な賃労働と家内労働の性別分業を依然として熱心に信奉している。二人の筆者は、平等主義的なダブルインカム夫婦が「増えつつある」ことも指摘する一方で、「かつての伝統の圧力は、ほとんどの近代的結婚における行動を依然として導いている」と結論づけている(Blumstein and Schwartz 1983: 324, 115)。

ここで、アメリカ合衆国において相当数の白人既婚女性が家庭の外で働き始めたのは、実に最近であったことを思い出しておくことは重要だろう。女性といっても黒人女性は、最初は奴隷として、次いでごく最近までは使用人として常に働いていた。しかし、一八六〇年には全女性のたった一五%しか有償労働をしておらず、第二次世界大戦ごろまでは既婚女性が賃金をもらって働くことはほとんど認められていなかった。一八九〇年代の既婚女性の労働力率はわずか五%であったが、一九六〇年代になっても既婚女性の労働力率は依然三〇%にとどまっている。何よりも、賃労働は結婚における伝統的な女性役割と密接に結び付いた強力な性別分離の歴史をもっている。一九五〇年代の終わりまでは、働く女性の大部分を占めていたのは家事使用人であったが、その後事務職の女性の数が上回るようになる。「サービス」業(たいていはすでに家庭でもおこなわれなくなっていた)の担い手は、依然として女性が大半を占めている。たとえば、看護職、小中学校の先生、図書館司書といった女性が多数を占める職業も、「家庭と子どもから気をそらしかねない高い職業的向上心をもつことをは奨励されない、「ピンクカラー」と呼ばれるゲットー」となっていた。営業職や事務職の女性と同様、こうした女性職は、「その「キャリア」において、それ以上を望めない地位に早々と達する傾向にある」(6)(Gerson 1985: 209)。概して、既婚女性の賃労働は歴史上例外的なものとして位置づけられ、女性の賃労働一般もまた、厳しく分離され賃金の安いものであったし、その状況は現在も基本的には変わっていない。

夫稼ぎ手―妻専業主婦役割にみられる、結婚した男女は異なる責任をもつという伝統的な考え方は、男女の考え方と振る舞い方に依然として強い影響を与えている。少なくとも夫は、妻が家庭の外で働いている場合であっても、このような考えをもちやすい。特に、妻が働くべきか否かで意見の不一致が生じたときなどが典型で、妻が働くことを望んでも、夫はそれを「許さない」のである。ブルームスタインとシュワルツの調査対象となった夫の三四%と妻の二五%は、「夫婦はお金を稼ぐ責任を分担すべきだ」とは考えていなかった。この割合は、子どもがからむと急激に上昇する。夫の六四%と妻の六〇%が、幼い子どものいる夫婦では、妻は仕事をもつべきではないと考えていた[7](Blumstein and Schwartz 1983: 52, 118-125, 560 n. 2)。アメリカ社会が経済的成功に高い価値を置いていることを勘案すると、男性の稼ぎ手役割への信念は結婚における男性の支配を強く支えていることが分かる。以下でみていくように、多くの妻が、有償無償を含めると実際には夫よりも長時間働いているにもかかわらず、男性の仕事の方が多くを稼ぎ出しているという事実によって、彼に結婚の内外で地位と尊厳が与えられるだけでなく、より大きな権利意識〔権原〕をも生み出している。結果として、離婚を経験した女性は、もし彼女が結婚生活を通じて主婦であり母親であった場合には、自らの結婚生活に対する貢献を低く評価するために、財産分与の権利を控えめにしか行使しない傾向がある。「離婚する女性の多くが、夫が稼いだお金を「彼のお金」とみなしている」(Weitzman 1985: 315-316)。将来の結婚についても同様であり、自らが主要な稼ぎ手であるという事実をもって、夫が自らの意見や要望を押し通そうとするのは珍しいことではないのである(Blumstein and Schwartz 1983: 51-111, esp. 58-59, 82)。

結婚の予期による脆弱性

多くの点において、結婚はこれから結婚しようとする人に大きな影響を与える伝統をもつ制度である。女性の脆弱性のサイクルは、結婚の予期によって早い時期から始まる。ほとんどすべての女性と男性が結婚することになるが、男性よりも女性にとって、結婚は彼女の生活や人生における選択に対して、はるかに大きな、また早い時期から影響を与える。*1 近年では、独身でいることに対する負のイメージは緩和されてきているとはいえ、社会化の過程と文化一般は、男の子と比べて女の子に対して、より結婚に重点を置いている。また、若年女性は男性に比べて、「素敵な結婚をして家庭生活を送ること」をきわめて重要な事柄とみなす傾向がある[(8)](Bianchi and Spain 1986: 9)。この事実は、子育ての主たる責任を担うという期待と相まって、どの程度の期間をどのような分野の教育・訓練につぎ込もうとするかに関する彼女たちの決断と、自分自身のキャリアに対する目的意識に、明らかに影響を及ぼしている。ここで注意すべき重要な点は、結婚の予期による脆弱性は、結婚する女性と同じように、結婚しない多くの女性にも、少なくともマイナスの影響を与えているということである。このことは、特に不利な立場に置かれた集団では重要である。とりわけ、都市の貧困層の黒人女性は、現実に結婚して男性に経済的に支えられる機会に乏しく(理由の多くは結婚可能な男性の高い失業率)、にもかかわらず、女性は結婚して当たり前という文化のなかで育てられることで、結婚への期待がより重くのしかかっている。

たとえ専業主婦になるつもりの若年女性がかなり減っているとしても[(9)]、仕事に関する女性の選択は、まだ子どものころから抱いてきた家庭生活が仕事にもたらす影響と、仕事が家庭生活にもたらす影響についての予測に大きく左右されている。よく知られているように、女性、特に幼い子どもを抱えた女性の労働市場への参加は、上昇をつづけている。[*2] しかし、かつてはほんのひと握りだったエリート専門職女性がその割合を急速に増やしているにもかかわらず、家庭の外で働く大多数の女性は昇進や昇給の見込みがほとんど、あるいはまったくない低賃金の仕事に従事し続けている。この事実は、少女が仕事と家庭生活とを結びつけて考えるときに直面しがちな複雑な意識と明らかに関連している[(10)](Gerson 1985)。ある研究が結論づけるように、「思春期の青少年が抱く職業的な野心と期待は、性によって非常に異なっており……この違いは、職業構造に根ざした性別分離に対応している」。この研究は、大規模調査によって、高校の女子生徒は男子生徒と比べてもっとも威信の高い職業に対する野心を抱かないことを明らかにしただけでなく、男子生徒と同じような野心を示した女子生徒であっても、男子生徒と比べると目標達成に向けてずっと低い自信しか示さなかったことも明らかにしている[(11)](Marini and Greenberger 1978: 147–148, 157)。

キャスリン・ガーソンによる調査のなかで、少女時代に抱いていた将来の展望を振り返ってもらった女性のうち、ほぼ全員が家庭かキャリアのどちらかという選択に直面していた[*3](Gerson 1985: 136–138)。性別役割にもとづく社会化(女性がしばしば受け取る将来の職業生活に関する混乱したネガティブな情報を含む)が浸透していること、また、わたしたちの社会構造が働く母親を現実的に妨害していること、そして、精神的にも現実的にも、子どもの福祉に対する責任を父親よりも母親にはるかに重く課していることを考えれば、女性が自分自身の仕事への利害と将来もつかも知れない子どもの利害との間の緊張関係を感じ取っていても何ら不思議ではない。多くの女性が自分の母親の家庭生活に否定的な反応を示しながらも、母親であることと自分のキャリアを上手く両立させることを想像できる女性は非常に少ない。[12] 多くの女性が直面せざるを得ないこうしたジレンマを避けることができた人もいる。[13] しかし、たいていの大人は「女性は仕事か子どもかを選択することができる」と信じているが(Gerson 1985: 137)、両方は無理なのだ。子どもをもつことを想定している彼女たちの多くが、主たる親になるという要求を首尾よく満たしてくれる教育と職業の道をたどろうとするのは、驚くべきことではない。キャリア志向の女性が自分たちの困難な選択を回避し、自分の仕事と子育てを両立させる唯一の方法は、仕事と子育ては両立不可能だという強く凝り固まった信念を放棄し、新しい一歩を踏み出すことだけである。

言うまでもなく、同じ年頃の男の子であればこのような選択に直面する必要はない。わたしたちの社会の伝統、現状、信念に従えば、男の子に夫として父親として期待されているものが、堅実な職業キャリアを積むことを通じて、家族の主たる経済的基盤を提供することであると想定するのは十分理に適っている。男性をとりまく状況は、職場でうまくいかなくても、女性のように家庭を選択することを周りから認められることがない点で、また別の制約を受けている。[14] 失業中の身であれば、男性を稼ぎ手とする社会の見方との不一致という経験は、とりわけストレスになるだろう。しかし、男の子は仕事と家庭のジレンマを、女の子のように自分の教育や将来の職業生活と職業機会、そして経済的安定性にかかわる決定的な選択として経験するわけではない。

女は妻であれ、とりわけ母であれという要求に強い影響を受けた将来を女性が思い描くとき、伝統的に女性のものとされている学問領域や、職業キャリアを選択しやすくなる。女性にとっての典型的なライフコースは、依然として高校で教育を終え、二〇代の初めに結婚して子どもをもうけるというものである。他方で、教育を継続することで自らのキャリアを築き、その後で結婚するというのが現在増加しつつある少数派である（Bianchi and Spain 1986: esp. chaps.1 and 4）。家族を第一に考える女性のなかには、自分の賃労働を一時的で散発的なものとして展望するひともいれば、何らかの仕事の継続と伝統的な女性の家族責任とをどうにか両立させたいと願うひともいる。しかし、事務職にせよ、営業職にせよ、サービス業にせよ、教師や看護師といった女性が多数を占める職業に向けた訓練を受けるにせよ、女性はますます、相対的に時間の自由のきく職業に向かうだけでなく、いつでも働ける代わりに賃金は安く、労働条件も悪く、何より昇進や昇給の見込みのない、取り替えの利く職業へと向かっていく。一九八七年には、一年を通じてフルタイムで働く女性は、中央値で一万五七〇四ドルを稼いでいるが、これは男性フルタイム労働者が稼ぐ二万二二〇四ドルの七一％である(15)。修士レベルに限れば、女性の教育達成が男性に近づいてきたことは、明らかに女性の労働市場参入増に影響を与えている(16)。しかし、教育達成の平等化は賃金の男女差にも影響を与え得るにもかかわらず、現在まではほとんど変化をみせていない。その理由のひとつには、専門的な（教育学、人文学、家政学、図書館学、健康科学などの知識を要する）サービス業の三分の二以上を女性が占めており、これらの仕事は、逆に男性が三分の二を占める科学技術分野と比べるとはるかに賃金が低いことが挙げられる(17)。女性の高等教育の効果が、性別職域分離によって打ち消されてしまっているのである。一九八五年には、大卒以上の学歴をもつフルタイムの白人女性の平均賃金は二〇〇〇ドルで、これは高卒の学歴をもつにすぎない白人男性の平均よりも低い金額である。さらに、何らかの大卒資格をもった黒人女性の平均賃金は、小学校しか出ていない白人男性の平均よりも僅かに低い(U.S. Department of Commerce, Bureau of the Census 1986)。

　教育達成にかかわらず、女性は男性に比べて補助的業務、たとえば、秘書やタイピスト、司書といった、たいていの場合は昇進の見込みもない職に就く傾向が強い。一九八五年では、この分野で働く男性がすべての男性被雇用者の六％に満たないのに対して、女性被雇用者のほぼ三〇％がこの分野で働いていた[18](U.S. Department of Commerce, Bureau of the Census 1987)。一九六〇年代後半(一九六三年の平等賃金法、および一九六四年の公民権法第七編の施行以降)から一九七〇年代の職場に関する調査は、製造業と非製造業の双方において、男性と女性が平等に同じ肩書きの職に就くには女性の九〇％以上が転職しなければならないほど、特定の職における性別分離が広くおこなわれていたことを明らかにしている。よくあることだが、職場には男女双方を含めるのにたったひとつかふたつの職種しか存在しないこともある。そのうえ、同一の職種にもかかわらず、男性と女性の賃金に大きな開きがあることが近年の研究によって明らかにされている。一九八五年では、女性秘書が週に中央値で二七八ドル稼いでいるのに対して、男性秘書は三六五ドルを稼いでいる。さらに、秘書よりも賃金の低い細分化された二四の職業をみてみると、すべてのケースにおいて男性は女性秘書よりも多く稼いでいた。実際、ある企業は特定の職を男性に割り当て、別の企業は同じ職を女性に割り当てており、それに従って給与も変わる。それゆえ、「ある組織におけるある職位の賃金水準は、雇用者がそこに女性を割り当てるか男性を割り当てるかによって決まる」[19](Bergmann 1986: esp. chap. 6. 統計と引用は pp. 121, 133)。バーバラ・バーグマンは性別職域分離に関する詳細な研究を元に、次のように結論づけている。

女性は、いわゆる「労働市場の芝」から得られる不当な分け前から閉め出されている……男性と女性の労働市場における供給と需要は、差別によって強烈な影響を受けている……労働市場経済から得られるべき分け前からの女性の排除によって、本来たったひとつであるべき労働市場がふたつ作られている。一方の性や他方の性に対する仕事の差別的な割り当てによって、それぞれの労働市場での需要の水準が決定されている……それゆえ、女性は自らの労働を買いたたかれなければならないのである。(Bergmann 1986: 125-126)[20]

したがって、職場における差別はそれ自体非常に重要なものである。のみならず、すでに示したように、性別職域分離のなかには、男女がそれぞれの社会化の過程と、とりわけ家族のジェンダー構造にかかわる知識にもとづいておこなってきた個人的な選択の結果に帰せられる部分もある。M・リフカ・ポラトニックは、近著でこの状況を次のように要約している。

女性が経済的にも職業的にも男性に対して不利な立場に置かれるのは子育て期間だけではない。というのも、ほとんどの女性の人生は、すでにこの子育て期間の予期によって構成されているからである。家族や友人、カウンセラーからの「親身なアドバイス」、あるいはまた、学校や労働市場での差別的な実践によって、女性は将来の子育てと両立可能な仕事や関心へと駆り立てられ

ていく。(21) (Polatnick 1983: 28)

それゆえ、たいていの女性が、たとえ結婚前であっても、結婚に際してより脆弱になり、もし結婚生活が破綻するようなことがあれば何よりも脆弱になるような経済的な地位に身を置くのは、不思議なことではない。離婚後、女性は何の準備もないままに、自分と自分の子どものために稼がなければならない立場にいることに気づかされるのである。

結婚のなかの脆弱性

結婚は、結婚の予期とそれにもとづく性別職域分離によって、不平等のサイクルを駆動し続けている。部分的には社会におけるジェンダーに関する想定のみならず、すでに女性が職場で不利な立場に置かれがちであるという事実によって、結婚に際して、妻は夫のように夫婦関係における有利な条件leverageをもってスタートするわけではない。以下で示すように、夫婦どちらの職業生活や仕事上の必要が優先されるべきか、家庭における不払い労働がどう配分されるべきかといった疑問への答えは——もし単純に性別によって決められるべきと考えないとしても、これらは依然として結婚生活の重要な問題である——夫婦間の賃金獲得能力の差異から大きく影響を受けやすい。たとえ初めは仕事上の成功に野心を燃やすフルタイムの労働者であったとしても、職場における性差別と賃金格差のせいもあって、多くの場合、妻は夫のキャリアにより高い優先順位をつけるほうが自らの利益になると気づいていく。それゆえ、妻は世帯における伝統的な性別分業に疑問を投げかけるインセンティブをほとんどもたない。このことは翻って、彼女自身が賃労働へコミットすることを制限し、職場におけるジェンダー構造に立ち向かうことの意義や動機をも挫いてしまう。それゆえ、職場におけるフラストレーションと無能力感にうちひしがれたあとで、わたしたちの社会がフルタイムで働く母親に払う敬意の乏しさに憤りながらも家庭へ向かった妻は、家庭を守ることの利益がそのコストに比べて大きいと感じるかもしれない(Gerson 1985: chap. 5 and 130–131)。

したがって、職場と家庭における男女間の不平等は、相互に補強しあい、相互に悪化させあっている。職場における男女間の不平等に関して競合するふたつの説明から、必ずしもひとつを選ぶ必要はないのである。すなわち、女性はその家族生活の期待のために、自ら低賃金で先のない職業や特定の仕事を選択するという「人的資本アプローチ」[22]と、女性労働者の責めに帰すことができない要因をより重視する「職場の差別アプローチ」の、双方が関連し合っている。ジェンダー構造化された結婚とその予期が中心的な重要性をもつとすれば、むしろ、ふたつのアプローチが相補的に現代の女性の不平等を説明するだろう。権力関係のサイクルと、家族と職場に浸透した決定、そして両者における不平等が、すでにある関係をさらに強化してしまっている。もし家庭と職場の双方の領域で女性が真に平等な参加の機会を得るべきだとすれば、この事実を見据えることなしに、何を変えていくべきかに正面から取り組むことはできないだろう[23]。

人的資本を論じる理論家は、女性の労働市場に対するコミットメントを単なる自発的な選択の問題と捉えているために、家庭内の権力の不平等という事実を見落としているか、ほとんど無視してしまっているようにみえる。家族を理想化した規範理論家と同じように、彼らは利害対立の可能性と、それゆえ家族の「内部で」生じる正義の問題と権力の不均衡の問題に気づくことができない。このことは人的資本論が、妻が働くか否かという問題を、家族全体におけるコストとベネフィットの総和という観点からみていることを意味している。[24] 彼らは、もし妻の有償労働によって妻がもっぱら家事をおこなう場合と比べて（たとえば、収入や余暇時間といった点で）家族により大きな利益をもたらすならば、彼女と彼女の夫の合理的な選択として仕事をすべきことになる。もし計算結果が逆になれば、彼女は働くべきではないことになる。しかし、単純に家族の「善の総和」を想定することは、妻も夫と同じように、たとえば自分自身のキャリアの向上に関する独立した利害や、職場における人との接点への欲求をもっているかもしれないのであり、このことにより、たとえ家族が全体として生活が困難になるという計算をはじき出したとしても、働きたいという動機をもつかもしれないのである。さらに人的資本論は、余暇や収入の使い道についての影響力といった財は、家族内部で決して平等に分配されるわけではないという事実を見落としている。また、妻が働きに出るか否かの決定に対して夫が行使する強い影響力は、世帯における福祉の総和への関心によってではなく、少なくとも部分的には、家族の大黒柱であるという威信から生じる権威や特権を保持したいという、彼自身の欲求によって動機づけられているかもしれない。[25] したがって、労働市場に出るという既婚女性の決定は、それが実際に「選択」である場合であっても、人的資本論が示唆するようには、単純な選択でも自発的な選択でもない。

加えて、家庭役割を優先する女性が労働市場で被る相対的な不利益をなんとか説明しようとする人びとは、少なくとも部分的には因果関係が逆である可能性を考慮しようとしない。しかし、家庭を重視したいという女性の「選択」や子どもをもつか否かに関する「選択」でさえも、少なくとも部分的には、しばしば起こる職場からの排除にも起因していると考えるのに十分な証拠が存在する。キャスリン・ガーソンの研究によれば、普通本人はそのつながりを意識していないが、ガーソンが対象とした女性の多くは、仕事を辞めて家庭で子育てをすることを選んだのは、当時の仕事に先がないことにストレスを感じていた時期と重なっている。逆に、はじめから自分自身を家庭重視と考えていた女性で、さまざまな場面で伝統的に女性的な仕事を選んできた女性であっても、予期せぬ割のよい昇進や昇格の機会が目の前に現れた場合には、自らの家庭重視の姿勢を反転させる者もいた(26)(Gerson 1985: chaps. 5 and 6)。

たとえ人的資本論にかかわるこれらの問題が存在しなかったとしても、わたしたちは依然として人的資本論によってせいぜい男女間の賃金格差の半分しか説明できないという事実に直面することになる。白人男性と黒人女性の差異を問題にする場合には、その七〇%が説明できないままである。いかなる技能、経験、教育の水準でみても、男性は女性よりもはるかに稼いでいるのである。人的資本論のアプローチが抱える基本的な問題点は、他の新古典派経済学の理論とほぼ同様に、人びとの選択に課せられた複合的な制約に、あまりにもわずかな関心しか払わないことである。また、職場と家庭の双方における男女間の権力の差異にも、わずかな関心しか払っていない。それゆえ、人的資本論は、女性の職場に対する関与と愛着とが、大部分が彼女自身のコントロールを超えた多くの要因から強い影響を受けていることを無視してしまう。これまでみてきたように、労働市場における女性の相対的に不利な地位と低い賃金によって、彼女は自らの人生をより「先のない」ものにしないための選択として、専業の母親と家庭生活を選ぶことになるかもしれない。また、女性の不利な地位と低賃金によって、もし彼女が自分の家庭において伝統的な性別分業に抵抗し、より平等に家事育児責任を担うことを強く主張したいと考えたときに、夫と交渉するための権力が奪われてしまうかもしれない。夫が稼ぎ／妻が育てるという役割は、家族というユニットにとって効率的であり、経済合理的であるがゆえに異論の余地のないものであるという考えに、現に夫と妻の双方がどれほどしがみついているのかを強調する人もいる。働く女性が増大しつつある現在、彼らは一歩下がって、今なおつづく性別職域分離がどれほど世帯における性別分業の存続に役立っているかを考慮に入れる必要があるだろう。

家事と脆弱性のサイクル

ほとんどすべての家族において、女性が男性に比べてはるかに多くの家事と育児をおこなっていることは何ら不思議なことではない。しかし、一部のフェミニスト研究者の周辺を除いて、家族のなかの賃労働と不払い労働の分配が正義論の重要なテーマとして取り上げられることはほとんどなかった。そもそも、なぜそうすべきなのだろう？　もし二人の友人が、それぞれ主要な責任をもつ業務に分担して当たる場合であれば、一方が他方にあからさまな強制を加えているのでもないかぎり、「不正義」を訴えるようなことはまずないだろう。しかし、少なくとも以下の三つの点において、世帯内部の分業はその他の分業と比べて非常に特殊な状況にあり、明確に正義の問題に属している。第一に、家族内部の不平等な労働の分配は、生まれもった特性〔性別〕と強く関連しており、それゆえ正義の理論はまさにこの問題にもっとも強い関心を向けてきたようである。ほとんど自動的に、片方により多くの賃労働を、もう片方により多くの不払い労働をという割り当ては、結婚ないし同棲中の異性愛カップルを除いたいかなる関係においても明らかに奇妙なものである。[*4] ひとつには、この節でみていくように、こうした割り当ては権力の分配に強い影響を与えている。賃労働と不払い労働の不公平な分配が、結婚の形態によって異なる帰結を導くとしても、重要な意味をもっていることに変わりはない。第二に、決して常に絶対的なものではないとしても、伝統的ないし準伝統的な結婚における分業は、かなり包括的なものにもなりがちであり、長期にわたって継続するのが普通である。多くの場合、少なくとも子どもの長い乳幼児期をすっぽりと包み込むことは言うまでもなく、就学前の時期に収まることはまずあり得ない。第三に、このことの結果でもあり、賃労働の構造と要求の結果でもあるのだが、世帯内の分業は結婚した女性、とりわけ母親になった女性の人生に長期にわたる影響を残す。それは、婚姻における力関係から家の外での生活におけるさまざまな機会に至るまで、彼女の人生のあらゆる側面に影響を与えるのである。家族内部の性別分業は、各々の家族成員の物質的、精神的、身体的、知的な幸福 well-being に深刻な陰を落とす。家族内部のこうした性別分業の問題に立ち向かわない限り、なぜこれほどまでに多くの女性と子どもたちが貧困に喘いでいるのか、あるいは、なぜ女性が政治的・経済的に重要な地位を十分に占めることができないのかという問題に取り組み始めることさえできないのである。したがって、これ自体は単に正義の問題であるだけでなく、子どもにとっての（それも、とりわけ女の子にとっての）機会の平等を含む、正義に関する他の重要な問題の根源を問うものであり、広い意味での政治的正義にかかわるものでもある。

家事をめぐる正義の問題は、どちらがより多くを負担するかといった単純なものではない。たとえば、平均的にみれば、夫とともに暮らす妻は、夫よりわずかに多くの仕事をおこなっているにすぎない[27](Fuchs 1988: 77-78)。のみならず、このような平均化は結婚生活における量的にも質的にも多様な家事の分配のあり方を歪んでみせてしまう。以下では議論のために、夫婦をふたつの主要なカテゴリに分類してみよう。すなわち、「主に家事をおこなう妻」(専業主婦と兼業主婦とを問わない)のいる夫婦と、「主に賃労働をおこなう妻」(正規雇用と事実上のフルタイムとを問わない)のいる夫婦の二種類である。双方のカテゴリにおいて、仕事の分配(有償か無償か)、収入、権力、職業選択の機会、自尊心と自己評価、そして退出可能性についてみていく[28]。追って、どちらのカテゴリの女性も、ある意味で別種のパターンの不公正と脆弱性を経験していることが分かるだろう。しかし、稼ぎからかなりのサービスを購入できるごく限られたエリートカップルの場合を除いて、家族内の典型的な分業は決して公正なものとはみなせないのである。

【主に家事をおこなう妻】　アメリカ合衆国においてーー夫と同居するおよそ五分の二の既婚女性のようにーー女性が専業主婦の場合、総労働時間の平均は、雇用されて働く夫を下回る。夫の週六三・二時間に対して、妻は週四九・三時間である。このことは妻がパートタイム(通勤も含め週三〇時間以下の労働と定義される)で働いている場合にも当てはまるが、その場合、週の労働時間の差は八時間まで縮まっている[29]。もちろん、このことは部分的に、現在の家事・育児にかかわる労働が、家事を省力化してくれる家電製品の登場や子ども数の減少によって、かつてほど骨が折れるものではなくなったためでもある。しかしながら、手のかかる子育ての初期段階では、専業主婦(あるいはパートタイムで働く妻)が、賃労働に携わる夫とトータルでほとんど同じ時間働いているのは驚くべきことではない。しかし、家族内の分業が公正なものか不公正なものかを見極めようとする場合、とりわけ、女性の脆弱性を生み出すサイクルの問題との関連においては、なされた仕事の量は考慮すべき数ある重要な変数のうちのひとつにすぎない。

労働の質に着目すると、主婦が担う役割にはあまりも不利な点が多いことが分かる[30]。ひとつに、主婦の仕事の大半は退屈なものか不快なものか、あるいはその両方である。ある調査によれば、男性であれ女性であれ、ほとんどの人が掃除、食品の買い出し、洗濯といった家事の多くの割合を占める作業を好きではないと答えている。家でおこなわれる仕事のなかでは、料理は比較的好まれ、子どものケアはいっそう好まれており、こうした傾向はどちらの性別についても言える(Bergmann 1986: 267)。しかし現実には、こうした家事の区別は単なる仮定の話に過ぎないのであって、たいていの母親は子どもの世話をする傍ら、掃除、買い物、洗濯、そして料理を同時にこなしている。多くの賃労働者もまた、大半は退屈で繰り返しの多い仕事に従事している。しかし、母親でもある専業主婦の仕事はさらに別の不利な点も備えている。ひとつに、家でおこなわれる彼女の仕事はスケジュールなどあってないようなものである。高級官僚を除くほぼすべての仕事とは異なり、彼女は一週間休み無く昼夜無関係に呼び出しを受ける。もうひとつに、彼女は他のほとんどの仕事と同じようには、仕事を変えることができない。夫と子どもたちは彼女がなす仕事のすべてに依存している。彼女が外で働くことが禁じられているわけではなく、推奨されないわけではない場合であっても、代わりの誰かを探すことは困難であるか、あるいは高くつく。彼女が家のなかで身につけた技術と経験は、彼女が仕事を探す際に評価されることはない。さらにまた、以下で詳しくみていくように、一度でも主婦役割を引き受けてしまうと、彼女はこの負担を部分的にでも、再び夫に投げ返すことが非常に困難だと知る。このように、主婦になることによって、妻は自分自身を支える能力を損なうだけでなく、将来にかかわる人生の選択肢をせばめてしまうのである(Weitzman 1985: esp. xi, 35)。

主婦であることによる不利益の多くは、直接的にであれ間接的にであれ、彼女の仕事が無償であることに起因しており、これは夫の五分の四が有償の仕事に就いていることとは対照的である。このことは一見すると、大した重要性をもたないように思われるかもしれない。もし妻が結婚をつづける限り、普通は夫の生活水準をおよそ共有するとすれば、誰が収入を得るかは重要な問題だろうか。それは以下の理由によって非常に重要な問題なのである。わたしたちが暮らす高度に貨幣中心的な社会においては、主婦の労働はその価値を貶められている。実際のところ、次世代市民の育成と社会化の大部分が担われているにもかかわらず、個人的なレベルにおいても政策的なレベルにおいても、主婦の労働はしばしば仕事とさえみなされず、生産的であるとも考えられていない。このことは、「主に家事をおこなう妻」の家族内での権力と勢力にも、彼女の社会的地位が大部分夫に依存する事態にも影響している。それは、結婚が継続する限りは言い立てるような大した問題ではないかもしれないが、しかしもし結婚が継続しなければ、彼女を著しい依存状態に追い込むような状況である。[31]

同様に、結婚したカップルは物質的な福祉を共有するとしても、専業主婦ないしパートタイムで働く主婦は自分で自由にできる十分なお金をもたないために、とりわけ夫との関係が上手くいっていない場合には、夫から馬鹿にされてイライラを募らせる軽いレベルからズタズタに傷つけられるレベルに至るまで、さまざまな困難に直面する。お金は、家事の問題に勝るとも劣らず、夫婦にとって諍いの種である。(32) バーグマンが自分の学生に対しておこなった非公式の調査によれば、夫に対して常にお金を要求できる地位にある専業主婦は二〇%であった。成人が経済的に依存状態にある場合の心理的影響は甚大である。五〇年前にヴァージニア・ウルフが指摘したように、自分自身をどう評価してよいか分からない男性は、自分が妻の収入に依存している姿を想像してみればいい(Bergmann 1986: 211-212; Woolf 1938: 110, 54-57)。経済的依存の負の側面は、離婚の場面にも影響する。すなわち、離婚前の深刻な状況において、裕福な男性と結婚していた妻の多くでさえ、今後の経済的な基盤をめぐって闘うために夫の資産をリストアップする費用に事欠くのである。

最悪のケースにおいては(それほど珍しいわけでもないが)、妻の経済的依存状態が日々の物理的な安全に深刻な影響を与えることもある。リンダ・ゴードンが近年の研究で結論づけたように、「妻への暴力の基礎は男性支配である。すなわち、男性が体格的に恵まれていることでもなければ暴力的な性向でもなく、……社会経済的、政治的、精神的な権力によるものである。……妻への暴力とは、権力関係において劣位にあるがゆえに抵抗を封じられた者に対する継続的な暴行である」(Gordon 1988: 251)。妻への虐待も児童虐待も、夫や同居する恋人への経済的依存が強まるにつれて、明らかに悪化する。多くの女性、とりわけ幼い子どもを抱えた専業主婦は、子どもと自分とを十分養うに足る手段をもたないために、自分自身か子どもかあるいは両方が深刻な虐待を受けている状況から抜け出せないことがしばしばある。物理的・性的攻撃といった目にみえるかたちでの虐待の危険の高まりに加えて、自分が遺棄された場合に被る経済的その他の苦境への恐怖によって、妻は夫の不貞に耐えざるを得なかったり、望まない性的行為を強制されたり、事実上の遺棄を含む精神的虐待を受けたりもする[33]（Bergmann 1986: 205–206; Sidel 1986: 40–46）。「主に家事をおこなう妻」は、自分自身の自由になるお金や収入をもたないという事実は必ずしも重要ではないが、とりわけ結婚の決定的な局面においてはきわめて重要な意味をもつこともあり得る。

最後に、後に詳しく議論することになるが、今やほとんどの州で妻が同意しなくても離婚できるようになった現在、夫と妻の稼ぎの差は、離婚に際して、彼女と子どもたちにとって致命的な問題になり得る。この事実は、夫と妻の結婚からの相対的な退出可能性にも大きな影響を与えているのだが、婚姻が継続するあいだも、夫婦間の権力の分配にも、翻って賃労働と不払い労働の分配にも影響していると言うべきだろう。

【主に賃労働をおこなう妻】　働く母親を含む既婚女性の労働市場への参加が進んでいるにもかかわらず、「働く妻は依然としてほとんどすべての家事責任を担い続けている」。働く妻は、主婦ほど多くの時間を割くわけではないが、「依然として家庭でなされるべきあらゆることをおこなって」いる。専業主婦との差分は、男性の家事参加の増大によってではなく、家事レベルの引き下げ、子どもによる手伝い、外食や冷凍食品を含むサービスの購入、そして、エリート層においては有償の家事手伝いによって説明される。したがって、夫婦間の有償労働の分配は大きく女性側にシフトした一方で、不払い労働の分配は大きくは変化しなかったし、「家事を平等に分担する夫婦は依然として稀」である[34]（Bergmann 1986: chap. 11; Bianchi and Spain 1986: 231–240; Blumstein and Schwartz 1983: 144–148; Gerson

1985: 170)。すべての「家族の仕事」(家事、子育て、庭仕事、修繕など)に費やされる時間の男女差については、研究によってまちまちではあるものの、フルタイムで働く夫はフルタイムで働く妻に比べてせいぜい半分の時間にとどまり、また、この不均衡はもっと大きいとする研究もある。

バーグマンは、「フルタイムで働く妻をもつ夫は、専業主婦の妻によって維持される家庭の夫と比べて、一日あたり平均して約二分間多く家事をおこなっているが、たったプラス二分では半熟卵を茹でるにも十分ではない」と報告している[35](Bergmann 1986: 263)。仕事をもたない夫であっても、週四〇時間働く妻と比べてずっと少ない時間しか家事をしない。労働者階級の夫は、家庭のなかの平等な夫婦関係にとりわけ声高に反対しており、ほとんど家事をおこなわない。しかしながら、一般的には妻が夫と同様の高収入でステイタスの高い職業に就いている場合を除き、夫の収入と職業ステイタスは家事・雑事への参加と逆向きの相関を示している。投入された時間となされた雑事を計測してみると、家事の平等な分担を公言してはばからない夫の多くが、実際には妻よりはるかにわずかしか家事をしていないことが分かる。多くの場合、平等主義的な態度は、実際におこなわれる家事の量とはほとんど、ないしまったく関係がなく、しばしば「責任の分担という考えは、神話に過ぎなかったことが明らかになる」[36](Blumstein and Schwartz 1983: 145)。

研究者のなかには、こうした事実を、権力の不平等や搾取であるとみなしたがらない者もいる。彼らはむしろ、伝統的な性別分業パターンへの固執の単なる現れとして解釈するか、あるいは、家族の総効用を増大させるという点で効率的(夫の時間は家事に費やすにはあまりに価値がありすぎる)なものであるとして正当化することを好む[37]。しかしながら、夫をはじめ、賃労働に従事する女性とともに暮らすその他の異性愛男性がより多くの家事をしないのは、彼らが望まないからであり、彼らが相当程度まで意志を貫徹することができるからである。〔そもそも〕いったいどうして、家事の不平等な割り当てが等しく女性の選択でないと言い切れるのだろうか。第一に、ほとんどの人は面倒な家事の多くを好んでおこなわないからである。第二に、賃労働に従事しながら家事の六〇％以上をおこなう妻の半数近くが、夫により多くの家事を担って欲しいと考えているからである(Bergmann 1986: 267–268, 350 n. 9)。第三に、妻よりも多くの給料を稼ぎ、ステイタスの高い職業についている夫(共働き夫婦の大部分を占める)は、もっと家庭の仕事をして欲しいという妻の要望を拒絶できるだけの強い立場にあり、実際にもっとも家事をおこなわないのは、もっとも高いステイタスの職業をもつ夫だからである。ほとんど争いがなかったとしても、あるいは、女性がより多くの家事をすべきだと夫婦が同意したようにみえたとしても、それは稼ぎが少ない方ないし低いステイタスの仕事についている方が、家庭でより多くの不払い労働を担うべきとする広く浸透した考えにしばしば影響を受けているのである。しかし、わたしたちの社会における男女間の賃金と仕事の偏った分配がほとんど女性のコントロールを超えていることによって、こうした基盤上で下される見かけ上は争いのない決定が、妻の側から真に自発的なものとみなせるはずがない[38](Blumstein and Schwartz 1983: 139–154, esp. 151–154)。最後に、ほとんどの男性による家事への抵抗は十分に報告されており、より多くの家事を男性がおこなうほど、いっそうカップル間の争いの原因になるという事実も明らかになっている。ブルームスタインとシュワルツは、調査対象のうち、いくつかのカップルが別れた原因を調査するなかで、次のように述べている。

婚姻および同棲カップルのなかでも、家事は争いの原因のひとつであり、……女性はパートナーが彼女に望むよりも少なくしか家事をしないとみなされたとき、関係は必ず危険にさらされる。しかしながら、男性は半分の量の家事さえしないことが多いにもかかわらず、公平な分担に満たない家事しかおこなっていないとみなされたとしても、カップル関係に影響を与えることはない。女性が家事の公平な分担を達成しつつ関係を維持するのは、容易なことではない。(39)［強調引用者］

(Blumstein and Schwartz 1983: 312)

結果として、男性も女性もフルタイムで働く世帯、なかでも有償の家事手伝いやその他のサービスの購入が現実的な選択肢とならない世帯の多くでは、夫婦間の不平等な家事の分担が、両者によってなされる労働の量とタイプに大きな不平等をもたらすことになる。「召使い妻 drudge wives」とは、バーグマンがこうした世帯の女性につけた呼び名であるが、夫と比べてトータルでより多くの有償／無償の労働をおこない、その差は平均して夫が週六四・九時間に対して週七一・一時間に上る。しかし、ここで何より重要なのは、夫と比べて妻の労働のうちのはるかに大きな部分が支払われていないという事実である。彼女は平均して週四三時間の賃労働に対して週二八・一時間の払われない「家族」の仕事をおこなっているが、他方、夫は平均して週五五・八時間の有償労働に対してわずか週九・二時間の無償労働しかおこなっていない(Bergmann 1986: 263 table 11.2)。家事および共働き夫婦における家族の仕事の不平等な分担の影響は、妻が賃労働に投入するために残しておける時間とエネルギーが、夫に比べてはるかに限られてしまうという点にも現れる。かつて、家族内の伝統的な性別分業が十分に広く浸透していた時代にあっては、責任と専念を求められるあらゆる仕事は、家庭や子育てに関する日々の責任と両立不可能であると考えられていた。このことが、男性が家事や育児の責任を分担できず、また期待すべきでもないと考えられ、主張されてきた理由でもあった。[40] しかし現在では、経済的必要に迫られてやむなくか、男性なら選ぶ必要のない子どもか仕事かの二者択一を拒絶した結果としてかは別として、多くの女性がなんとか両立しようと試みている。[41] 彼女たちが膨大な時間を家庭と子どもたちに投入せざるを得ないにもかかわらず、職場においては、自分たちと似た共働き家庭の夫のようにはるかに少なくしか家事を担わない男性との競争にさらされるだけでなく、専業主婦やパートタイムで働く主婦に支えられた夫たちとも競争しなければならない。彼女たちが成功する見込みは、こうした事実に重大な影響を受けている。

女性と賃労働

正義の理論家たちがほとんどその存在を無視してきたのとは異なり、女性だけが負う二重の負担とその効果は、フェミニストによって昔から認識されてきた。主として家事と育児の不平等な分配のために、既婚女性の労働力としての機会は男性と比べてはるかに重い制約を課せられている。ガーソンが指摘するように、「[女性が]働いているという事実だけでは、重要な社会的変革を意味しない」のである。今日の女性は、一世代前ほどはパート労働や単発的な労働に従事することは少なくなったにもかかわらず、今でも女性の就労率が増加しているほどには、女性の労働に対する意識や地位は上昇していない (Gerson 1985: 128–129)。労働に対するコミットが低いために、パートタイムで働いたり、家族のニーズを満たすだけで年を重ねたりするほどに男女の賃金格差は開いていく。フルタイムで働く女性と男性の平均賃金の差は、二一―二九歳で八三対一〇〇だが、四五―六四歳までには六〇対一〇〇にまで拡大する。[42]

被雇用者としての妻に課せられた制約は、多くのフルタイム労働者には、何らかの方法で育児の主たる責任を担う「誰か」が、少なくとも一日に何時間かは家にいると考えられていることで、ますます厳しいものになる。通常のフルタイムの労働時間と、子どもが学校に通っている時間と、休暇のあいだのズレには、伝統的ないしそれに準じた性別分業があきらかに想定されているし、多くの経営よりの上級職に求められる広範な地理的移動も同様である。また、まさに子育てにもっとも手がかかる時期にもっとも多くの仕事を要求されるという職業構造も、性別分業を暗に前提としている。研究職と法律職のふたつは、まさにあからさまな例である。すなわち、研究職におけるテニュアや法律家にとっての共同経営者の地位が与えられるのは、典型的には三〇―三五歳のあいだであり、喜んで育児責任の大半を引き受けてくれる配偶者をもたない専門職の親(常にほぼ女性)にとっては明らかに差別的な効果をもっている。

ほとんどの賃労働は、主として女性によって担われている子育て責任と両立不可能にできているため、フルタイムで働く女性(特に既婚女性)は、男性よりもはるかに少ない。一九八四年前後では、子どものいるすべての夫のうち七七%がフルタイムで働いているのに対して、妻の場合はたった二七%に過ぎない[43](Ellwood 1988: 33 table 5.1)。家庭での仕事の必要を考えれば、子どものニーズを満たす唯一のまともな選択肢は、職場に割り当てていた時間を家庭に向けることだと結論づける母親もいる。

別の母親は、パートタイムで働くことを選ぶ。しかし、現在の職場の構造と傾向を前提とすれば、どちらの選択によっても、深刻で長く尾を引く帰結をもたらすことも少なくない。自分たちのキャリアという資産への投資は、たいていの夫婦が所有するもののなかでずば抜けて価値のあるものである。妻がパートタイムないし散発的な労働に従事すればするほど、彼女の潜在的なキャリアは減損してしまい、ますます夫のキャリア資産に依存するようになる。たとえ妻が自分のキャリアを維持している場合でも、時間、あれこれ心配しなくていい自由、教育訓練、地理的移動性といった夫の仕事上の必要性が、優先順位の上位を奪ってしまう。これは、平等主義的なイデオロギーをともに受け入れ求めようとする共働き専門職カップルにさえも、ときに当てはまる(44)(Wallston, Foster and Berger 1978)。雇用という外部世界との関係では、夫と妻の平等というのは神話に過ぎない。典型的には、労働者としての女性は、結婚それ自体によってハンデキャップを背負い、結婚生活が末永くつづくほどにいっそう重荷は増していくのである(Weitzman 1985: xi-xviii, chaps. 5, 7, and 11 passim)。

家庭の中の権力

婚姻関係における権力を扱った研究は非常に少ない。少ないなかでも、最近までもっとも頻繁に引用されてきた文献のひとつに、ロバート・O・ブラッド・ジュニアとドナルド・M・ウルフによる『夫婦』がある(45)(Blood and Wolfe 1960)。この本から学ぶところは多いものの、現在ではすでに時代遅れになっているだけでなく、発見を解釈する彼らの方法には問題がある。この研究自体、その発見によってのみならず、その発見が穏当な男性優位は望ましい家族規範であるとする著者自身の当初からの想定によって歪められ、曖昧にされているという点において、その独特の影響力を考慮すればこそ、権力とジェンダーに対する大きな問いを投げかけている。[*5] こうした想定によって著者は、彼らの指標で家族の意思決定における「相対的な平等主義」として示される穏当な男性優位を定義することになる。このような性差別規範的な想定を外して解釈し直してみれば、一九五〇年代の結婚生活に関するブラッドとウルフの研究の発見は、彼らが主張するようにアメリカの家族が家父長的で男性支配的な権威のパターンから平等主義的で共同的なものへと変化してきたことではなく、むしろ、数多くの要素によってその程度を異にしながらも男性支配の規範が存続し続けていることであろう[(46)](Blood and Wolfe 1960: 47, chap. 2)。ここでもっとも重要なのは、収入と賃労働における夫と妻の成功しやすさの不均衡である。

ブラッドとウルフは、どのような変数が家族の権力に影響を与えるのかに関する知見を紹介しながら、彼ら自信の暗黙の想定によって、またも答えから遠ざかってしまう。彼らは、権力の分配と結婚生活におけるその変動は、夫婦それぞれが家族に貢献する「資源」に影響されると結論づける。しかし彼らは、結婚における権力に影響するのは収入、成功、職業的地位といった結婚の外部の世界で価値づけられた特定の資源だけに限られていることを完全に見落としている。家庭内のサービスや、出産、子どもを育てるための能力・技術・労働は、結婚における権力とは正の相関をもたないだけでなく、実際には負の相関がある。ブラッドとウルフは、就学前児童を育てる主婦は結婚生活においてもっとも権力に乏しい時期にあり、その権力は子どもの数が増えるほど減じられていくと述べる一方で、なぜ彼女がこれほど家族に貢献している時期にもっとも弱い存在となるのかを問おうともしない。何が貢献に数えられる「資源」であるかに関する書かれざる性差別的な想定によって、彼らは妻の権力の欠如を夫に対する極度の経済的依存から説明してしまい、夫が妻に対して何らかの資源を依存していることがみえなくなってしまう。(47)

最近になってようやく、ブルームスタインとシュワルツによる『アメリカン・カップルズ』が出版されることにより、わたしたちは夫婦の意思決定の背後にある権力の布置について、広範で中立的な説明が可能になった。彼女らは数千組の夫婦に対して、「一般的に、あなたとあなたのパートナーとの関係に影響を与えるような重要な決定について、どちらが大きな発言権sayをもっていますか」という質問について九件法(五が「双方が平等に」と定義される)で答えてもらうよう依頼した。明らかに、この新しい研究がアメリカの夫婦について示したのは、かつてブラッドとウルフが発見しながらも歪めてしまったものであった。第一に、双方が平等な意思決定権力をもっていると考える夫婦の数が大きく増加している一方で、それ以外の夫婦においては女性支配よりも男性支配の明らかな傾向が見て取れた(48)(Blumstein and Schwartz 1983: figs. 1 and 2, and text pp. 54, 57)。第二に、夫婦それぞれの資源が家庭の外で評価されている場合、家族内部で価値づけられる資源よりも収入や職業威信といった資源のほうが、婚姻関係における権力の分配に重大な影響を与えていることだ。

ブルームスタインとシュワルツは、夫婦、お金、権力に関する彼らの発見を紹介するにあたり、彼らが「長く愛され続けてきた公平性に関するアメリカ的信念と、恋愛関係のなかでいかに人びとが影響を受けるか」について、調和させることはあり得ないだろうと付言している。おそらくこれは、彼女らが指摘するように、「多くの場合経済的要因が夫婦生活のあらゆる側面に侵入している」にもかかわらず、結婚と家族に関する標準的な教科書はこうしたトピックに五ページ以上を割くことはまずない。ちょうど政治と道徳の理論家たちが、正義の問題が家族生活にも適用可能であることを是が非でも認めたがらなかったように、家族を理想化し支配を覆い隠す同様の傾向は、明らかに近年までの家族社会学者をも特徴づけていた。しかし、ブルームスタインとシュワルツの研究は、「対象となった四つのタイプのうち〔レズビアン・カップルを除く〕三つのタイプの夫婦において、パートナーの稼ぎに比べて個人が稼ぐ賃金が高いほど、家族内で相対的に強い権力をもつ」ことを簡潔に示している(Blumstein and Schwartz 1983: 52, 53)。既婚女性の二六%にあたるフルタイムで働く妻が、平均して、同じくフルタイムで働く男性のわずか六三%しか稼がないために、また、賃労働に従事する(フルタイムとパートタイムとを問わず)平均的な妻が同じく男性の四二%しか稼げないために、相対的にみて平等に権力を分配していない男性支配カップルが、女性支配カップルに比べてはるかに一般的であるのは当然である(49)(Bianchi and Spain 1986: 202)。女性が賃労働に就き、とりわけその稼ぎが夫の賃金に近づくとき、夫婦の意思決定権力はより平等に近づきやすく、妻はより大きな経済的自律を獲得しやすい。男性が八〇〇〇ドル以上妻よりも多く稼ぐカップル(ブルームスタインとシュワルツの調査では半数以上を占める)において、夫は三三%のケース(平等な権力の場合と、妻がより強い権力をもつ場合とに対置される)でより強い権力をもっていた。〔逆に〕夫と妻の収入がおよそ等しいカップルの場合は、わずかに一八%の夫がより強い権力をもつに留まっていた。したがって、妻の職場での成功は、結婚生活における権力のバランスを平等化させるのに大いに役立ち、また、家事に対してほとんど払われない夫の敬意をより多く引き出すことができる。なにより職場での成功は、膨大な量の家族の仕事は妻の役割であるという期待を減少させることができる[50](Blumstein and Schwartz 1983: 53–93, 139–144)。にもかかわらず、妻によるフルタイムの仕事も、夫と同じか、より多く稼いでいても、家族内の平等な権力を保証するわけではない。というのも、こうした要因を打ち消してしまうほどに、男性稼ぎ手イデオロギーが強力に作用する場合もあるからである(Blumstein and Schwartz 1983: 56–57)。

家族においていかに権力が分配されるかに関する事実と、この事実がもたらす家事の問題に典型的な困難を考慮するならば、職場と家族における不平等が既婚女性にもたらす脆弱性が、いかに悪循環を生み出しているのかを理解するのは難しいことではないだろう。妻は多くの場合、ジェンダー差別的な伝統の力と、たいてい結婚した時点ですでに夫よりも少なくしか稼げないという事実により、二重の意味で不利な地点からのスタートを余儀なくされる。多くの家庭において、山積する世帯内の不払い労働を誰が引き受けるのかについてはおそらく議題にすら上がらず、代わりにこれらのふたつの要因によってもっぱら想定されることになる。この「非決定」要因によって、決定をめぐる配偶者の個々の影響力を問わない婚姻内権力の研究は、決定されたものとして意識に上ることがまったくない負担と受益の分配を無視してしまうがゆえに、不十分なものにならざるを得ない[51]。

一方で、夫婦のどちらがどの程度の時間を賃労働に捧げ、どの程度を家庭内の労働に費やすかについては、諍いを生じやすい。これは、夫の場合についてはほとんど常に当然のこと(「不決定」)とみなされているにもかかわらず、妻の場合はそもそも仕事をもつべきか否かについて意見が対立する場合を考えてみればいいだろう。比較的高い賃金を稼ぎ、はるかに少なくしか家族の仕事を担わない夫の方が妻よりも賃金、勤続年数、就業上の地位を向上させやすいため、それに従って家族内の権力が増大する傾向にある。したがって、実際にありがちなように、もし家族内における伝統的ないし準伝統的な性別分業を維持しようと思うならば、彼は現にそうすることが可能なのである。このことは、必ずしも絶えざる争いを引き起こすわけではなく、軍配は常に男性に上がる。彼の「男性」としての権力と、賃金による権力との結びつきがあまりにも強力な preeminent ために、分業の問題は持ち上がることさえない。どちらの場合でも、妻が新たに仕事を始めたり、より多くの時間とエネルギーを今の仕事に費やしたりするために、夫にこれ以上の家族の仕事の責任を割り当て直すのは難しいと知ることになるだろう。加えて、伝統という名の重荷と、彼女自身に内面化された性別役割により、彼女の変化に向けた力はいっそう挫かれてしまう。

別居と離婚による脆弱性

夫婦間の受益と負担の不平等な分配の影響は、家族からはじき出された女性と子どもがますます増えていることからもっとも強烈かつ直接に感じ取ることができる。一九八五年には、結婚歴のある白人女性の二八%と、同じく結婚歴のある四九%の黒人女性が、別居しているか、離婚したか、夫と死別していた(U.S. Bureau of the Census, Current Population Survey 1985)。配偶者の死、離婚、あるいは別居による婚姻の破綻は、男性にとっても女性にとっても同様にもっとも重い精神的な負荷のかかる人生上の出来事の常に上位を占めている(Weitzman 1985: 349 and refs.)。しかし、女性の人生において、こうした出来事に起因する個人的関係の破綻は、これにつづく深刻な社会経済的衝撃によってしばしば悪化してしまう。

合衆国では、離婚によって毎年三〇〇万人もの男性と女性、そして子どもたちがそれまでの生活をつづけられなくなっている(52)(Weitzman 1985: xvii)。既婚女性一〇〇〇人に対する離婚率の年次推移をみてみると、一九六〇年の九・二人から一九八一年の二二・六人へと上昇しているが、一九八〇年代に横ばいになって、わずかに下落してもいる。一九七〇年代の全婚姻のうち半分が離婚に終わると予測され projected、一九八〇年代初頭に生まれた子どもの五〇―六〇%が一八歳までに両親の離婚を経験すると考えられる。別居と離婚の割合は、白人女性よりも黒人女性の方がかなり高く、一九八三年段階では一〇〇〇人の既婚女性に対して、離婚したのは白人女性一二六人だった一方、黒人女性の場合は一〇〇〇人中二九七人となっている(Bianchi and Spain 1986: 21-25)。一九八五年段階では、一八歳未満の子どもの約二三%がひとり親とともに暮らしており、こうしたケースの九〇%がシングルマザー家族である。一般的な偏見とは対照的に、シングルマザー家族のうち、未婚の母はごくわずかな割合に留まる。こうした女性のひとり親世帯の大多数は、別居ないし離婚の結果である(53)。

離婚率の急速な上昇だけでなく、離婚による経済的なインパクトの男女差も拡大している。離婚とその経済的な影響により、すべての子どものおよそ四人に一人が現在ひとり親世帯で生活しているが、その半数以上が所得移転を受け取った後でも貧困線以下に留まっている。さらに言えば、部分的には既婚女性の労働力率の増加により、女性のひとり親家族と両親そろった家族とのあいだの格差が拡大している(54)(Ellwood 1988: esp. chap. 5; Sidel 1986: xvi)。こうした劇的な変化は、女性と子どもの生活に対する強烈なインパクトとともに、単に従来の正義論が焦点を当ててきた男性「世帯主」のみならず、わたしたちすべてを包摂することを謳う正義の理論が取り組まなくてはならない課題である。

破綻主義離婚が離婚率の増大の原因になっているとは考えられないとしても、両当事者に対して経済的に甚大な影響を与えていることは、今やほとんど疑い得ない(55)。男性の平均的な経済状態が離婚後に改善するのに対して、女性と子どもの生活は深刻な被害を受けることは、多くの研究によって示されている。合衆国全体でみると、離婚した女性ひとりあたりの収入は、一九六〇年時点では同じく離婚した男性の六二%に過ぎなかったが、一九八〇年時点では五六%まで減少している(56)(Bianchi and Spain 1986: 30–32 and refs. 205–207, 216–218; Gerson 1985: 221–222 and refs.)。こうした事態に対する詳細な説明は、レノア・ワイツマンによる近年の画期的な研究『離婚革命』である。一九六八―一九七七年のカリフォルニア州裁判所の資料から無作為に選ばれた二五〇〇人を対象としたこの研究は、弁護士、裁判官、法実務家、そして二二八人の離婚した男女への長時間に渡るインタビューにもとづき、離婚が男性、女性、そして子どもに与える社会経済的な衝撃の違いについて記述し、説明してくれる。ワイツマンが発見した事実は衝撃的である。離婚後の最初の一年で、離婚した女性の生活水準が、世帯規模を勘案しても平均して七三%まで下落するのに対して、離婚した男性の生活水準は平均して四二%上昇するというのである。ワイツマンは言う。

ほとんどの女性と子どもにとって離婚が意味するのは、社会的および経済的な意味での急激な下降移動である。収入の低下によってより条件の悪い家に引っ越すことになり、休養や余暇のための資金は大幅に縮小されるか完全に削減され、時間とお金の不足により強烈な日々のプレッシャーへと追い立てられることになる。さらに、財政的な困難は社会的な断絶と、これまで情緒的サポートや社会サービスを提供してくれた親密なネットワークの喪失を引き起こし、女性と子ども双方にとっての精神的なストレスはいっそう苛烈なものになる。社会的なレベルでは、離婚は女性と子どもの貧困を増加させ、一方で離婚した男性の暮らし向きと、他方で子どもたちと元妻の暮らし向きのとのあいだに、これまでになく深い溝を作り出す。(57)（Weitzman 1985: 323）

ワイツマンの発見は、一部には不審をもって迎えられた。たとえば、共同体の脆弱なカリフォルニアはいわば例外であり、この数字を合衆国全体に正しく当てはめることは不可能だという主張である。しかしながら、他の州（慣習法の強い州や、都市部・農村部を含む）でおこなわれた調査においても、ワイツマンの中心的な主張は支持される。すなわち、離婚後の男性の経済状況と、女性と子どもの経済状況のあいだには、明確な差異がみられるのである。(58)

この理由は基本的に、現代の法廷はこれから離婚しようとする男性と女性を、多かれ少なかれ平等に扱うようになっているということである。もちろん、両性は社会で平等に取り扱われていないという意味でも、これまでみてきたように典型的にジェンダー構造化された婚姻は女性を社会的にも経済的にも脆弱なものにするという意味でも、離婚しようとしている男性と女性は平等ではない。平等でないものをあたかも平等であるかのように取り扱うことは、明らかな不正義の例であると長いあいだ考えられてきた。このケースでは、不正義の大部分が婚姻関係自体に起因しているという点で、特に悪質な不正義と言えるだろう。にもかかわらず、合衆国内で今日実践されているかたちでの離婚がこのような不正義を孕んでいることが明らかにされるには、長い時間を費やしたのである。平等でないものをあたかも平等であるかのように扱うというこの不正義は、いくつかの論点に分けることができる。以下で簡単な検討を加えてみたい。

第一に、離婚後の女性が不平等な地位に置かれている理由は、ほとんどすべての場合において彼女が引き続き子どもの日々の責任を担い続けるという点にある。離婚率の上昇は、ケアを必要とする子どもを育てていることの多い二五—三九歳のカップルに特に影響を与えている。そして、離婚後は子どもが父親とではなく母親と共に暮らしているケースがおよそ九〇%に上り、これは両親ともに望んだ結果であるのが通例である。単独親権を望み、また、実際に与えられる父親は相対的に少なく、また、近年増加傾向にある共同親権の場合であっても、子どもは依然として主に母親と同じ家に住む傾向にある。したがって、離婚後の母親の世帯は父親にくらべて規模が大きく、それに伴って大きな経済的ニーズを抱えているにもかかわらず、彼女の職業生活は子どもをケアする必要のために、はるかに制限されている[59](Weitzman 1985: xiii–xiv, chaps. 8 and 9; Blumstein and Schwartz 1983: 33–34)。

第二に、ワイツマンが示したように、破綻主義にもとづく離婚法は、妻がしばしば利用してきた離婚を望まない側の「罪なき」当事者としての力を奪い去ることで、離婚に際して平等な財産分与を勝ち取るための妻の能力を大幅に減じてしまう。かつては妻(と子ども)が住むための家屋を分与されたり、婚姻総資産の半分以上を受け取ったりするのが典型であったが、現在ではこの状況はひどく悪化している。カリフォルニア州では、家屋を売って売却金を分けるよう裁判所が明示的に命令したケースの割合は、一九六八年における九分の一から、一九七七年では三分の一に上昇した。この三分の一のうち六六%は、ここまで議論してきたように離婚による生活の変化からより大きな打撃を受ける未成年の子をもつ世帯である。コネチカット州ニューヘイヴンで離婚カップルに関する調査をおこなったジェームズ・マクリンドンは、破綻主義離婚のもたらす次のような効果を確認している。比較的高齢の主婦にとって、離婚に際して家屋を売るようにという命令は、結婚と、職業と、社会的地位を失うことだけでなく、長い時間を過ごした帰るべき家を一夜にして失うことを意味している[60](Weitzman 1985: 78-96; McLindon 1987: 375-378)。夫婦共有財産制をとる州での「平等な」財産分割や、あるいは、慣習法をとる州における「公平な」財産分割においてどのような事態が想定されているかはともかく、現実に起こっていることは平等でもなければ公平でもない。これは部分的に、「有形の」財産が平等に分割されるような場合でさえ、実際には家族のもっとも重要な資産の大部分ないしほぼすべてが、等式からすっぽり抜け落ちていることに起因している。こうして、現在の離婚における第三の不正義へとつながっていく(Weitzman 1985: chap. 4)。

すでにみてきたように、結婚した夫婦のほとんどは夫の仕事の遂行に高い優先順位を置いており、女性は賃労働に就いている場合でも、平均して家族の収入のほんの小さな割合しか稼がずに、家庭における無償労働の大部分を担っていることがほとんどである。典型的な結婚におけるもっとも価値ある資産は、家屋のような有形の資産などではあり得ない(というのも、仮に家を所有していても大抵は重いローンが付随している)。実際、「離婚しようとしている夫婦は、現金に換算して平均で二万ドル以下の資産しかもっていない」。平均的な夫婦が築くことができる、飛び抜けて重要な資産とは、多くの場合圧倒的に夫の側に投資される職業キャリア資源、ないし人的資本のことである。ワイツマンの報告によれば、離婚する男性は、夫婦の共同財産と同じ額を稼ぐのに、平均して一〇か月しか要しない

(Weitzman 1985: 53, 60)。このような夫婦の共同財産の重要性は強調しすぎることはないが、近年になってようやくいくつかの州で離婚調停のための共同財産に算入されはじめたばかりである。[61] 仮に伝統的な意味での「夫婦の共同財産」が等しく分割されるとしても、キャリアや人的資本といった決定的な財産が夫ひとりの手中に残される以上、決して公平なものではあり得ない。多額の有形資産に恵まれたごくわずかな富裕層を除いて、「収入、とりわけ将来の扶養費は、離婚において勝ち取ることができるもっとも価値ある権利である」(Weitzman 1985: 61, 68–69)。大部分は結婚していたころの性別分業の影響により、離婚した女性が自らの稼ぎによって生計を立てざるを得なくなるほどに、離婚前と比べても、また離婚後の夫と比べても彼女の暮らし向きはひどく悪化してしまう。多くの場合に沢山の訓練や経験を積んでいない女性にとっては、もっとも稼ぎがよい最低賃金前後のフルタイムの仕事であっても、貧困から抜け出すには十分ではない。ビアンキとスペインによれば、「二人親世帯の場合にしばしばおこなわれる、女性による子どものための賃労働時間の調節は、その時点では経済的に合理性があるとみえたとしても、後になってまさにその女性が離婚して自分と子どもの生活を支える必要に迫られたとき、困難となって跳ね返る」(Bianchi and Spain 1986: 243, 207–211)。

破綻主義にもとづく離婚法によってますます状況は悪化しており、別居や離婚によって女性は自ら稼いだ賃金で生計を立てることを余儀なくされるようになっている。配偶者として扶養されることや、所得移転を受けることと対置されるこうした賃金は、女性によって維持される世帯の収入の大部分を占めている。一九八〇年代には、こうした女性によって維持される世帯の総収入のうち、女性の稼ぎはおよそ半分を占めていた[62](Bianchi and Spain 1986: 206)。この主たる理由は、判事が夫の稼得能力(それゆえ将来にわたって継続していく収入）こそが結婚におけるもっとも重要な共同財産であることを正しく認識したがらなかったために、離婚に際してこれを分割しようとしてこなかったためである。ワイツマンはこうした状況を次のように要約している。「新しい婚姻法のもとでは、……女性は今や自立的であることが求められており、それどころか多くの場合、彼女の子どもまでも養うことが期待されている」（Weitzman 1985: 143）。大多数の離婚において、扶養費も、子どもの養育費も、そもそも勝ち取られていないか、不十分にしか支払われていないか、まったく支払われていない。多くの別居ないし離婚した女性にとって、とりわけほとんどのシングルマザーにとって、「生活を支えてくれるはずの別れた夫」などという理想は、現実には何の役にも立たないどころか、彼女らの職業生活に悪影響をおよぼす、誤解を与えやすい神話以上の何物でもないのである。

多くの離婚において、ふたつの世帯を支えるのに十分な賃金を（男性が）得られないため、まだ幼い子どもを抱えた貧しい女性が、養育費を受けにくくなるという逆説が生じてしまっている。しかし、十分に生活に余裕のある家庭のケースであってもなお、判事は夫の現在の妻と子どもの生活の必要を考慮するよりも前に、離婚後の夫の生活水準を維持するために必要な収入の取り分をしばしば考慮するだけでなく、その時点では存在もしない未来の妻と子どもの生活水準さえも考慮する。妻がこれまで家庭と子どものために費やした払われざる努力を補償するかわりに、判事は彼女が「どれほど稼げるのか、どれほど賄えるのか」を考慮に入れる（Weitzman 1985: x）。とりわけ、現在では多くの女性が市場労働に従事しているという事実によって、判事はしばしば、何年ものあいだもっぱら母として妻として家庭を守ってきた女性であっても、たちどころに自分と子どもを養うだけの稼ぎが得られるという誤った想定へと導かれてしまう[63](Bianchi and Spain 1986: 213)。

一般的に信じられているのとは異なり、扶養費の支払いを受けられるのは中産階級と上流階級男性の元妻に限られており、これは離婚する夫婦全体のうちのごくわずかな割合にすぎない[64]。こうした状況に変化がない一方で、扶養費はその性質を変えている。破綻主義離婚においては、ほとんどの場合、扶養費を受け取ることは短期間の「過渡期的な」権利に過ぎず、離婚した女性が可能な限り速やかに自立的な生活を営めるようになるのを手助けするためのものになっている。一人では生活できないことを証明する責任は、今や女性に重くのしかかっていることは明らかである。ワイツマンの調査によれば、一九七八年では、離婚した女性のたった一七%、およそ六人に一人しか扶養費を受け取っていなかった。受取り額は一九八四年で月三五〇ドル、受取期間の中央値は二五か月であった。婚姻期間の短さも理由の一部ではあるが、就学前の子どもの母親に扶養費が支払われている割合は平均よりも低く、一三%に過ぎない。夫の高い稼得能力が大部分において婚姻継続中の妻の財政的または／かつ実際上の家事の支えで実現した場合であっても、判事は夫の収入を引き続き元妻へと分け与えるように要求することを極度に嫌い、むしろ彼女が同等の教育や訓練を終えて自立することを求めようとする。一九八五年ごろからいくつかの州では、長期にわたる伝統的な婚姻のあとでも、扶養費の支給期間を制限しようとする傾向がみられる[65]。

扶養費の縮小という現象は、子の養育費の不足によっていっそう悪化させられる。デイヴィッド・エルウッドの報告によれば、全米で一九八五年に離婚して二一歳以下の子の親権を得た母親のうち、八二%が子の養育費を受け取る権利を得ているものの、実際に何らかの養育費を受け取っているのはたった五二%で、それも平均して年間たったの二五三八ドルないし月額二〇〇ドル強である。別居中か未婚の母である場合には、養育費を貰っている可能性はより少なく、その額も少額になる(Ellwood 1988: 158)。一九八二年の国勢調査では、父親のいない家庭で一人以上の子を育てている女性は、八〇〇万人以上存在する。そのうち、裁判所が養育費の支払いを命じたのはたったの五〇〇万ケースだけである。命令にもとづく支払いの年額は、白人女性であれば二一八〇ドル、ヒスパニック系の女性で二〇七〇ドル、黒人女性であれば一六四〇ドルであった。カリフォルニアでおこなわれたワイツマンの調査によれば、離婚した男性が彼の総収入の三分の一以上を元妻の子どもの養育費として支払うよう命じられるケースは、もっとも所得の低い世帯を除くとほとんど存在しない[66](Weitzman 1985: 264–276)。

　養育費の支払いが十分でないということは、問題の一部分にすぎない。全米を対象にした一九八一年の調査によれば、支払いを命じられた養育費が全額支払われているのは、全体の二分の一のケースに満たなかった。養育費を受けとる権利を得た母親のうち、およそ四分の一が決定された額の一部のみしか受けとっておらず、残りの四分の一はまったく受け取っていなかった[67](Bianchi and Spain 1986: 212–214; Sidel 1986: 103)。概して、裁判所の決定に九〇%以上がおとなしく従っている、収入五万ドル以上の父親のケースを除くと、養育費の不払いは父親の収入とほとんど相関がない。主要な問題のひとつは、養育費を実際に取り立てる執行プロセスの不全ないし欠如にあるように思われる(Weitzman 1985: 295–300, esp. table 25, p. 296)。一九八四年の「養育費履行強制制度 Child Support Enforcement Amendments」の施行後は、連邦法に従って父親の給与から直接天引きできるようになり、こうした問題に対する取り組みがなされている。しかしながら、全額が支払われる場合であっても、現在認められている扶養費と養育費は、結婚によって生じる男性と女性の不平等な状況を考慮すれば、ひどく不公平なものである。離婚後の夫の収入を何よりもまず彼自身のものであるとみなす裁判所の傾向によって、「夫は元妻とその子どもの生活を、自らの生活の半分の水準で維持することさえほとんど要求されない」ことになる[68]［強調引用者］(Weitzman 1985: 183)。

　離婚した女性が、不十分な自らの稼ぎによって経済的に自立する必要に迫られがちなもうひとつの理由は、元夫たちが再婚するのに対して、彼女たちが再婚しないという点にある。この理由はほとんどすべて社会的に作られたものであり、それゆえ変革可能なものである。大多数のケースにおいて、離婚した母親は引き続き子どもの主たる養育責任を引き受ける一方、結婚していた時には利用できた経済資源の大部分を失うことで、典型的な離婚後の男性と比べて再婚相手としての魅力を奪われてしまう。子どもの養育権をもっていることは、再婚に対して負のインセンティブとして働くことが知られている。三〇代ないし四〇代で離婚した男性は、典型的に養育権をもたないことが多く、しばしば稼得能力がもっとも高い時期にあるが、このことは彼が新しい再婚相手、ときにずっと若い未来の妻を惹きつけることと無縁ではあり得ない。こうしたカップルは、滅多にないことだが、同様に年の離れた若い夫と結婚する女性への世間の冷たい目を気にする必要も無い。年齢の上昇によって男性の再婚の道が妨げられることはそれほどないのと比べると、女性は深刻な影響を受け、離婚時の年齢が三〇代であれば五六％であった再婚率が、五〇代以上になると一二％まで低下する。もちろんこのことは、男性の場合よりも女性の方が、若くて見た目がよいことが魅力の判断材料としてはるかに強調されていることが大きな原因である。そして皮肉なことに、仕事における成功が男性の再婚しやすさと高い正の相関を示すのに対して、女性については負の相関を示す(69)。

現行の離婚法は、結婚の出口において男性と女性を平等に取り扱おうとすることにより、わたしたちの社会において女性が男性と社会経済的に平等ではないという明確な事実を見落とすだけでなく、ジェンダー化された結婚と初期の子育てによって、女性の不平等がいっそう悪化させられるという密接に関連した事実を無視してしまう。財産を平等に分割し、夫婦それぞれが自らの生活を支えられるようにし、子どもの養育を共同で担うことは、賃労働と不払い労働をきれいに半分ずつ担っていた結婚の場合であれば、そして、配偶者の一方の職業生活が他方より高い優先順位を与えられていなかった場合であれば、公平だと言えるだろう。しかしながら、ここまでみてきたように、そのような結婚はきわめて珍しいものである。たとえ現在は妻が家庭の外でフルタイムの職に就いていたとしても、伝統的ないし準伝統的な結婚のほうがはるかに一般的である。夫が自らの職業生活を追求することで現在から将来にわたる稼得能力を高めてきたあいだ、妻はジェンダー構造化された結婚生活のなかで、事実上家庭内のすべての不払い労働を引き受けることで家庭への貢献を少なくとも公平におこなっている。しかしこの妻の家庭への貢献は、離婚の時点までに夫が築いてきた経済的地位からほぼ完全に彼女が切り離されるとするならば、いかなる意味においても平等に扱われているとは言えない。しかし、今日の典型的な離婚においては、こうした事態がまさに生じているのである。

もし彼女が親権をもつならば、離婚しようとする女性の生活の見通しは、離婚する男性に比べて、多くの意味で明らかに暗いものになる。ここまで議論してきた多くの理由によって、離婚の経済的コストは男性ではなく、圧倒的に女性と子どもに覆い被さってくる。こうした経済的コストに加え、経済的損失に伴う生活の荒廃とストレスが、膨大な社会的・心理的コストを発生させる。女性と子どもの双方が、男性とは異なり、離婚のもっとも悲惨な側面として経済的な損失を経験することは非常に重要である。のみならず、近年の研究によれば、子どもへのサポートが適切でない状態がつづくことの影響により、離婚した親をもつ中産階級の子どもでさえ、長期にわたる深刻な不利益と機会の損失を被ることも珍しくない(70)。

このことは、もちろん、社会変革を通じて離婚によって女性が被る負のインパクトを相当程度和らげることが可能であることを意味している。重要な教訓は、結婚における女性の脆弱性と、離婚に際して置かれる不利な立場は密接に関連しているという点である。女性はジェンダー化された結婚の予期によって脆弱になり、ジェンダー化された結婚生活に入ることでさらに脆弱になる。しかし、結婚して子どもをもち、その後、結婚が破綻した場合に女性はもっとも脆弱になる。女性がこうした状況に気づくことによって、行動と結婚それ自体における権力の分配にいくらかの影響を与えることができるに違いない。

退出、退出への恐怖、家族のなかの権力関係

この章の冒頭では、社会的に作られた非対称な脆弱性は道徳的に受け入れることができず、それゆえ最小化されなければならないというグディンの主張を手短に紹介した。わたしはまた、個人の相対的な退出可能性が関係や集団における彼らの権力や影響力に与える効果に関するハーシュマンの議論

を参照した。ふたりの理論家とも、現代の結婚という制度を、権力の不均衡の例として受け止めてはいなかった。(71) しかし、ジェンダー構造化された現代の典型的な結婚は、まさに社会的に作られた脆弱性の恰好の例であることが、データにもとづいて明らかになった。その理由は、夫に対する非対称な依存状態によって妻の十分な退出の機会が妨げられ、また、それゆえ結婚生活において妻からの発言が困難になるということからも説明される。

結婚からの退出により比較的失うものが少ない側の配偶者に生じる家族内の権力という次元については、理論家たちは事実上、口をつぐんできた。それは、研究者ができれば認識したがらなかったような次元であり、親密でロマンティックな関係が営まれる夫婦に対する社会的信念とは相容れないというのが明白な理由のひとつであろう。退出可能性が権力と発言力に影響を与えるという考え方を明確に結婚に適用した数少ない研究者は、ブラッドとウルフが家族内権力の理論を歪めていることを批判したヘアと、今なおつづく女性の不平等に関する研究をおこなったバーグマンとフクスの三人である(Bergmann 1986: 269–270; Fuchs 1988: 71–72; Heer 1963: 138)。彼女たち三人はみな、この章で示したように詳細なデータを用いて家族のなかの権力と発言力の関係について、簡潔であるが十分かつ明快な主張を実証している。すなわち、結婚は明らかに非対称な脆弱性の具体例であり、何かを決定する権力のみならず、問題が決定の対象となること自体を妨げる権力もまた、配偶者が満足のいく退出可能性をもっているか否かに関係していることを明らかにした。より典型的には、結婚は非対称な依存の効果と権力に対する退出可能性についての一般的理論が適用可能な領域としては、取り扱われてこなかった。たとえば、ヘアの「退出」理論は、一九三九年に結婚の成功と失敗に関する調査対象となった夫婦のうち、「わずか三七％」〔強調引用者〕しかそれまでに別居ないし離婚を真剣に考えたことがないという事実によって、疑わしいものになっているとブラッドは主張する(Blood 1963: 476, n. 12)。しかし、現在に比べてはるかに低かった当時の離婚率を考えれば、これは驚くほど高い割合である。

もちろん、以上の理論にとっては、家族や他の個人的な関係は、その他の多様な関係のなかの特殊な事例に過ぎない。しかしながら、退出可能性が権力に及ぼす効果についての理論が典型的に適用されてきた、政党や学校といった他のさまざまな制度から家族を区別してきたからといって、同様の理論が家族に適用不可能であるということにはならない。家族は典型的に忠誠心という強い絆によって結びつけられており、別居や離婚は結婚内部の諍いに対する強烈な「解決策」を意味している。しかし、二組に一組の結婚が離婚に終わることになる現代において、ことに夫婦間の諍いによる退出への脅威がまったく存在しないと考えたり、こうした脅威に明に暗に関係する配偶者間の能力の差異が夫婦関係における権力と影響力に影響しにくいと考えたりすることは、単に非現実的である。結婚を終わらせることは普通、巻き込まれる子どもだけでなく、双方の大人にとっても痛みを伴う困難な経験である。しかしながら、この章での議論によって明らかにされたように、結婚の解消に伴う経済的剝奪が影響するあらゆる場面において、女性と子どもは男性に比べてはるかに大きな不利益を被りやすい。ほとんどの妻はこの事実をよく心得ており、こうした衝突を引き起こしうる重大な問題にどれほど厳格な態度で臨むべきか、あるいは、そもそも問題化すべきか否かの決断にあたって考慮に入れているというのは十分にあり得ることである。こうした要素を考えあわせなければ、わたしたちは家族における権力の分配を十分に理解することはできないし、結婚が相互の脆弱性を支える正義に適った関係であるという考え方は、分析に耐えないだろう。

もし、もっとも基底的な社会集団である家族をより正義に適ったものにしようと望むならば、何より家族内の性別分業と不均衡な権力に起因する、社会的に作られた女性の脆弱性の問題に取り組まなければならない。つづく第8章で論じるように、社会的に作られる女性の脆弱性のサイクルを阻止するために有効なあらゆる手段を講じるうえで、現在の法律・公共政策・世論において、「結婚とは何か」が曖昧にしか論じられていないことを考慮すべきであろう。「結婚とは何か」、そして「結婚とはどうあるべきか」という問いに万人が同意することがあり得ないのは明らかである以上、人びとがそれぞれに異なる方法で自らの私的な生活を組み立てられるように、家族と職場にかかわる制度を整備しなければならない。もし、女性と子どもに対する不正義が避けられなければならないとすれば、家族と職場にかかわる制度は、社会的に作られた脆弱性をなくすことを促すものでなければならない。それは、男性と女性が有償労働と無償労働を公平に分担できるよう手助けし、後押しすることを通じて、より広く機会と負担を平等に分かち合えるような制度によって可能になるだろう。また、自らを脆弱にするような分業関係に参入する人びとに対して、その関係が継続していても、その関係が解消される場面であっても、このような脆弱性からの完全な保護が保障される必要がある。

＊1　この一〇〇年間では、およそ九〇%の女性は三〇歳までに結婚し、八〇―九〇%の女性は四〇歳になる前に母親になっていた。一九八六年では、四五―五四歳の男女で一度も結婚を経験していないのは、それぞれたった四・七%と五・七%だけである(Bianchi and Spain 1986: 2; U.S. Bureau of the Census 1987: 40)。

＊2　アメリカの女性労働力率はここ三〇年間で少しずつ上昇しており、一九六〇年の三五％（一六歳以上）から、一九八六年では五七％になっている。おおまかに言って、一九八三年では二〇―三四歳の女性の七〇％が雇用されており、そのうち六歳未満の子をもつ既婚女性は五〇％以上（一九八三年および一九八六年）を占める[72]（Fuchs 1988: 11–13, 77–78; Ellwood 1988: 47–49）。

＊3　ガーソンの調査対象者には白人女性しか含まれていないが、その他の点では多様な階層的背景を含め、幅広く現在の状況を現しており、多くの驚くべき事実を発見している。そのひとつは、対象者のなかでは、当初の選択を変えなかった女性よりも、家庭から仕事であれその逆であれ選択を変更した女性の方が多かったという点である。彼女たちの結婚および家族生活で起こった出来事は、ここでは明らかに影響力をもっている。もうひとつは、多くの（四五％）対象者は当初は家庭に入ることを望んでいなかったが、この選択の時点でロールモデルを提供した彼女たちの母親はほとんどいなかったという点である（Gerson 1985: 61）。ガーソンが示すように、母親の選択と状況に対する反動が、母親への同一化と同じくらい娘の選択に影響を与えているのである。

＊4　ブルームスタインとシュワルツによる同性愛カップル（男性および女性）と異性愛カップル（同棲および婚姻）の比較は、世帯内の分業が性の違いにいかに影響されるかを赤裸々に描き出している。現代の同性愛カップルのおよそ一％に過ぎないが、そのすべてのケースにおいて仕事／家庭という分業が避けられていることが見出された。パートナーの一方が仕事をしていないときであっても、そして現実にはより多くの家事をおこなっているとしても、それは「一時的な失業」ないし「学生期間」に過ぎないとみなす傾向がみられた。レズビアン・カップルは、家事を公平に分担するのに特に注意を払っていた。しかし、特定の議論（経済学者のG・ベッカーを含む）が予想したのとは裏腹に、こうした世帯は実に効率的に運営されているようにみえる（Blumstein and Schwartz 1983: 116, 127–131, 148–151）。

＊5　ブラッドとウルフの研究は、一九五〇年代の都市七三一家族（デトロイト）および農村一七八家族を対象とした妻（のみ）への聞き取り調査にもとづいている。本書を通じて、立場の弱い夫を「弱虫」とラベリング

するところから始まり、夫支配型から「極度に平等主義」型まで広がる家族を「適切である」とする一方で、妻支配型は結婚における役割を反転させた「逸脱」であり「正常でない」と宣言していることからも、著者たちのバイアスは明らかである(Blood and Wolfe 1960: 11, 45)。

第8章 結論

――人間性を備えた正義に向かって

次世代にジェンダーを再生産するという点で、家族はジェンダーの核心である。これまでみてきたように、わたしたちの社会で典型的な家族生活は、女性にとっても子どもにとっても正義に適っていない。さらに、強い正義の感覚を備えた市民を育成することもできない。両性間の平等という美辞麗句が語られる一方で、伝統的もしくは準伝統的な家族内の分業はつづいている。主たる親になるはずだという期待のなかで人生を選択していくことで、女性の人生は脆弱なものになってしまう。賃労働をしていてもいなくても、この期待が現実化する結婚生活のなかで女性はより脆弱になる。そして、離別や離婚の際にはたいていの場合、元夫の十分な支援なしに女性が子育ての責任を引き受けるため、女性の脆弱さはもっとも顕著になる。およそ半分の結婚が離婚にいたるということは、およそ半分の子どもたちが混乱を経験し、ジェンダー構造化された結婚と離婚がもたらす社会経済的な状況によって、大きなダメージを受ける可能性があるということだ。わたしは、非常に重要な理由から、家族は正義に適った制度である必要があると論じ、現代の正義の理論が女性とジェンダーを無視してきたことを明らかにしてきた。わたしたちはこの不正義にいかに対処したらよいのだろうか。

これは複雑な問いである。なぜ複雑かと言えば、わたしたちの社会は個人が異なる人生を送る自由に大きな価値を置いており、ジェンダーをめぐる多くの論点において共通の合意をもっていないからだ。さらに、わたしたちの性的差異と性別役割をめぐる信念の多くが、ジェンダー構造化された社会のなかで形成されてきたことが明らかだからである。社会が集合的な歴史の影響を強く受けているのと同じように、わたしたちの心的構造は、個人的な歴史のなかでジェンダーに深く影響を受けている。わたしたちの社会にはジェンダーをめぐる共有された意味がないために、個人的自由と社会正義の両方に誠実に対処しようとする際には、難しい決断を迫られる。自分たちの個人的な生においてどのように労働と責任を分担するかは、個人の自由に委ねられる問題のひとつであるが、その決定がもたらすさまざまな影響を考えれば、正義の原理によって統制されるべき事柄に属するからだ。政治、道徳理論の言語で言えば、「善」の領域と「権利」の領域の双方に属する問題であるのだ。

わたしは女性と子どもの脆弱性をめぐる差し迫った問題を公正に解決するためには、賃労働と不払い労働、生産労働と再生産労働の男女間での平等な分担をすすめる必要があると考えている。わたしたちは、皆がこのような人生を選択できる未来をつくるべきではないだろうか。正義に適った未来とは、ジェンダーのない未来であろう。そのような未来の社会構造と実践においては、人びとの性別は、目の色や足の大きさと同様、重要性をもたない。「男性」と「女性」の役割についてのいかなる想定もなく、出産と、子育てや他の家族的責任とが概念的に切り離され、男性と女性が家庭の責任を平等に分担していなかったり、子どもたちが片方の親だけと多くの時間をともにしていることが、むしろ驚かれたり関心の的となったりする。この未来では、幼児の世話からあらゆる賃労働、政治の場にいたるまで、すべての生活領域において男女は平等なメンバーとなっている。こうした社会であれば、子育てに従事してしまえば社会的に影響力をもつ地位を達成することができない、ということはないだろう。そして、中絶やレイプ、離婚条件やセクシュアル・ハラスメント、その他の重大な問題が、これまでのように、男性優位の構造のおかげで権力をもつにいたった男性が多数を占める議会や裁判によって決定されることはない。わたしたちが少しでも民主主義的な理想を実現しようとするなら、ジェンダーを排することは不可欠である。このような社会をつくるためには、家庭のなかだけでなく、あらゆる制度や家庭の外の社会的場における根本的な変化が不可欠である。

こうした変化は一朝一夕に実現しうるものではない。さらに、個人の自由を尊重しながら、女性と子どもたちの脆弱性を正義の問題として解決する際には、現代のほとんどの人びとがジェンダー化された人生を歩んでおり、現行のジェンダー化された実践を多くの点で望んでいるということを考慮に入れなければならない。社会学の研究は、わたしたちが個人的・専門的な知識から推測していることの多くが正しいことを確証している。性的な差異とは、どの程度生得的でどの程度社会的なものなのか、男女のしかるべき役割とは何なのか、どのような家族構造と労働の分業が男女、親、子どもたちに利益をもたらすのか、といった点についてこの国に共有された意味は存在しない(1)。一方の極には、男女の異なる役割、特に親としての役割の違いを、宗教的な信条として深く信じている人びとがいる。他方の極には、あらゆる性的差異がすぐにでも消滅することが、万人にとって望ましいことだと考えている人びとがいる。そして両極のあいだに千差万別の異なる見解がある。確かに、公的な政治は人びとの見解と選択を尊重しなければならない。しかし選択の自由は、その選択が、現在のように女性と子どもの人生を脆弱にしないことを保証できる限りにおいて、尊重されるべきである。よって、性別分業の選択によって結果的に不正義が生じないよう、法と公的な政策による特別な保護が必要とされる。正義の観点から自由と過去の選択の効果のあいだのバランスをとるという困難に対し、完全で十分に満足のいく答えをみつけられるとは考えていない。しかしこの最後の章で、公的政治の変化と家族法の改正も含めて、ジェンダーの不正義の解消に役立つ改革をいくつか提案したい。

今日、結婚は、過去の遺物と現代のリアリティが複雑、曖昧に組み合わさった奇妙な契約になってきている。かつてのように結婚の当事者に何を期待するのか、一般的な合意は存在しない。少なくともアメリカでは、半分の結婚が離婚にいたっており、結婚は生涯つづくものという想定は明らかに適切ではなくなっている。法的な男女の平等と、結婚しても働き続ける女性が増えているという宣伝イメージとは裏腹に、多くのカップルが、多少なりとも、伝統的な性別役割にこだわり続けている。最近の記事にあるように、「女性たちは家からは出たものの、台所からは出ていない」(2)のだ。女性たちが家族、主に子どもたちのケアのためにパートタイムで働くか、働くのを中断するため、結果的に妻は、経済的に自立できる能力をもつ夫とはまったく異なる立場に置かれる。こうして、本書で論じてきた家族内の権力の差異が作り出される。今日一般的になっている離婚は、そのほとんどが互いの合意によるものであるが、九〇%のケースで母親が子どもの養育権をもつ。金銭的な必要が母親の肩にのしかかる一方で、稼得力のほとんどは男性がもっている。これが、女性の貧困のもっとも重要な原因であり、多くの子どもたちと母親たちの人生のチャンスに影響を与えている。女性が男性に経済的に依存する家庭内の分業は、女性を不利にする。そして結婚が不安定なものになるにつれ、性別分業が子どもたちに与える影響は重大なものとなってきている。

現在の結婚の構造と実践を批判する一部の人びとは、仕事における契約と同じように、男女の自由な合意のもとで結婚生活を営めばよいと主張する(Shultz 1982; Weitzman 1981)。しかしこの主張は、わたしたちの社会のジェンダー化された文化と精神構造、現在の実質的な男女間の不平等や、そしてもっとも重要なこうした関係のもとでの子どもたちの福祉について十分に理解していない。ずいぶん前から認識されてきたように、労働の関係においては、個人がスタート地点で不平等な位置にいる限り、契約の自由の最大化によって正義が向上することはあり得ない。離婚の条件については当事者間の合意にまかせておくことが正義に適ったことだという論者もいる。(3) しかしこれでは、離婚する二人の当事者のあいだに、より大きな不平等がうまれる可能性がある。このような実践は、女性や子どもたちに、今より大きな損害を与えることさえあるだろう。夫と社会経済的に対等なほんの一握りの女性たちであったとしても、「自由 free」な「交渉 bargain」を通じて、経済的な支援や子どもの養育権について、正義に適った解決に至ることはほとんどできないだろう。彼女らは何について「交渉」すればよいのだろうか。

男女の関係をより平等にするために、公的な政策ができること、するべき方策はたくさんある。この点について、もっとも説得力があると考えられる現代的な正義の思考方法を振り返りながら論じてみよう。特に、ロールズの原初状態と、ウォルツァーの分離した領域における正義という複合的平等の概念に依拠してみたい。わたしはこのふたつは両立させることができると考える。加えて、批判的法学における契約批判、またそれに関連する議論として、プライバシー権は、男女の平等と子どもたちの保護を確実にする領域で用いるのであれば、わたしたちすべてにとって価値があるという主張についても考慮に入れたい。まずロールズの原初状態において、結婚や親業、家庭内の責任や離婚をめぐるどのような制度に人びとが合意するか、また男性、女性、子どもたち、そして彼らの関係に影響を与える職場や学校といった他の社会生活に関するどのような政策に彼らが合意するか、考えてみたい。そのうえで、これらの政策が、ひとつの社会生活での不平等が他の領域の不平等に波及することを禁ずる、ウォルツァーの領域の分離のテストをクリアするかどうか考えてみよう。これらの政策は、家族生活の領域における平等を達成できるだろうか。それとも、不平等が存在する家内〔私的〕領域 domestic sphere のプライバシーの保護は、強者が弱者を搾取し、虐待する権利をも保護するものだろうか。

無知のヴェールが下ろされて、自分の性別もそのほかの個人的な特徴も知らない原初状態に自分たちがいると、できる限り想像してみよう。[*1] わたしたちは、自分の社会における立場も、善き生の構想も知らない。この状況においては、男性と女性の特性をめぐる自分の知識や信念も、両性間の分業のあり方をめぐって自分がどのような信念をもっているかも知らない。よってわれわれが代表する立場は、性別分業に関するありとあらゆる信念を含むものになるだろう。無知のヴェールがとりはらわれれば、わたしたちは自分たちが両性間の社会的差異を最小化した、善き生の構想をもつフェミニスト的な男性や女性であることを発見するかもしれない。はたまた自分たちが、宗教的もしくは他の理由で慣習的な性別分業に固執する善の構想をもつ伝統的な男性、女性であることを発見するかもしれない。家族や性別分業に関する正義の原理は、これらの両極的な見解やその間にあるさまざまな立場の人を満足させるものであるかどうかが、重要な問題となる。

平等な基本的自由や自尊心といった原則を侵害するために、わたしたちが考慮に入れるべきではない極端に伝統的な立場の人びともいると思われる。たとえば女性は男性の必要を満たす役割を担う、本来的に劣った存在であるという考え方にもとづいた見解を考慮するべきでないし、考慮する必要もない。現代の多元的な社会のための正義に適った制度を構築する際、このような見解は、生まれながらにしてある人びとは奴隷であり、ある人びとは正当な支配者であるとする見解と同じように、許容することはできない。わたしたちは、結婚はそもそも階層的な支配と従属の構造であることが望ましいとする立場を考慮に入れる必要はないのだ。たとえ自らが選択した社会のなかで、自分が男性になるか女性になるか分からない状況で、こういった立場を支持する人がいたとしても、それを許容することはできない。また、たとえこうした見解を拒否する他の理由がないにしても、原初状態の人は、幼少期に平等であることについて強い個人的利害をもっているのであり、子どもたちの視点からみてこのような見解は排除されなければならない。支配と従属の結婚は女性たちだけでなく、子どもたちにとっても有害である。そのような関係における離婚の社会経済的な結果は、子どもたちの人生に損害を与え、機会を著しく制約する可能性があるからだ。

さて、こうした条件を付したうえで、原初状態では、ジェンダー、特に家族をめぐってどのような社会構造と公的政策が合意されるだろうか。わたしたちはジェンダーを完全に最小化した基本的なモデル〔ジェンダーを前提にしない社会〕に到達するのではなかろうか。以下では、まずこのモデルにおける政策について説明していきたい。また、ジェンダー構造化された人生を送りたいと望む人びとを保護する制度も慎重に用意しなければならない〔脆弱な人たちの保護〕。この点についても、ある程度詳細に論じていく。

ジェンダーを前提にしない社会

まず公的政策と法は、両性の社会的差異を前提にするのではなく、子どものケアに対する親の責任の共有化を前提にし、かつ促進すべきである。フェミニスト以外の人びとは、女性と子どもを非常に脆弱にする女性による子育てと、家庭外の保育に完全に子育てを委ねるシステムのどちらかひとつを選ぶ社会に同意しないだろう。確かに、すべての子どもが平等に利用できるよう政府が補助する質のよい保育は、女性と子どもへの正義のために社会が用意すべき制度として重要なものであるが、これは問題の一部を解決するにすぎない。[4] 女性と男性が子どもたちのケアに平等にかかわり、ケアのための不払いの貢献と経済的支援の両方に平等に責任をもつというもっとも前提から出発するなら、小さい子どもがいる両性の労働者に対する仕事の要求は、再考されることになるだろう。これまでのように、すべての労働者には「彼の」子どもたちを育てる「誰か」が家にいるという幻想にしがみつくことはしない。

平等に共有された親業を促進し奨励することは、かなり大きな変革を要求する。[5] これは、(見せかけではなく)完全にジェンダー中立的な基盤を確立する職場の大改革を意味している。雇用者が法的に要求されるのは、セクシュアル・ハラスメントも含む性的差別を完全になくすことだけではない。ほとんどの労働者が、労働者でいるあいだ、親であるときも、年老いた両親などの家族の世話をしているときもあるという事実に積極的に対応していかなければならない。子どもたちは女性から産まれるにしても、彼らは両親に平等に育てられるし(育てられるべきだとわたしは強く主張する)、妊娠と出産の政策は子育てにかかわる政策のなかで特別なものであるべきだ。妊娠と出産は、本人がどれくらいの期間休暇を必要とするか否かにかかわらず、一時的な傷病 disabling condition とみなされるべきだし、雇用者はすべてのこのような働けない状況に対し、休暇を与えるよう義務づけられる。[6] もちろん妊娠と出産は「傷病」以上のものであるが、働けない状況はひとりひとりの妊婦によって異なるということもあり、こうした目的のための休暇として扱われるべきであろう。疾病やその他の傷病に対する休暇を義務づけないで、人によって短期間で済んだり長い期間を必要としたりする妊娠・出産にのみ、八週間やそれ以上の休暇を義務づけるのは公平ではないように思われる。だからこそ、わたしたちの社会のように豊かな社会は、この両方に対応する必要がある。

親業の平等な分担を促進するには、出産後の数か月の育児休暇は、母親と父親が同じ期間利用可能であるべきだ。職務、勤続年数、社会保障給付にかかわらず、すべての労働者は、子どもが一歳になるまでのあいだ短時間で働くことや、少なくとも七歳になるまでフレックスタイムで働いたり、労働時間を短縮する権利をもっている。同様に、健康に問題を抱えていたり、障害をもっている子どもの親は、より柔軟な労働時間で働くことができるべきだ。(研究職におけるテニュアや弁護士の共同事業のハードルのように)仕事の要求がもっとも大きくなるときと子育てのピークが一致するような専門職の場合には、仕事の要求を再構築し、子育てしているあいだの柔軟な働き方を保障しなければならない。大企業の雇用者には、乳幼児から小学校にあがる前までの子どものために、質のよい企業内保育所を確保することが求められる。すべての小さな子どもたちが平等に質のよい保育所を利用できるように、(富裕層に有利な税額控除ではない)政府の直接的な補助によって、質の高いケアを維持するコストと、余裕のない親が無理なく支払うことができるコストの差を埋め合わせることが求められる。

ジェンダーを最小化するために学校がすべきことも山のようにある。エイミー・ガットマンが述べているように、（小学校の教師の八四％が女性である一方で、教育長の九九％が男性であるという）権限の構造をとおして「学校は、男性が女性を支配し、女性が子どもたちを支配するというシステムを子どもたちに教育しており、ジェンダー化された社会の現実を単に反映しているだけでなく、再生産している」。ガットマンは、このような性別ステレオタイプは、子どもたちが自分の将来について合理的に考える際の「大きな障害」(Gutmann 1987: 113-114)であるのだから、教師と教育長の性別の割合がより平等になるまで、これらの職の採用にあたっては性別が考慮されることが適切だと論じる(7)(Gutmann 1987: 112-115)。

同様に、学校の重要な役割は、ジェンダーの政治を十分に理解できるようになるための教育コースを用意することにある。女性の経験や女性の著述をカリキュラムのなかに入れることは、それ自体として重要なのは確かであるが、これだけでは十分ではない(8)。これらの政治的重要性は、カリキュラムへの異議申し立ての数々によって明らかにされてきた。しかし子どもたちは、現在の結婚の不平等、曖昧さ、不安定さや、職場の差別や性別分離、ジェンダーを前提にした人生の選択の結果として起こりうることについても、学ぶ必要がある。子どもたちに、彼／彼女らがたまたま属している性別によって決定されているものとして将来を描いてしまうことをやめさせなければならない。もちろん、多くの子どもたちは、個人的な経験から、伝統的な性別分業の破壊的な効果について「肝に銘じている」だろう。しかし彼／彼女らは必ずしもこの経験から、自分自身の将来の家族を違ったかたちでつくりあげるためにどうしたらいいのか、積極的なアイデアを手に入れるわけではない。アニタ・シュリーヴが指摘しているように、「女の子に料理と裁縫を教えていた古い家庭科は、女の子と男の子に、仕事と子育てを両立することを教える新しい家庭科にとってかわられるかもしれない」(Shreve 1987: 237)。最後に、学校は、子どもたちが安全に遊んだり、宿題をしたり、創造的な活動に参加できる質のよい放課後プログラムを用意する必要がある。

　これらすべての政策の実行は、賃金の獲得と私的な家族責任を両親が分担することを支え、子どもたちが、性的差異の重要性がほとんどなくなった未来にむかって成長することを促すだろう。幼児期から子ども時代全般にわたって、男性も平等に子育てに参加することは、これまで予想されてきたとおり、彼ら自身、妻やパートナー、子どもたちに大きな影響を与えるであろう。また女性は、経済的な依存によって脆弱になることはない。こうした政策は、多くの人々が抱いてきた、子どもを長時間保育所へ預けることに対する不安を軽減するだろう。片方の親が八時から四時まで働き、他の親は一〇時から六時まで働くとすれば、子どもが保育所にいる時間は(お昼寝時間を含め)六時間であり、他の時間はどちらかの親、もしくは両親といっしょに過ごすことができる。もし両方の親が六時間労働にできれば、もしくは週四日労働にできれば、必要な保育サービスはさらに短くなる。さらに企業内保育所があれば、育児休業が終わったあとにも、母親は子どもに授乳しつづけることができる[9]。

　ひとり親とその子どもたちの状況はより複雑である。しかしやはり、いくつかの理由で、性的差異の重要性をかなり最小化した社会では、より状況が改善されると思われる。第一に、一度も結婚していない女性と子どもたちについて考えてみよう。非婚の一〇代の妊娠は、かなりの程度意図しなかったものである。もし女の子たちがよりはっきりと自己主張できたり、自己防護的に育てられ、自分の将来をまず第一に母親になるものととらえる傾向が少なくなれば、こうした妊娠は減るだろう。また、望まない妊娠は、性教育を受けるかどうか、避妊できるかどうかによってもかなりの程度減らすことができる。(10) 第二に、ジェンダーのない社会では、父親の責任の大きさによって、若い男性は、今より自分が親になる責任を十分に引き受けられるようになるまでは、不注意な性的行動の結果を引き起こさないよう気をつけるようになるだろう。デイヴィッド・エルウッドは、すべての子どもたちとシングルマザーに対し、出産時の父性を確立するための政策と、父親が支払うことができないときには政府が補助するための制度をつくり、子育ての全期間にわたって、父親が子育てに経済的に貢献することを強制的に求める政策の骨子を提案している。これらの提案は非常に公平で理に適ったものである。しかし、経済的支援の最低限のレベル(年に一五〇〇―二〇〇〇ドル)は、十分なものではない。特に母親は、子どもたちを世話することと、彼女たちが働いているあいだの保育所への支払い(通常、最低限の支援額よりも高い)の両方が期待されているからである(Ellwood 1988: 163-174)。(11)

第三に、一度も結婚していない女性は、質の高い保育に対する政府の補助と同じくらい、親であることに配慮した職場の構造によって、大きな利益を得るだろう。男性と同じように、仕事上のキャリアが自分の将来にとって重要になることを期待して育ってきた女性が、将来性のない、低熟練の職に追いやられる可能性は減るだろうし、結婚しなくても親として経済的にやっていけるであろう。

しかし多くのシングルの親は、出産時から非婚だったのではなく、結婚後の別離や離婚によるものである。ジェンダーによって構造化されていない社会では、彼女らの状況も大きく変わる。離婚率は変わらないままであっても(これは予測が不可能である)、最初から子育ての責任を平等に引き受けている離婚した父親たちが、今日の多くの父親のように、子どもをネグレクトしたり、面倒をみなかったり、経済的支援を怠ったりするということは考えにくい。離婚の後でも子どもたちには、積極的に子育てにかかわり、経済的に責任をもってくれる二人の働く親がいると期待することは理に適っている。これらの親たちは、賃労働と家族の労働を平等に分担しているのだから、彼／彼女らの収入は今日の多くの離婚した親の収入よりも平等なものであろう。たとえ彼／彼女らが完全に平等であっても、実際の養育権をもたない親も、ふたつの世帯の生活水準が同じになるぐらいまで、子育てへの貢献を要求されるべきである。これは今日離婚した両親のこどもたちが、世話も経済的支えも、子育てによって仕事を中断した母親だけに依存している状況とは大きく異なる。

ジェンダーのない社会に向けた変化によるすべての効果を予測することは不可能である。しかし、女性と子どもたちが被っている現在の主な不正義はなくなるだろう。男性たちは今日よりも、より密接で持続的に子どもたちとかかわる喜びと責任の両方を経験するだろう。多くの幅広い影響力をもつ生活領域、とりわけ政治や専門的な職業には、ようやく男女がほぼ平等に参加することになり、彼らの多くは親としても活発に子育てにかかわっている。これは、影響力のある地位まで上りつめるのは、子育てに最低限しかかかわらない男性と、自分たちの仕事の要求のために母親業を完全に放棄するか、子どもたちのためにフルタイムのケアワーカーを雇う女性たちであるという今日の状況とは対照的である。彼／彼女らは、家族や福祉、子どもたちの教育に関する政策ではなく、外交や、家族や子どもたちの将来の有無を決める戦争や武器など、ハイレベルの政策を決める人びとである。子どもを日々育てる経験をもたないことが、彼／彼女らが影響力ある地位を獲得できた理由のひとつである。このことは、把握が難しい問題ではあるが、ジェンダー化された労働の分業のとても重要な側面である。この状況を変える効果は、絶大なものであろう。

脆弱な人たちの保護

信念や生き方をめぐる多元主義は、わたしたちの社会の根本理念であり、わたしが描いたジェンダーのない社会は、すべての人にとって望ましいものだと同意されることはないだろう。わたしたちは原初状態で同意されるような、すなわちすべての視点から正義に適っているような両性間の関係を構築するときに、男女の性質と望ましい分業のあり方について、より伝統的な信念をもつ人びとも受容できる制度をつくり、実践していく必要もある。現代の信念の多元主義を尊重するのであれば、男性と女性が労働を分業したい場合には、彼らの価値を尊重するべきであり、(その結果)弱い立場に追いやられてしまう人びとを社会が保護することは不可欠である。

そのような保護がなければ、婚姻契約は、結婚した人びとの初期の不平等を拡大し、多くの女性と子どもたちは、経済的に悲惨な状況と重大な社会的混乱に陥るリスクを抱えることになる。脆弱な人を守るための法的な権利と義務は、性別ではなく、異なる立場、もしくは遂行される役割に向けられるものである。この国にはほんのわずかな割合ではあるが「主夫」がおり、妻の仕事を優先して働いている少数の男性がいる。性別を根拠にした制度や構造でなければ、彼らも、伝統的・準伝統的な妻を保護するのと同じ制度や構造によって、きちんと保護される。

ジェンダー構造化された結婚は、(いまだある人びとに選ばれている点で)現在必要な制度とみなされるべきであるが、社会的に問題含みのものでもある。少なくとも子どもたちがいる場合には、多くの法的な要求が課される。[12]*2 もっとも重要なことは、性別分業が、完全であれ部分的であれどちらか一方が経済的に依存するものでなくなることだ。そのような依存は、両方のメンバーが、世帯の収入に対して平等な法的権限をもっていれば避けることができる。明らかで分かりやすいやり方は、雇用者が、賃労働者と不払いの家庭内サービスをすべて、もしくは大部分おこなっているパートナーに平等に給料支払い小切手を作成することである。もちろん多くのケースでは、カップルの実際の経済的やりくりを変えるものではない。これは単に、彼らがすでに同意していること——すなわち、世帯収入は本当の意味でいっしょに稼いだものなのだから、きちんと分けるということ——を、法的に成文化するだけのことである。そのようなカップルは、家事や子育てをしているパートナーが稼ぎ手を支えていないというのなら、稼ぎ手も家事や子育てをしているパートナーを支えていないことになるという事実を認識するだろう。それぞれが家族を支えるという形式は、彼らにとって、わずかな違いを生み出すだけである。そのようなカップルは、今現在、世帯の収入を共有しているように、二人の小切手をもち、共同口座に預け、収入を分け合うだろう。

　一方で、ここで提案したように世帯の収入に対する夫婦間の権限を変えることによって、大きく変化するであろうカップルもいる。稼ぎ手や、より高い稼ぎのあるメンバーが直接的に権力を行使し、家計の重要な使い道についての協議を拒否し、収入を分けることをせず、収入のない、もしくは稼ぎの少ないメンバーに、彼女（ほとんどの場合妻である）と子どもたちが貧困に陥りたくなければ虐待を我慢する選択しかないと思わせ、彼女を心理的・物理的に虐待しているようなカップルには、大きな変化をもたらす。より多く稼いでいるメンバーが、現在の家族内の分業を維持するために間接的に稼ぎ手の権力を行使している場合にも変化をもたらすであろう。家庭内の権力のバランスに大きな変化をもたらすそのような例では、家庭内の労働を多く担っているメンバーは家族の幸福に十分貢献しており、賃労働を多く担っているメンバーと同じように、きちんと稼いでいるという法的・社会的認識をもたらすであろう。

　ここでわたしが提案しているのは、賃労働をしているメンバーが、家事をしているメンバーがおこなったサービスに対して支払うということではない。個人的関係に金銭的関係を導入することは不適切である。わたしが言いたいのは、単に、伝統的・準伝統的婚姻の両方のメンバーが働いているのであるから、彼／彼女らのうち一方だけが賃金を支払われたり、他方より多く賃金を支払われる正当な理由はないということである。賃金の平等な分割は、現在の家庭内の不払い労働は賃労働と同様に重要だという事実を公的に承認することにつながるであろう。もしわたしたちがこれを信じないなら、ジェンダーのない結婚と子育てのモデルにあるように、賃労働と不払い労働の完全に平等な共有を主張すべきである。賃金の平等な分割が不払い労働の重要性の承認につながると信じるなら、（どちらかが家事労働をするといった）ふたつの労働の偏った分業を、社会は正当に認めることができる。しかしそうした場合でも、この社会は金銭の稼得に非常に重きを置いていることを考えれば、給料は二人の人間が平等に稼いだものだという認識の重要性を、わたしたちは主張すべきである。ウォルツァーの言葉で言えば、これは、賃労働の領域における家族構成員の不平等が私的領域に侵入するのを防御することになる。

この提案は、私的領域に不当に介入したり、家族生活に対して国家がこれまで以上に介入することを含意しないという点でも重要である。現在必要とされているような結婚と誕生の登録や、所得税申告書に依存〔扶養〕している人の数と名前を申告するといった程度のプライバシーへの介入しか求めない。さらにこの提案が家族への介入にみえるとすれば、唯一それが家族内に存在する権力関係を変えてしまうことによる。もしある人が仕事を遂行する能力が、子育てや他の方法で労働者の日常的生活を支えるメンバーが家庭にいることに依存しているのであれば、それぞれの貢献に対して両者に平等に支払うことは、片方だけに支払うことと同じ程度の介入でしかない。

　同様の基本的な原理は、婚姻関係において性別分業がなされていた程度に応じて、別離や離婚にも適用される。これまでみてきたように、近年の離婚法における離婚 exit の条件は、伝統的・準伝統的結婚をしている女性のほとんどにとって不利益なものである。家族内の分業についてどんな合意が存在しようとも、女性たちは自分たちを支えていた収入の大部分に加え、夫の収入や雇用によって得ていた社会的地位を失い、同時に突然シングルの親となり、数年ぶりに賃労働者となることが期待される。こうした将来予測によって、多くの伝統的な妻たちは、離婚するそれなりの理由があったとしても、離婚しようという考えを捨ててしまう。加えて、今日ほとんどの州において離婚は夫婦の同意を必要としないのであるから、離婚によって経済的・社会的危機に陥る妻たちは、婚姻関係においても自らの不満やニーズを訴えられない状況にあると考えられる。離婚の条件は、現在の関係における自己の主張や権力にも影響を与える。最悪の場合、このような女性たちは、身体的・心理的な虐待に直面してもほとんど抵抗できない状況に置かれている。このような結婚と離婚のシステムは、自分が男性であるか女性であるか、伝統主義者であるか否かを知らない原初状態にいる人間によって同意されうるものではないだろう。これは、すべての人にとって利益があるように見せかけて、力をもった人間のみが利益を得るような不当な契約である。

これらの理由から、離婚条件は、ジェンダー化された、もしくは非ジェンダー化された結婚の特徴を、現在よりも大きく反映するようなものに見直されるべきである[13]。伝統的・準伝統的な家族内の分業を認める社会のシステムは、結婚の破綻によって完全に、もしくは部分的に経済的な支えを喪失するメンバーが置かれる脆弱な地位に対する責任を負うべきである。そのような結婚が終わりを迎えたとき、家庭内の責任によってキャリアを制約されてこなかった人が、家庭内の責任を引き受けていた人を経済的に支援すると考えるのが理に適っている。離婚後の扶養費と子育ての費用を合わせたこうした支援は、現在裁判所によって命ぜられているわずかな額よりも大きな額になるだろう。離婚後の世帯はどちらも、同等の生活水準で暮らすべきである。離婚後の扶養費は、今日の（恩着せがましく名付けられた）〝社会復帰のための扶養費〟のように数年で終えられるべきではない。最低でも、結婚において伝統的な分業がおこなわれていたのと同じぐらいの長さはつづけられるべきであり、短期間の結婚でも子どもがいる場合には、一番小さな子どもが小学校にあがり、養育権をもつ親が自分自身の生活を成り立たせる真の機会をもてるまで、つづけられるべきである。その後は、子どもたちの生活が、養育していない方の親の生活水準に達するぐらいまでは、子育てへの支援がつづけられる。双方が同意してきた非対称な分業関係が破綻したことによって、一方より他方が経済的な損害を大きく被ることは、正義の原理からも支持されるものではない。

わたしは、家族の権利と責任について基本的なふたつのモデルを提示してきた。これらのモデルが必要なのは、現在が、男性と女性が大きく変化し、ジェンダーをめぐって大きな見解の違いが生じている時代だからである。性別にかかわらず役割と責任を平等に分担する家族は、今日の典型的な家族よりも正義の原理に合致しているだろう。より伝統的な家族内の役割を引き受ける人びとがいる家族は、家族が招くリスクから結果として守られる。両方のケースにおいて、これらの変化によって正義は促進される。ただし、ふたつのうちジェンダーのない家族の方が、本書の冒頭で論じた三点において、より正義に適っていると言える。ジェンダーのない家族は第一に、女性にとって正義に適っており、第二に女性と両性の子どもの双方の平等な機会を保障するものであり、第三に正義に適った社会の市民を育成するためのより望ましい環境を作り出す。よってわたしたちは、現在ジェンダーによって脆弱にされている人を保護すると同時に、ジェンダーのない社会をつくる最善の努力をするべきである。

ジェンダーから離れれば女性の正義が促進されるのは、一目瞭然である。現在女性がおこなっていることを男性も平等に分担するのだから、正義に適った社会制度のための基準は、それらを正義の考慮から当然のように排除するようなことはしない。生産労働、ニーズや功績とみなされているもののような正義の主要な要素は、この変化によって大きな影響を受けるであろう。正義の基準は、かつてないほど、人間性を備えたものになるだろう。こうした変化がもたらす大きな影響のひとつは、市民としての女性の地位が根本的に変わることである。平等主義的な家族、職場、学校などの制度は、現在のように「誰か」が家庭にいるという伝統的な前提にもとづいてではなく、両親と子どもたちのニーズに対応するものであり、その結果、母親が政治や職場の影響力のある地位から実質的に排除されるようなこともなくなるだろう。女性はあらゆる水準の場面で男性とほぼ同じ数を占めるだろう。

ジェンダーのない社会によって恩恵を受けるのは、子どもたちも同じである。子どもたちは、女性に対する不正義が原因となっている、現在のような苦労をすることはなくなる。わたしたちが成長する家族は、わたしたちの人格の形成――すなわち、どんな人間であるかだけでなくどんな人間になりたいと思うか――に深く影響を与えている。[14] 正義の原理が適用されるべき「社会の基本構造」から家族を排除することができない理由のひとつはここにある。わたしたちがなりたいものになるための機会の平等は、ジェンダーのない家族の成長と、そうした家族の成長を支えるのに必要な公的政策という、ふたつの重要な方法で促進することができる。第一に、ひとり親家族と両親そろった家族の子どもたちの経済的福祉の、拡大する格差を減らすだろう。母親と結婚していようがいまいが、父親が子育てへの支援に平等に責任をもち、より多くの母親が労働力としてつなぎとめられ、質の高い保育に対する政府の補助があり、親たちに配慮した職場があることで、ひとり親家族の子どもたちは大きな恩恵を受ける。子どもたちは発達過程を、貧困状態で、また二重役割の遂行に葛藤するひとり親とともに過ごすことはなくなる。彼らの人生のチャンスは飛躍的に高まるだろう。

第二に、ジェンダーのない家族の両性の子どもたちは(これまでもある程度もっていたように)、性別役割の期待や性別化された性質から自由に成長する機会を今よりも多く手に入れるだろう。性差を、役割、責任、権利から、服装、語り方、行動様式まですべての決定因ととらえる非常に伝統的な家族で育った女の子と男の子は、そのような制約のない家族で育った子どもたちよりも、自分がなりたいと望む人間に成長する自由を手にしていないのは確かだ。もちろん、母親と父親に平等に育てられた子どもたちの成長の結果と人生の選択について、多くのことは分かっていない。これは非常に最近起こったもので、数もわずかだからだ。しかし、チョドロウの説得力のある理論にあるように、完全な親業の分担が性的差異を小さくしてくれることをわたしたちは期待している。[15] 男性が平等に子育てしていない多くのケースでも、働く母親の娘と息子たちは、女性に対して肯定的な見方をもち、性別役割に対して固定的な見方をしないことが分かっている。娘たちは（母親と同じように）、しっかりとした自尊心をもち、労働者になることに対し肯定的な見方をし、息子たちは将来の結婚生活における平等と役割の分担を望んでいる（Shreve 1987: chaps. 3-7）。働く母親に加えて平等に育てる父親がいれば、子どもたちの態度、心理が性別と結びつかなくなることも期待できるかもしれない。非常に重要な意味で、子どもたちがなりたい人間になる機会は拡大するのである。

最後に、ジェンダーにもとづかない社会の構築という正義の向上によって、家族は、子どもたちが正義の感覚を養うためのよりよい場所となると考えられる。家族とは、〔親という〕実例をみながら、わたしたちがどのように扱われるのか、人びとが互いにどのような関係を築いているのかだけでなく、どのような関係を築くべきなのかを最初に学ぶ場であるという事実の重要性は否定し得ない。ジェンダーにもとづかない家族は、どれだけ道徳的発達のよりよい学校になりうるだろうか。第一に、役割を共有し、愛情と正義を両立させている平等な両親の姿は、伝統的な結婚が常に孕む支配と依存よりも、子どもたちにとってよりよい人間関係の模範となるだろう。平等に役割を共有した家族の子どもにとって、彼／彼女の両親の労働の分配の公正さfairness、相互に平等な尊重、相互の依存は、強烈な最初の模範となることは確かだ。第二に、これまで論じてきたように、わたしたちが強調すべき正義の感覚とは、自分自身の状況から分離し、他者の視点から道徳的・政治的問題について考えることを必要とする。わたしたちは、誰でもない、どこからでもない視点をとおして、正義に適った原理や特定の判断を下すことはできない。自分たちと異なる他者を含む、他者の視点から考えることを学ぶべきなのだ。

子育ての実践においてジェンダーが強調されなくなるにつれて、こうした能力はふたつの理由から高められるようになると考えられる。第一に、女性が主に親業を担うことは、女の子の曖昧な自我の境界と深い共感能力と、男の子の強い自己規定と分離の傾向を生み出すとされている。しかし両性の親によって育てられた両性の子どもたちは、このふたつの能力をうまく調和させることが期待できる。第二に、人生全体の多くの時間、親であるという経験をとおして、理性と感情の融合、すなわち正義に適った市民が求める個人的道徳能力と結びついた共感の涵養を可能にすると思われる(Ruddick 1980; Ehrensaft 1984; Gardiner 1987: esp. 778–780)。

わたしがここで論じてきたことは非現実的で高いコストを必要とするという、実利的な批判をする人たちに対しては、いくつかの答えと質問を用意しておきたい。本書で論じてきたことのいくつかは、子育てのコストと責任を男女間でより公平に分配するものではあっても、公的な支出という点ではコストを必要とするものではない。わたしが薦める政策のいくつかは、父親が支払えない場合、子どもに十分な公的支援をおこなうというように、現在の政策よりも多くのコストを必要とするが、うまく機能すれば、今以上のコストがかかるわけではない(16)。質の高い保育に対する補助などは、それ自体高くついたとしても、それがなければフルタイムで子育てするか、よくてもパートタイムでしか働けない人たちの貯蓄が増えると考えれば、すぐに相殺される。

総じて、これらの施策の長期的なコストは――わたしたちを人間らしく扱うためのコストではなく、金銭的なコストとして考慮したとしても――長期的な利益を上回るということはないと考えられる。子どもたちはよりよい人生のスタートラインに立つことができ、貧困から逃れ、貧困に陥ることを避けることができ、多くの場合、貧困のサイクルは絶たれるだろう(17)。たとえわたしの提案が、コストがかかるものであり、高いコストを必要としたとしても、考えてみよう。わたしたちはジェンダーの不正義をどれだけ考慮してきただろうか。人生の多くの部分を他者の世話をすることに費やし、中古品のように見捨てられてきた女性たちのことをどれだけ思ってきただろうか。世界でもっとも豊かな国のひとつであるわたしたちの国で、子どもたちの四分の一が貧困状態にあることをどれだけ恥じてきただろうか。子どもを育てるという選択をしたがために、残りの潜在的能力を伸ばす機会を制約され、社会の価値や選択に影響力をもつことができない人たちにどれだけ配慮してきただろうか。もっとも親密な社会集団である家族が、日々不正義を教える学校になっていることについてどれだけ考えてきただろうか。正義に適った社会をつくるのに不可欠なタイプの市民を育成する、正義に適った家族を、わたしたちは求めているのである。

＊1　わたしが「できる限り」と言うのは、第5章ですでに指摘した困難があるからである。ジェンダーがわたしたちの心理に根深く影響を与えていることを考えれば、ジェンダー構造化された社会のなかで育ってきた者にとって、他のどの特徴よりも、性別を知らないという状況を想像することは難しい。だからといって、わたしたちは想像してみることをやめてはいけない。

＊2　ここでの議論は、法的に結婚したカップルに限定されるわけではない。子どもを育て、分業している「法的手続きをおこなわない」関係にも同様にあてはまる。

訳者解説

本書はスーザン・モラー・オーキン(Susan Moller Okin)の*Justice, Gender and the Family*(Basic Books, 1989)の全訳である。著者オーキンは、優れた政治哲学者であり、フェミニズム理論の第一人者である。一九四六年、ニュージーランドのオークランドで生まれ、一九六七年オークランド大学卒業後、一九七〇年オックスフォード大学で哲学修士号、一九七五年ハーヴァード大学で博士号を取得している。その後、オークランド大学、ハーヴァード大学等で教鞭を執り、一九九〇年スタンフォード大学社会倫理教授に就任した。ハーヴァード大学ラドクリフ・インスティテュートに客員として滞在中の二〇〇四年三月、マサチューセッツ州リンカーンの自宅で急逝した。五七歳であった。

女性の排除という視点から現代の正義論批判に挑んだ本書は、一九八九年、アメリカ政治学会ヴィクトリア・シャック賞を受賞している。オーキンのその他の著作として、古典的政治思想と格闘した『政治思想のなかの女——その西洋的伝統』*Women in Western Political Thought*(Princeton University Press, 1979. 邦訳は晃洋書房より二〇一〇年に刊行)、マーサ・ヌスバウムらとの共著*Is Multiculturalism Bad for Women?*(Princeton University Press, 1999)がある。

本書は一九八九年に刊行された。ほぼ四半世紀の時間の経過を考えれば、「ジェンダーをめぐる正義はいかに可能か」という本書の問いがすでに時代遅れになっていることが望ましい。もっとも、この間にアメリカでは女性最高裁判事は一名から三名に増え、男女の賃金格差も縮小、公的領域における男女平等が進んでいるようにみえる。しかし、女性の非正規雇用の割合やひとり親世帯の貧困など、「やってのけた」女性たち以外の脆弱性は変わることはない。日本においては、共稼ぎ家庭の割合が増えても男性の家事育児時間はわずかにしか増えず、非正規雇用の低賃金、母子世帯の貧困、高齢期の貧困など、女性の生の脆弱性は深刻になっている。ジェンダーと正義をめぐる問いは、時代遅れになるばかりか、ますます重要性を増している。女性を包摂する正義のあり方を問うた本書は、現代フェミニズム理論の古典と言えよう。

本書の前半では、ロールズ、ノージック、マッキンタイアなど現代の主流の正義論がいかに女性を排除してきたか、またそのような正義論がいかに不完全なものかが議論されている。彼らは、アリストテレスやルソーと異なり、「女性が劣っている」とか「男性に従属すべきだ」などとは声高に主張しない。正義の理論は人間一般について論じているのであり、女性を排除するものではないという装い——これをオーキンは「見せかけのジェンダー中立性」と呼び、以下のように批判する。

彼らの理論における「人間」とは実質的には男性に限られており、女性は正義の思考の外部に置かれている。なぜなら彼らが、公的領域＝政治的、私的領域＝非政治的とする公私二元論にこだわりつづけ、家族内の不平等を無視してきたからだ。私的領域の性別分業、女性の経済的依存、権力の格差、これらはそれ自体不平等であるだけでなく、公的領域における女性の地位の低さをも強化している。にもかかわらず、正義の理論は、家族には正義を超える徳がある、家族内の不正義は自然である、という理由で家庭を正義の外部に放置してきた。もっとも平等主義的なロールズでさえ、社会的協働のメンバーを「家長」とすることで、女性の経済的依存や離婚後の貧困は分配的正義の対象にしていない。

だが、彼らの過失はこれだけにとどまらない。オーキンによれば、正義の理論は家庭を無視しながら、その実、家庭を前提にしているのだという。たとえば、コミュニタリアンが依拠する伝統のひとつであるアリストテレスの議論によれば、「人間の善き生」の概念は、女性を排除しているだけでなく「排除に依存」している。つまり、男性の「善き生」は、家事、子育て、肉体労働といった、排除されている人びとの労働に依存して成り立つ「生」にすぎない。こうした再生産労働の無視は、リバタリアニズムにも通底している。自らの労働によって生産した物に対しては正当な所有権が与えられるというノージックのテーゼを妊娠・出産にあてはめれば、女性の身体から生み出された子どもは母親の所有物だという論理が導かれる。女性の再生産能力と労働を考慮に入れたならば、なぜ人格が自己所有権をもち得るのか、もち得るとしたらそれはどの時点においてなのか、という問いが浮上してくるが、ノージックはこの問いに十分に答えられていない。それゆえ、自己所有権を前提とするノージックの議論全体が、女性の再生産労働を考慮したとたん、破綻することになってしまう。

またロールズは、いったんは、家族を正義の原理の適用対象である「社会の基本構造」だとするものの、実際にはまったく家族の正義について論じず、「私的」な家族を正義の適用対象から除外してしまう。だがその一方で、彼の正義論は、人びとの正義感覚が男女とも正しく発達すること、すなわち、子どもたちが道徳を最初に学ぶ場所である家族が正義に適っていることを前提としている。しかし実際には、家族内にはジェンダーによる不平等や権力関係が集積しているのだから、ロールズの理論は無根拠な前提の上に成り立っている。これに対し、オーキンは家庭内から支配や依存が除去され、両親がケアにかかわることではじめて、男女を問わず子どもたちは「共感」を含む正義の感覚を身につけられるのであり、家族のなかに正義を適用することは、ロールズの正義論に不可欠な要件だと論ずる。

このように公的領域の正義や徳が私的領域に依存していることを、公私二元論は隠蔽してきた。「私的領域なくしては公的領域の正義は達成できない。家庭のなかにも正義を適用せよ」というオーキンの批判は、現代政治理論の原理への核心的な批判となる。一方でオーキンは、ロールズの正義の原理はジェンダーにもとづかない社会を達成する可能性をもつとして、フェミニズム的なリベラリズムの応用に期待をよせる。

本書の後半部では、実証的なデータをもとにした不平等のメカニズムの説明と政策的な課題の提示をとおして、オーキン流の現代ジェンダー理論が展開されている。キー概念のひとつが、女性の「脆弱性 vulnerability」による不平等の説明である。女性の生は、結婚の予期と結婚生活をとおして脆弱になり、離婚した場合にもっとも脆弱になる。つまり、女性は結婚の予期によってキャリアの追求をくじかれ、結婚後の子育てによって「男性並み」の賃労働からは排除され、離婚によって貧困に直面する。そして女性の脆弱性は、母子家庭の貧困と子どもの機会の格差、すなわち子どもへの不正義も作り出す。

もうひとつのポイントは、不平等の「循環」という視点である。家庭の性別分業によって、女性は家庭内の意思決定において弱い立場に置かれ、また職場においても、高い地位や責任ある立場に立つことができない。ひるがえって、職場の不平等が家庭内の権力関係や性別分業を強化する。「家族内で正義が達成されるまで」(三頁)、今日的な言葉で言えば「ケアの公正な分配なしには」、政治や職場などほかの領域での平等を獲得できない。だからこそオーキンは、男女が親業を平等に分担する家族を要求する。「女が男のようになる」のでもなく、「女がやっていることを評価する」のでもない、男性に女性の活動や視点を取り入れる形で家族を再編するべきだ、と。こうした家族がジェンダーをめぐる正義の達成には不可欠だと主張するのである。

　最後に、本書の分析をふまえた今日的課題として以下の点をあげておきたい。オーキンは、家族内に正義が必要なのは単に女性の不平等の是正だけでなく、家族が子どもの正義の感覚を育成する「最初の道徳の学校」であるからだとする。オーキンによれば「母と父による養育を平等に受けている子どもたちだけが、いまは男女間に不均等に分配されている心理学的・道徳的諸能力を十全に発達させることができる」(一七三―一七四頁)。しかしはたして、正義の感覚をもった男女は、この異性愛家族のなかでのみ育成されるものなのだろうか。オーキンが本書でくりかえし言及してきたひとり親家族や同性カップルの家族は、子どもたちの正義の感覚の養成、ひいては社会正義の妨げとなるのだろうか。もしオーキンが「家族における道徳発達」を重視するのならば、多様な「家族」のあり方を正義の理論にどう取り込むかが検討すべき課題となるだろう。

　また、本書でとりあげられているケア労働は、次世代を再生産する育児に限定されており、介護の問題を射程に入れたときにはオーキン流の正義論も再検討を迫られると考えられる。たとえばオーキンは「家族(私的領域)＝男女が平等に参加する養育の単位」という私的領域の境界自体は自明のものとしているが、こうした公私の領域の区分は介護の問題にどこまで適用可能だろうか。介護をめぐっても何らかの役割が家族に残され、「私的」な単位は維持されるべきなのか。親やパートナーの介護を、誰がどのように分担するのがジェンダーをめぐる正義に適っているのか。そして介護の受け手にとっての正義とは何か。本書を起点にして、家族の形態と機能の多様化を前提にしたジェンダーをめぐる正義のあり方について、さらなる議論が展開されることを期待したい。

なお、本書の翻訳にあたり、ニエヴァス・ゾーイさんが文献リストの作成を手伝ってくださった。この場を借りて感謝の気持ちをお伝えしたい。本文については、序章から第3章を山根、第4章と第5章を内藤準、第6章と第7章を久保田裕之、第8章を山根が翻訳を担当し、全体の推敲を山根がおこなった。

二〇一三年四月

訳者を代表して　山根純佳

スーザン・M. オーキン(Susan Moller Okin)
1946年ニュージーランド，オークランド生まれ．ハーヴァード大学で博士号取得．同大学等で教鞭を執り，1990年スタンフォード大学教授に就任．2004年急逝．

山根純佳　1976年生まれ．山形大学人文学部准教授．ジェンダー理論，ケア・再生産労働論．『産む産まないは女の権利か——フェミニズムとリベラリズム』(勁草書房，2004年)，『なぜ女性はケア労働をするのか——性別分業の再生産を超えて』(勁草書房，2010年)ほか．

内藤準　1976年生まれ．首都大学東京大学院人文科学研究科助教．理論社会学，計量社会学．「自由と責任の制度——パレート派リベラルの不可能性と契約自由解の可能性」(『理論と方法』第20巻第2号，2005年．第7回数理社会学会論文賞受賞)，「自由の規定要因とジェンダー不平等——階層測定の単位に関する論争から」(武川正吾・白波瀬佐和子編『格差社会の福祉と意識』東京大学出版会，2012年)ほか．

久保田裕之　1976年生まれ．日本大学文理学部准教授．家族社会学，福祉社会学．「若者の自立／自律と共同性の創造——シェアハウジング」(牟田和恵編『家族を超える社会学——新たな生の基盤を求めて』新曜社，2009年)，エヴァ・F. キテイ『愛の労働あるいは依存とケアの正義論』(共訳，白澤社，2010年)ほか．

正義・ジェンダー・家族　スーザン・M. オーキン

2013年5月30日　第1刷発行

訳　者　山根純佳《やまねすみか》　内藤《ないとう》　準《じゅん》　久保田裕之《くぼたひろゆき》

発行者　山口昭男

発行所　株式会社 岩波書店
〒101-8002 東京都千代田区一ツ橋2-5-5
電話案内 03-5210-4000
http://www.iwanami.co.jp/

印刷・精興社　製本・牧製本

ISBN978-4-00-025873-9　Printed in Japan

索　引

た　行

な　行

は　行

ま・や行

ら・わ行

原　注

第1章

(1)　ひとり親家庭の長期的貧困については，U.S. Department of Labor, Bureau of Labor Statistics(1987)，Sidel(1986: xvi, 158)，Ellwood(1988: 84-85)を参照．第7章でこれらの事実についてもう一度議論する．

(2)　ひとり親家庭のうち，23% が一度も結婚しておらず，12% が死別である(U.S. Bureau of the Census, Current Population Reports 1987)．また，1987年に一度も結婚していない両親と同居していた18歳以下の子どもは，6.8% である(*New York Times*: March 23, 1989, p. A24)．全人口におけるひとり親家庭の割合と，黒人家庭のひとり親家庭の割合は大きく異なり，黒人家庭では35歳以上の成人のいる家庭の半分がひとり親の母子家庭であり，そのうち4分の3が非婚である(Levy 1987: 156)．

(3)　ジョーン・スコットが指摘しているように，ジェンダーは近年まで，文法的な用語としてのみ使われてきた(Scott 1988: 28)．

(4)　英米系のフェミニストのなかでは，Daly(1978)，Griffin(1978)があげられる．ラディカル・フェミニズムの生物学的決定論を分かりやすくまとめたものとしては，Jaggar(1983)を参照．

(5)　たとえば，Yanagisako and Collier(1992)を参照．

(6)　その他の文献については本書の第6章注(21)を参照．

(7)　現在，西洋政治理論における女性の公的領域からの排除とそれを正当化する論理を扱う著作は数多い．たとえば，Clark and Lange eds.(1979)，Elshtain(1981)，Lloyd(1984)，O'Brien(1981)，Okin(1979)，Pateman(1983)，Pateman and Gross eds.(1987)，Pateman(1988)，Pateman and Shanley eds.(未刊行)．

(8)　グリーンは，真の民主主義の必要条件である社会的平等は，今日の性的分業と相いれないと述べる(Green 1985)．Green(1985: 96-108)を参照．

(9)　この問題はSchrag(1976)，Walzer(1983: chap. 9)で扱われている．

(10)　本章の注(7)を参照．このフレーズはデイル・スペンダーのものである．

(11)　例として，Gauthier(1986)を参照．幸いなことにゴーティエのコンピューターは，プラトンやロールズを“彼女”，王妃ガートルードやメアリー・ギブソンを“彼”と呼ぶほど徹底的にランダム化する意志はないようだ．

(12)　*General Electric v. Gilbert*, 429 U.S. 125(1976)，135-136. 後者の説明は *Geduldig v. Aiello*, 417 U.S. 484(1974)，496-497から引用．強調は筆者による．

(13)　彼は「数か月後に胚を殺すためだけに妊娠するように中絶を楽しむカップル」という仮想的な状況を論じる際に，ジェンダー中立性を用いている．

(14)　伝統の理論家がジェンダーの正義についての考察から逃れる方法については，「わ

れわれの理論はジェンダー中立的か」(Okin 1986)で分析している.

(15) Pateman and Brennan(1979), および Okin(1982)を参照. この問題は Pateman(1988)で, もっともたくさん論じられている.

(16) もともと道徳発達理論から出てきたこうした主張は, 近年ではフェミニストの道徳, 政治理論に大きな影響を与えている. ふたつの主要な著作として, Gilligan(1982), Noddings(1984)がある. フェミニスト理論におけるギリガンの影響を論じたものとして, Benhabib(1987), Blum(1988), Kittay and Mayers(1987)を参照. この問題に対する優れた代替的なアプローチを提示し, 大量の書物のなかから精選された文献をリストアップしたものとして, Flanagan and Jackson(1987)がある.

(17) たとえば, Broughton(1983), Flanagan(1993), Greno and Maccoby(1986), Nails(1983), Tronto(1987), Walker(1984)を参照.

(18) Apostolic Letter in *New York Times*, October 1, 1988, pp. A1 and 6 からの抜粋. 過去のステレオタイプの強化一般については, Okin(1990b)を参照.

(19) Jean-Jacques Rousseau, *Emile: or On Education*, trans. Allan Bloom(New York: Basic Books, 1979), p. 363.

(20) Lois de Bonald, in *Archives Parlementaires*, 2e série(Paris 1869), vol. 15, p. 612; cited and translated by Roderick Philips, "Women and Family Breakdown in Eighteenth-Century France: Rouen 1780–1800," *Social History* 2,(1976): 217.

(21) *Reynolds v. Nebraska*, 98 U.S. 145(1879), 164, 166.

(22) *Bradwell v. Illinois*, 83 U.S. 130(1872).

(23) ミルがこれを書いたとき, 女性は政治的権利をもっていなかったし, 夫の庇護のもとにある既婚女性は法的権利を奪われていた. ミルはこの小論でこれらのすべてに反対している.

(24) "Philosophical Rudiments Concerning Government and Society" in *The English Works of Thomas Hobbes*, ed. Sir William Molesworth(London: John Bohn, 1966), vol. 2, p. 109.

(25) たとえば, Walzer(1983: chap. 9)を参照.

(26) 彼はところどころで道徳発達について議論しているが, 家族を「自発的組織」という広いカテゴリーのなかに位置づけ, 家族のなかのジェンダー役割については議論していない.

第2章

(1) たったひとつの例外として, ブルームの著作に対するマーサ・ヌスバウムのすばらしい書評がある(Nussbaum 1987).

(2) *Discourse on Political Economy*, translated from Jean-Jacques Rousseau, Oeuvres Complètes(Paris: Pléiade, 1959–1969), vol. 3, pp. 241–242.

(3) David Hume, *Enquiry Concerning the Principles of Morals*, ed. L.A. Selby-Bigge

from the 1777 edition (Oxford: Oxford University Press, 1975), p. 185, *A Treatise of Human Nature*, ed. L.A. Selby-Bigge (Oxford: Oxford University Press, 1978), pp. 493–496.
(4) Hume, *A Treatise of Human Nature* からの引用.
(5) "The Subjection of Women", in *The Collected Works of John Stuart Mill*, ed. John M. Robson, vol. 21 (Toronto: University of Toronto Press, 1984), p. 284.
(6) Shanley (1981: 233) における Ruskin (1871) の引用. Shanley (1989) の序章と第 1 章も参照.
(7) Okin (1979: chap. 8) を参照.
(8) Rousseau, *Emile: or On Education*, trans. Allan Bloom (New York: Basic Books, 1979), p. 364, Okin (1979: esp. chaps. 6 and 7).
(9) Rousseau, *Emile*, p. 370.
(10) Bloom (1987: 101) も参照.
(11) John Stuart Mill, "Nature" from *Three Essays on Religion*, in *The Philosophy of John Stuart Mill*, ed. Marshall Cohen (New York: Random House, 1961), "The Subjection of Women," in *The Collected Works of John Stuart Mill*, ed. J. M. Robson, vol. 21 (Toronto: University of Toronto Press, 1984), esp. pp. 269–270 and 276–282.
(12) Mill, "Nature," p. 445. p. 487 も参照.

第 3 章

(1) Family protection Act, S. 1378, 97th Cong., 1st sess., 127 Congressional Records S6329 (1981); Pope John Paul II's Apostolic letter, "On the Dignity of Women," について *New York Times*, October 1. 1988, pp. A1 and 6 で詳細に分析されている.
(2) *New York Times*, October 6, 1988, p. D32.
(3) MacIntyre (1981), Sandel (1982), Taylor (1979: 111–169; 1985; 1989) を参照.
(4) Walzer (1989; 1987: chap. 1 and 2; 1988).
(5) 例として, Baier (1985), Sommers (1987) を参照. コミュニタリアンの一部とフェミニストの見解の相違点については, Benhabib and Cornell (1987: 11–13) に要約されている. ベンハビブとコーネルと同じ視点で, フェミニズムにとってのコミュニタリアニズムの問題点を指摘したものとして, Friedman (1989), Tronto (1987) がある.
(6) マッキンタイアが, 道徳的／政治的危機に直面している現代の人にとって彼の伝統が有効だと考えていることがもっとも明白に分かる記述として, MacIntyre (1988: 391–392) を参照.
(7) マッキンタイアと他のコミュニタリアンの議論が, 「ハード・ケース」に対する政治的関与と考察を欠いていることを指摘する批判は, Gutmann (1985), Hirsch (1986), Kymlicka (1988), Wallach (1987) など数多い. ガットマンとキムリッカは, ネーゲル (Nagel 1988) の『誰の正義か, どの合理性か』への批評と同様, ジェンダーの問題について簡潔に指摘している.

(8)　こうした例は，マッキンタイアが『誰の正義か』において男子に限定されたアテネの教育について議論するときや，45 ページの前半，32–39 ページの随所にみられる（MacIntyre 1988）.
(9)　MacIntyre（1988: chap. 11）も参照.
(10)　統一令の後のイングランドとスコットランドの価値の対立の例をのぞいて，正義の解釈を提供するものとしてマッキンタイアが出してくる認識論的危機の例が，倫理的なものでも政治的なものでもないことは注目に値する.『誰の正義か』の 362–363 ページで彼が持ち出す他の例は，三位一体説をめぐる 4 世紀にわたる神学的論争と，20 世紀後半の量子力学と古典力学の衝突である.
(11)　彼はアリストテレスやバークと同じように，伝統が生き残るということは，少なくとも伝統の合理性と正義の強力な指標だと考えているようだ．彼は伝統が持続するにつれて，疑問や異議申し立てに耐えられるようになっていくと述べる.「伝統はよい探求の形式として維持されている限り，その伝統のなかの真理の主張は，それ以前の伝統よりも弁証法的な問いかけや異議申し立てに耐えられるようになる」(MacIntyre 1988: 359). 同書 7–8 ページも参照．しかし彼は，絶対的な知に向かって進んでいくとするヘーゲルの伝統からは距離を置いてこう述べる.「いかなる段階でも，現在の信念や判断が，将来さまざまなかたちで不適切であることを示される可能性を排除することはできない」(MacIntyre 1988: 361). また，MacIntyre（1981: 207）も参照.
(12)「後進的で，時代遅れな伝統の文化と彼らがみなすものをのぞいて，どこにでも根をおろそうとする」「根無し草のコスモポリタニズム」については，MacIntyre（1988: 3–4, 395, 388）を参照．また彼は，伝統から独立した正義の根拠や中身を同定しようという試みは,「特定の社会や文化の伝統のメンバーとして属している伝統から人間を切り離す道徳的視点の諸性質」(MacIntyre 1988: 334)を探し出すことになる,「慣習的な道徳的思考や行為の方法の具体性から」切り離された普遍性の概念は，浅薄で，貧弱なものしか提供し得ないと述べる．これらの批判は主としてリベラリズムに向けられている.
(13)　たとえば，Adkins（1960），Finley（1978），Hartsock（1983: chap. 8）を参照.
(14)　この傾向は『誰の正義か』ではいくらか弱まっている（MacIntyre 1988: 14）．しかし彼はここでは階層制における利益の対立を軽視している（MacIntyre 1988: 20）.
(15)　MacIntyre（1981: 111）も参照.
(16)　アリストテレスに対するフェミニストの批判的分析 ――Elshtain（1981）, Lange（1983）, Okin（1979）, Saxonhouse（1985）, Spelman（1983）は，マッキンタイアの著作でほとんど無視されている.
(17)　たとえばマッキンタイアは「人間／男性 man にとっての善をつくりあげるのは，最高の生を生きた完全な人間の生である」,「アリストテレスの説明では，徳のいくつかはあるカテゴリーの人間しか手に入れることはできないものの，徳そのものは，社会的役割ではなく，人間／男性 man そのものに備わっている」(MacIntyre 1981: 140, 172)と述べる.

(18)　アリストテレスについて論じている第6章から第8章までの記述においても，こうした包括的な記述をしている．
(19)　Aristotle, *The Politics*, 1328a-29a.
(20)　MacIntyre（1981: 170）も参照．
(21)　また彼は別の箇所でも，アリストテレスが正義について論じていることは「女性と道徳の性質に対する彼の信念によって歪められている」と指摘している（MacIntyre 1988: 121）．
(22)　Aristotle, *The Generation of Animals*, 4, 767b, 775a. これと関連して，Lange（1983），Okin（1979: 81-84, and notes）を参照．マッキンタイアはアリストテレスの倫理は，「形而上学的な生物学を前提にしている」が，彼は「われわれはそうしなければいけない」として，この形而上学的生物学を棄却する（MacIntyre 1981: 152, 139）．しかし彼は，彼が必要だとする代替的な目的論的説明を提示していない．
(23)　このことは，プラトンが『法律』において，女性の潜在力が発揮されていないとする彼の信念を繰り返し述べているにもかかわらず，私的な家族を元通りにするときには，女性に家庭の役割を再び割り当てていることからも確かめられる（Okin 1979: chap. 3）．
(24)　Plato, *The Republic*, book 5; Aristotle, *The Politics*, 1261a-1264b.
(25)　マッキンタイアは「自分自身の財」をもつ個人のための家事労働の重要性についてアリストテレスの議論を引用している（MacIntyre 1988: 126）．またアクィナスについて論じるなかで「本質的な傾向」として「家族でいっしょにゆったりと暮らすことで人間は善く生きられる」と述べる（MacIntyre 1988: 194-195）．他にも，私的な家族の持続を当然とみなしている短い記述がある（MacIntyre 1988: 202, 227, 263, 273, 307, 397）．
(26)　彼はこれを「ポリスの限界から抜け出すもの」と論じている．
(27)　例として，Børreson（1981），Horowitz（1979），Lloyd（1984），Osborne（1978），Saxonhouse（1985）を参照．
(28)　Augustine, *Confession*, 9, 8; *De trinitate*, 12. 7. 12.
(29)　Pope John Paul II, "On the Dignity of Women," *New York Times*, October 1, 1988, pp. A1 and A6.
(30)　Aquinas, *Summa Theologica*, part 1, question 92, quoted from the translation in Osborne, *Women in Western Thought*, p. 69.
(31)　マッキンタイアによれば，「アリストテレスが述べるように，法はもっともよいポリスの市民を守るのであり，アクィナスが述べるように自然法は神の国におけるすべての人間を守る」（MacIntyre 1988: 181）．しかしアクィナスの議論では，自然法はすべての人間に適用される一方で，自然法は男性による女性の支配を正当化していることについて，マッキンタイアは論じていない．
(32)　アクィナスを20世紀に持ち出す際に避けられないもうひとつの「テスト」は，核分裂の発見である．ここでの争点は，「正しい戦争」の伝統は，核の抑止と人類の絶滅の脅威の道徳的ジレンマに答えられるかという点にある（Okin 1984）．

(33)　たとえば，Pateman(1988)を参照.
(34)　ウォルツァーの理論は，『正義の領分』でほぼ完全に論じられているが，「共有された理解」をめぐる論考は，Walzer(1987; 1988)においてさらに発展している.
(35)　Walzer(1987: 11-16)も参照.
(36)　Silone(1937), quoted in Walzer(1988).
(37)　ウォルツァーのような立場に批判的な，階層構造の社会的条件と正当化について簡潔に論じたものとして，Williams(1962: 119-120)，Daniel(1985: 145-146)も参照.
(38)　『正義の領分』に対するロナルド・ドゥオーキンの書評(Dworkin 1983: 4-5)と，ウォルツァーの応答(Walzer 1983)を参照.
(39)　ウォルツァーは「さまざまな時代において」,「身体的強さ，家族の名声，宗教的政治的な事業，所有地，資本，専門的知識などの支配的な財」は，「一部の男女の集団に占有されてきた」(Walzer 1983: 11)と述べる．ここでは，ジェンダー中立的な言語によって議論の信憑性が失われている．実際にはこれらの財は，少なくとも他の集団を排除して男女の集団が占有している程度よりは，女性を排除して男性が占有している程度のほうが大きいのだ(いまだに女性は，いくつかの重要な財を所有することができずにいる).
(40)　これはメアリー・オブライエン(O'Brien 1981)の造語である.
(41)　このような態度をめぐる分析として，Klatch(1987: chap. 5)，Luker(1984: chap. 8)を参照.
(42)　この対立をめぐる公平で分かりやすい分析として，Young(1985)を参照.
(43)　ルソーも同様の問題を指摘しているが，彼がとりあげるのは奴隷についてだけである(*The Social Contract*, book 1, chap. 2).
(44)　マッキンタイアによれば，アイルランドの「アウトサイダー」であり，それでも伝統を擁護したエドマンド・バークが，英国の地主に対し，外の社会の基準を用いる理由などないと主張し，一方で「インサイダー」であったウィリアム・コベットは，バークの「イデオロギー的な視点」を論破した(MacIntyre 1988: 217-219).
(45)　マッキンタイアの善の概念にかかわる関連する問題については，Cornell(1985: esp. 319-322)を参照.
(46)　*Daily News*(Juneau, Alaska), March 21, 1985, Olsen(1985)からの引用.

第4章

(1)　ジョン・ホスパーズは道徳哲学に関するテキストに「生への権利」と題する節を設けているが，そこでは人工妊娠中絶には触れられていない(Hospers 1961: 398-401)．このような欠落は今日では考えられないことである.
(2)　たとえば，合衆国最高裁は*McNamara v. County of San Diego*訴訟で，母親が養子に出そうとしている子どもについて，その子どもが生まれたことを知らなかった未婚の父が有する権利に関する判決を，1988-1989年に下すことで合意した(*New York Times*, April 19, 1988, p. A22)．1988年12月に技術的な問題のため上訴は棄却されたが，その他

の訴訟が追随する様相をみせている.
(3)　Nozick(1974: 179 n., 238)を参照. その179ページの注では, 人びとが生存を維持するために必要とするものについての権利をアイン・ランドは擁護しているが, 実は彼女の立場はノージックの立場と同一なのだということを示唆している. すなわち, 人びとは生への権利とその生存のために努力する権利をもつのみだというのだ(「人間の権利」, Rand(1964)所収). 他の権利理論家のほとんどはこの見解とは意見を異にする. たとえばジョン・ホスパーズは, 最小限の生活水準に対する人間の権利を擁護して, 「彼には生への権利があると言いつつ, 飢え死にするに任せるならば, そこにはほとんど意味がない」(Hospers 1961: 402)と述べていた. もっともホスパーズは, ランドから影響を受けてその後リバタリアンになり, 1972年にはリバタリアン党では初の大統領候補として出馬している. Branden(1986: 323-324, 412-413)を参照せよ.
(4)　Nozick(1974: 150, 153)を参照. 230ページで彼は, 正義の権原理論に関する自分の議論の不完全さを, 分配的正義の理論に関するロールズの論証の不完全さになぞらえている. だがロールズは, 自らの基本原理を正当化するために非常に多くのページを費やし, その原理のさまざまなケースにおける適用例を膨大に引用しているのだから, この類比はばかげたものでしかない.
(5)　ロールズについては, Nozick(1974: chap. 7)の随所を, ウィリアムズについては, Nozick(1974: 233-235)を参照せよ.
(6)　Nozick(1974: 273, 206)を参照. 私的所有一般の自然権理論のなかで自己所有権が占める中心的な位置については, Ryan(1983: 230)を参照せよ.
(7)　Nozick(1974: 288)を参照. Locke, *Second Treatise of Civil Government*, 1690の第6パラグラフも参照せよ.
(8)　Locke, *Second Treatise of Civil Government*の第23パラグラフ.
(9)　たとえば, Nozick(1974: 179 n., 238)を参照せよ.
(10)　Locke, *Second Treatise of Civil Government*, 1690, 第27パラグラフ. Nozick(1974: 175)に引用がある.
(11)　たとえば, Rand(1964)所収の「人間の権利」や「自由な社会における政府財源」を参照. 自由放任主義経済の傑出した支持者であり, 過去三人の大統領の政権のアドバイザーを務め, 現在も〔本書出版当時〕連邦準備制度理事会の議長であるアラン・グリーンスパンは, 彼の考えにランドが大きな影響を与えたことを認めている. ルイス・ユチテルの「アラン・グリーンスパン——連邦準備制度理事会での警告」(『ニューヨークタイムズ・マガジン』1989年1月15日発行, 42ページ)を参照. 1981年の『ニューヨークタイムズ』では「レーガン政権のなかで異例の人気を集める小説家がいるとすれば, それは啓蒙された利己主義の主唱者であるアイン・ランドその人である」(Branden 1986: 410)と報じている.
(12)　「アリストテレス的エゴイズム」にもとづいてリバタリアニズムを擁護する議論として, Machan(1987)を参照せよ. マキャンは「きわめて困窮した人びとに対するもので

あったとしても」再分配には反対する(Machan 1987: 158. ⅴページも参照せよ). ミルトン・フリードマンは『資本主義と自由』の第12章で, 社会保障を含むその他の福祉プログラムに反論しつつ, 政府による貧困支援のうち唯一許容できるものとして負の所得税のアイデアを支持している(Friedman 1962).

第5章

(1) ブルームはロールズ『正義論』の刊行直後にきわめて批判的な分析を著したが(Bloom 1975), いまもなお, 生の様式を選択する成員たちの権利を平等に尊重するリベラルな社会をロールズが擁護したことについて, 笑いものにしようとしつづけている(Bloom 1987: 30, 229). マッキンタイアは『誰の正義か, どの合理性か』で, ロールズのある短い一節に繰り返し注目している. ロールズはその一節で, 人間のさまざまな目的の多様性を強調し, その他のあらゆる目的をあるひとつの目的の下位に置くことは「われわれにとって不合理なことだと, さらには狂ったことだと感じられよう」と主張している(MacIntyre 1988: 165, 179, 337 にロールズからの引用がある). だが, このロールズによる「優越的目的説」への批判はアリストテレスを狂人だとみなすものだとするマッキンタイアのこじつけは, その一節が置かれた文脈を無視したおかしなものだ. なぜなら, アリストテレスによる「善き生」の構想はそれ自体, 有徳な行動と知的な活動のみならずさまざまな物質的な財やサービス, 友人や子どもなどを必要とするきわめて多様なものだからである. ノージックは努力による獲得はもちろん, 偶然や幸運によって獲得したものの権利もその個人にあるという考えを擁護するが, それはロールズの格差原理の再分配的な含意に反論するものである(特に, Nozick 1974: chap. 7). サンデルの『リベラリズムと正義の限界』における議論は総じてロールズに対する反論であるが, それに代わる理論については曖昧な示唆をするにとどまっている. 最後にウォルツァーは, ロールズによる正義の理論化の方法に対しては明確に異議を唱えている(そして申し訳なさそうに戯画化している). だが, 何が正しいかに関する彼自身の論証と結論には, 少なくともわたしたちの社会の文脈における限り, ロールズの結論に対する彼の異論は上述した他の論者に比べてはるかに少ないことが示されている(Walzer 1983: esp. 79-82; 1987: 11-7).

(2) より最近の著作では, 彼はもうこのようなことはしておらず, ジェンダー中立的な言語が用いられている. たとえば, Rawls(1980; 1985)を参照せよ. だがすぐに明らかにするように, ロールズはジェンダーに関する, とりわけジェンダー化された家族に関する正義や不正義の問題には立ち向かっておらず, このジェンダー中立性はかなりの程度, 偽りである.

(3) Okin(1982: 78-82)および Pateman(1988: 168-173)を参照せよ.

(4) Rawls(1980)も参照せよ.

(5) 彼は以下のように述べている.「われわれがどの善の構想をもっているのかは, 道徳的な見地からみて関連すべき事柄ではない. 善の構想を獲得するときにわれわれは偶然に左右されるが, その偶然性は, 性別や階級についての知識をわれわれが〔原初状態におい

て当事者に与えられる知識から〕排除する根拠となるそれと同種のものである」(Rawls 1975: 537).

(6)　Rawls(1971: 12)も参照せよ.

(7)　なお,『正義論』にコメントした非常に多数の論者たちが,「人間社会についての一般的事実」自体が大きな論争の主題になることが多いという異議を唱えている.

(8)　Rawls(1971: 292)も参照せよ〔なお,改訂版にはこの部分がない〕.

(9)　Rawls(1971: 7, 462-463)を参照.なお,そのあとの節でロールズは,彼の正義の諸原理が私有財産にもとづく経済と同じく社会主義経済と両立しうる可能性について,一般的に答えることはできないという立場をとっている(第42節参照).

(10)　正義に適った所有制度に関するロールズの見解については,近年の優れた議論として,Krouse and McPherson(1988)を参照せよ.

(11)　ロールズが家族の正義の問題に立ち向かわなかったことが,彼の道徳発達理論に対して有する重要性についての興味深い議論として,Kearns(1983: 39-40)を参照せよ.

(12)　Rawls(1971: 490-491)も参照せよ.

(13)　養育と共感とジェンダーの関係については,たとえばGardiner(1987: esp. 771, 778-780)とRuddick(1980)を参照せよ.

(14)　このパラグラフと次のパラグラフで要約されていることについての,より詳しい論証は,Okin(1990a)を参照されたい.

(15)　第一の批判をおこなっているのはNagel(1974)である.Sandel(1982)は第一の批判と第二の批判をおこなっている.第二の批判は,MacIntyre(1981: ex. 119, 223)とWalzer(1983: xiv, 5; 1987: 11-16)がともにおこなっている.第三の批判はサンデルやウォルツァーが提起した批判とも関連するが,おもにフェミニストの批評家によってなされてきた.特にBenhabib(1987),Young(1981; 1987)を参照.第二と第三の批判は,Pateman(1988: 43)の「ロールズの原初状態は,そこでは何も生じないほどに厳密な論理的抽象概念である」という主張のなかにまとめられている.

(16)　たとえばBeitz(1979)は,原初状態の適用範囲を全世界の人口にまで拡張していないことは正当化できないと論じている.この拡張は,現在支配的な「国家主義」的国際関係の構想において想定されている,ほとんどあらゆる事柄に挑戦していくことにつながる.

(17)　*General Electric v. Gilbert*, 429 U.S. 125 (1976), 136.

(18)　Rawls(1971: 202-205, 221-228)も参照せよ.

(19)　Holtzman and Williams(1987)を参照せよ.ここで引用した統計もこの論文からのものである.見かけとは異なり,イギリスでも状況はさして変わらない.1987年時点で,英国下院の630人のうち女性は41人だった.イギリス歴代君主のなかには何人かの女王が存在したのに比べ,マーガレット・サッチャーは歴代首相の異例中の異例である.

(20)　Rawls(1971: 178-179)も参照せよ.

(21)　このテーゼに関する主要な貢献としては,Miller(1976),Dinnerstein(1977),Chodorow(1978),Gilligan(1982),Hartsock(1983).重要な個別の論文としてはさらに,

Flax(1978), Gardiner(1987), Ruddick(1980). 概要，分析としては，Grimshaw(1986: chaps. 5-8), Jaggar(1983: chap. 11), Okin(1990b), Tronto(1987).

(22) ブライアン・バリーは，ロールズが複雑な活動の価値に焦点を当てていること(アリストテレス的原理)に対して，これと類似したより一般的な批判をおこなっている(Barry 1973: 27-30). ロールズは，彼の基本財の理論が「心理学的諸前提に依拠しており，その誤りが明らかになることはありうる」(Rawls 1971: 260)と述べており，そうした批判に対処するために彼の基本財の理論を順応させる余地を残している.

(23) Rawls(1971: 8)を参照せよ．ロールズによる公私二元論の容認に関連するより最近の展開については，Larmore(1987)を参照のこと．ロールズがもっとも明示的に，家族は「私的」領域に属しており，その領域に対する正義の原理の適用は考えていないと述べているのは，Rawls(1985: 245 n. 27)と，Rawls(1988: esp. 263)である.

第6章

(1) ペイトマンとオルセンの議論は，ともに「公的」と「私的」という語彙がもつ両義性の重要な点を明るみに出すための助けになった．すなわち，こうした語彙はときに国家をその他の市場や家族といった領域から切り離すために用いられてきたが，他方で，国家およびその他の非家内領域を家族から切り離すためにも用いられてきた．ここでは後者の二元論について検討するため，以下では「公的」と「家内的」という語を用いることにする．Olsen(1983)を参照.

(2) 原理的には，ウォルツァーはある領域でのひとりないし少数の者による社会的財の独占，および，ある領域から別の領域へと不平等が拡大されてしまう結果生じる支配の双方に反対の立場をとっている(Walzer 1983: 14-17).

(3) たとえば，『ニューヨークタイムズ』が特定の状況で女性を「ミズ Ms.」で呼ぶことにようやく同意したのは，1986 年のことであった.

(4) 家事労働者について雇用者が話題にする際の客体化の例としては，たとえば Hertz (1986: chap. 5)を参照.

(5) 近年，ジェンダーと性別二元論に関する研究が急速に蓄積されている．Harding and Hintikka eds.(1983), Keller(1985), Lloyd 1984), Ortner(1974)などを参照.

(6) 彼は最終的にとりたてて説明もなく，「コミュニタリアンの政治は，家族を感動の源泉であると同時に，抑制され変革されるべき敵として扱わなければならない」と結論づけている(Unger 1975: 233, 97-98 も参照).

(7) この論文でのテーマは，3 巻にわたる Unger(1983)で大幅に拡張されて論じられている．しかしながら，彼の家族に対する考え方は大幅に拡張されているとは言えず，主に第 1 部「偽りの宿命——ラディカル・デモクラシーのための非決定論的社会論」で論じられるにとどまっている(Unger 1987: 102-105).

(8) 国家・家族・市民社会に関するヘーゲルの議論との共通点を見て取るのは難しいことではない.

(9)　結婚の契約的な性質とその特殊性については，Pateman(1984; 1988: esp. chaps. 5 and 6)，また，Shanley(1979)，Weitzman(1981)を参照.
(10)　この点については，Weitzman(1981: 40-43, 71-74)および，引用されている事例を参照.
(11)　Firestone(1971)の独特な議論は，さらに踏み込んだものである．彼女は，両性の平等は人工的な再生産(妊娠・出産)技術の発明と活用によってのみ達成されると主張する.
(12)　『ニューヨークタイムズ』(1988. 8. 9付：A1-15)．また，Schwartz(1989)および，批判に対する彼女の応答として，『ニューヨークタイムズ』(1989. 3. 22付：A27)を参照.
(13)　母親でもある法律家が直面するキャリア上の障壁については，Lezin and Kushner(1986)を参照.
(14)　多くの共働き夫婦自身もまたこうした想定に与してしまう点は，近年の他の研究からも確認できる．たとえば，Hertz(1986: chaps. 4 and 5)を参照.
(15)　『ニューヨークタイムズ』(1988. 8. 9付：A1).
(16)　アリソン・ジャガーによれば，ラディカル・フェミニストと社会主義フェミニストの双方が公的領域と私的領域の区別の完全な撤廃を主張しているのに対して，リベラル・フェミニストは私的領域をより狭く定義すべきことを主張している(Jaggar 1983: 145, 245)．両者をそれほど明確に分けられるのかについて，わたしは懐疑的である.
(17)　また，Bergmann(1986: 205)で引用されているU. S. Law Enforcement Assistance Administration, Kentucky Commission on Women(1979)，および，U. S. Department of Justice Uniform Crime Reports(1987: 11)を参照.
(18)　家族内の暴力と，伝統的な性別分業および女性の依存との関連については，Gordon(1988: esp. chaps. 8 and 9)，Pleck(1987: esp. chap. 10)を参照．権力の不均衡と家族のプライバシーに関しては，Gordon(1988: chap. 9)，Minow(1987)，Okin(1991)，Rose(1987)を参照.
(19)　Weitzman(1981: 65)で引用されているLaw and Taub(未刊行)の議論，および，Weitzman(1981: chap. 3)を通じて扱われている，妻の法的な家事労働の責任とその帰結に関する議論を参照.
(20)　Weitzman(1985: 2 and chap. 1)を通じての議論を参照．また，「わたしたちの社会における女性の社会経済的地位が大きく変化したにもかかわらず，妻が夫の身分に従属・吸収されるという伝統的な結婚モデルは依然として根強く残っている」(Weitzman 1981: 6)という議論も参照.
(21)　関連する議論として，Balbus(1982)，Dinnerstein(1976)を参照.
(22)　Barber(1984: 173-178)も参照．「対話こそが強い民主主義の核心である」とはじめに述べているものの，「対話」の要素として，聞くことが話すことと同じくらい重要であるとする点で，また，「潜在的な共感と愛情あふれる表情」が雄弁さや独創性と同じくらい決定的であるとする点で，彼の議論は際立っている．それゆえ，伝統的に男性的ではなく，女性的とされてきた資質を考慮する点で，彼のアプローチは政治的言論に関する通常

の議論と比べてバイアスが少ないと言えるだろう.
(23) アリゾナ州, マサチューセッツ州, ニュージャージー州, ニューヨーク州, ロードアイランド州, その他の各州では, 法廷における性別と人種に関する偏見の調査および撤廃にむけた特別委員会を設立している. たとえば, Schafran and Wikler(1986a; 1986b)などを参照. また, こうした委員会による年次報告書を参照.

第7章

(1) グディンはさらに一歩踏み込んで,「脆弱性とは, ある人が別の人に重大な影響を与えることができる能力をもっていることであり, 責任とはこうした行為と選択の結果について説明可能な立場にあること」と定義している(Goodin 1985: 114).
(2) このことは, 少なくとも以下の二点からも言える. ひとつに, 病気や事故の結果として障碍をもった人は, 社会的な不平等や労働条件から影響を受けている. ふたつめとして, 身体的ないし精神的障碍によって人がどれほど脆弱になるかは, 部分的には(たとえば車椅子用のスロープのように)より困難を抱えた人のために社会がどれほど拠出できるかによっている.
(3) John Stuart Mill, *The Principles of Political Economy*, 1848, bk. 5, chap. 11, sec. 9を参照(Goodin 1985: 189における引用).
(4) グディンの(同書の7章で議論されることになる)立場を簡潔に表した一文は, 彼の要約から引用した.
(5) 改訂版における初版の要約を参照. のみならず, 初版において自ら明らかにした非対称な依存関係に対する処方箋を見つけそこねている点について, 彼は改訂版で修正を加えている(Hirschman 1980: vi-viii).
(6) これらのデータの裏付けについては, Mincer (1962: 64), Sidel(1986: esp. 50-56, 60), Bianchi and Spain(1986: 196)を参照. ガーソンは「キャリア」を括弧に入れて用いているが, それは彼女自身も彼女の調査対象者もよく理解しているように, この言葉で「単なる労働への参加ではなく, むしろより長期間にわたるフルタイムの賃労働への積極的な参与であり, やがては昇進・昇格に開かれているという期待ないし少なくとも希望がもてるような仕事」(Gerson 1985: 126 n. 1)を指しているからである. 肉体労働と頭脳労働の区別, 専門職や非専門職の区別を意味しているわけではない. 以下では, キャリアという言葉をこうした非エリート主義的な意味で用いる.
(7) また, ここで引用されている「結婚している男性と女性の双方が, 依然として妻子を養うのは夫の責任であると感じている」とするナイの研究も参照. ガーソンの研究においても同様に, 経済的自立に非常に重きを置く非伝統的な女性であっても,「パートナーの男性に対して喜んで完全な扶養を提供しても構わないと考えていたり, パートナーの男性が賃労働をせずすべての家内責任を引き受けることを許したりする者はほとんどない」(Gerson 1985: 113 n. 4, 174-175も参照). 本来であれば妻は働きに出ず家にいるのが望ましいという信念が, 現実の社会的な振る舞いの背後に今なお存在している.

(8) および，ここで引用されている Thornton and Freedman(1982: 297-303)を参照.
(9) Bianchi and Spain(1986: 18)によれば，1969 年から 1975 年のあいだに，20 代前半の女性のうち，(家庭の外で働きたいと答えた女性に対して)主婦になりたいと答えた割合は，白人で約半分から 4 分の 1 に，黒人で半分から 5 分の 1 へと減少した．減少幅は，多くの教育を受けている層で顕著であった.
(10) 教育や仕事の選択について多くの女性が経験する，性別役割のジレンマに関する研究については，Rosen and Aneshensel(1978)，Danziger(1983)，Jensen, Christensen and Wilson(1985)，Marini and Greenberger(1978)などを参照.
(11) 学生時代にもっとも高い野心をもっていた学生のうち，それを達成できると期待していた男子学生は 75% に上るのに対して，女子学生の場合はたった 47% だった．女子学生が抱く野心のレベルは，男子学生の場合に比べて，彼女らの社会経済的状況にも学歴にも影響を受けにくい．同様に，『ニューヨークタイムズ』の記事(1987. 11. 8, sec. 12, p. 7)も参照.
(12) 女性の社会化については，Chodorow(1978)，Weitzman(1979)を参照．家庭の外で働く女性が直面する現実の困難については，たとえば，Beckman(1978)，Frug(1979)などを参照.
(13) ガーソンの調査対象者のうち，就学前に母親が家庭の外で働いていたと回答したのは 14% であり，自分が家を出るまで母親はずっと専業主婦だったと回答したのは 46% であった(Gerson 1985: 45)．賃労働と母親業のあいだの葛藤については，Gerson(1985: 64-65)を参照.
(14) のみならず，こうした選択に際して女性が期待できる支援は，現在ますます失われつつある．たとえば，Gerson(1985: 77-80, 212)を参照.
(15) 1984 年ごろには，フルタイムで働く女性の年収は平均で 1 万 4780 ドルであり，平均で年間 2 万 3220 ドル稼ぐ男性のたった 64% にすぎなかった．したがって，近年の男女賃金格差の縮小は，女性の平均年収が約 1000 ドル上昇したことにもよるが，男性の平均年収が約 1000 ドル落ち込んだことの結果でもある(U.S. Department of Labor, Bureau of Labor Statistics, 1987；U.S. Bureau of the Census, Current Population Reports 1985: 2).
(16) 1987 年 5 月の時点では，高校中退の女性の 33.7% が雇用されていたのに対して，大卒女性では 87.7% が雇用されていた．大卒女性の 81.6% がフルタイムの仕事をもっていたのに対して，高校中退の女性の場合はたった 23.6% だった(U.S. Department of Labor, Bureau of Labor Statistics 1987).
(17) 1987 年の第 2 四半期では，「サービス」業に従事する男性の平均賃金が 1 万 5912 ドルであるのに対して，「サービス」業に従事する女性の場合は 1 万 244 ドルであった．また，男性「専門職」が 3 万 2552 ドル稼ぐのに対して，女性「専門職」は 2 万 3348 ドルしか稼がない(U.S. Department of Labor, Bureau of Labor Statistics 1987).
(18) 職業における性の意味づけに関する Cohn(1985)の近年の研究は，英国のふたつの大企業における事務職の女性化を詳細に検討したものである．彼は，両性の就業上の地位

と賃金の格差が，昇進や管理職への昇格が事実上あり得ない事務職に女性が集中する大きな要因になっていると結論づけている．

(19)　バーグマンによれば，賃金格差の一部は，男性が女性よりも多く残業することに起因している(Bergmann 1986: 122)．しかし，彼女は(結婚における性別役割の影響を受けて)男性が女性よりも同じ仕事に平均して長く留まることによっても，男性の賃金レートが上がることに言及していない．同様に，Bianchi and Spain(1986: 165)，Bielby and Baron(1984)，Blau(1977)，Fuchs(1988: 32-44)を参照．

(20)　また，Gerson(1985: 220)も参照．

(21)　男性への経済的依存を望み，母となることを望む女性の社会化については，Sidel(1986: 29-33)を参照．またFuchs(1986: 463)によれば，「女性がより多くの子どもをもちたいと望むほど，学校や職場で働き始める時期に将来のキャリアに役立つような人的資本への投資をしなくなる傾向がある」．

(22)　こうした議論への重要な鍵となる論文として，Mincer(1962)，Mincer and Polachek(1974)，Mincer and Ofek(1982)，Polachek(1981)を参照．Becker(1981)もまた，こうした思考を一般化したモデルと言えるだろう．

(23)　こうした相互連関がもっともよく認識・分析されている研究として，Bianchi and Spain(1986: 188-195)，Fuchs(1988)，Gerson(1985)，Hartmann(1976)，および，Walby(1986: 71-74)を参照．Fuchs(1988: 4-5)は，「たしかに職場には偏見があり搾取がある．しかし，職業や産業ごとの圧倒的な性別職域分離も，膨大な男女の賃金格差も，家庭における負担の不平等も，大部分が他の要因から説明することができる．……すなわち，主として職業キャリアと家族のあいだの衝突の結果としてもたらされる経済的劣位であり，こうした衝突は男性に比べて女性においてより深刻になるためである」とする．

(24)　たとえば，Becker(1981)を参照．

(25)　こうした影響については，Walby(1986: 73)，および，Blumstein and Schwartz(1983: 131-135)を参照．

(26)　女性労働市場というゲットーから抜け出せなくなったことに気づいた女性たちについて，ガーソンは次のように述べる．「かつてはためらっていた，家庭に入って夫の稼ぎで子どもを育てるという選択肢が，以前よりも魅力的にみえてくる……子どもをもつという決定は，典型的には職場での不全感と同時に浮上してくる……もちろん唯一の要因ではないにせよ，働き続けても昇進や昇給の機会が見込めそうもないと感じることが，こうした層の女性が子どもをもつ大きな要因となっている」(Gerson 1985: 107-108)．「昇進昇給機会の剝奪により，働くモチベーションは転落の一途をたどり，これと比較して，子どもを産むことが解放的なオーラを纏うようになる．……女性の労働はいくつかの重要な点において，女性をこのように家庭中心の生活へと転向させるように編成されている」(Gerson 1985: 110)．

(27)　このことは，以前の発見からの変化を示すとともに，女性の賃労働時間が増大したことの結果であると考えられる．1960-1986年のあいだに，「平均して，妻が有償無償を

含む総労働時間を1週間あたり4時間増加させたのに対して，夫は2.5時間減少させた」(Fuchs 1988: 78)．1975-1976年のデータにもとづき，夫は平均して1日あたり約1時間だけ妻よりも総労働時間が多いとするBergmann(1986: 263)も参照．

(28)　家事に関してもっとも近年におこなわれた大規模調査であるという理由で，Bergmann(1986: 261-266)が分析したのと同じミシガン調査研究センターの統計(1975-1976年)を用いた．しかしながら，より明確で簡潔な結果を得るために，彼女が用いた沢山のカテゴリを，より少ないカテゴリへと統合している．わたしがパートタイム労働者の妻を，フルタイム労働者の妻とではなく主婦と同じカテゴリへと統合したのは，普通，パートタイム労働に従事する妻は賃金が低く，雇用も不安定で，昇進・昇給の見込みもなく，低く価値づけられているためである．

(29)　ミシガン大学の1975-1976年調査データを用いた，Bergmann(1986: 263, table 11-2)を参照．ただし，フクスの議論が妥当だとしても，パートタイムで働く女性は長時間働いていることが多いため，こうした数値の変化ももっともである．

(30)　「主婦の仕事」(Bergmann 1986: chap. 9)を参照．専業主婦という役割が大きな不利益を抱えていることを示すひとつの指標は，これを選ぶ男性がきわめて少ないということである．ブルームスタインとシュワルツによれば，近年メディアが専業主「夫」に関心を寄せているにもかかわらず，「3632人の夫のうち，フルタイムで家事・育児をおこなうことが仕事であると回答したのはたった4人にとどまり……努力はしてみたものの，十分な人数を集めることはできなかった」と述べている(Blumstein and Schwartz 1983: 146, 561 n. 11)．また，バーグマンは労働統計局の資料を引用しながら，「1986年1月の時点で，家事をしていると答えた46万8000人の男性が失業中であると思われ，1980年から22%増加している」と述べている(Bergmann 1986: 259)．しかしながら，ブルームスタインとシュワルツ，およびガーソンがともに指摘するように，完全な稼ぎ手役割を引き受けようとする既婚女性がほとんど存在しないという事実もまた，影響しているのではないかと思われる．

(31)　いかにして「子育てと私的領域にかかわる仕事が体系的に価値を貶められるのか」，および，その結果，家庭志向の女性がどのような影響を被っているのかについての優れた説明として，Gerson(1985: 211-212)を参照．また，Polatnick(1983)も参照．たとえば，ブルームスタインとシュワルツの研究では，「お前がそんなに賢いんなら，何だって金を稼いで来ないんだ？」というふうに口論のなかで妻が稼がないことを持ち出す夫の事例が引用されている(Blumstein and Schwartz 1983: 58-59)．離婚しようとする妻が自分の仕事を低く評価する事例についてはWeitzman(1985: 315-316)，夫の社会的地位を自らに援用してきたことによって，離婚後に妻が経験するアイデンティティの喪失についてはWeitzman(1985: 334-336)を参照．公共政策のレベルでは，主婦の労働に対する経済的な価値が正しく評価されないことは，家事が使用人によって有償で担われたときだけ国民総生産(GNP)に算入されることからも分かる．もし正しくGNPに算入されれば，先進諸国でおこなわれている不払いの家事労働はGNPの25-40% を構成するだろうと試算されて

いる．にもかかわらず，使用人と結婚することでGNPを引き下げてしまうという古い小咄は，現在も間違いではないのである．

(32)　ブルームスタインとシュワルツによれば，「お金の問題は夫婦間でもっともよく議論される事柄である．研究を重ねるにつれ，また年を遡って調べるにつれ，すべての夫婦のうち4分の1から3分の1が，お金をもっとも重要な問題と位置づけていることが分かる」(Blumstein and Schwartz 1983: 52)．また，フクスは，ヘルスケアフォーラムにおけるジェンダー関係論の専門家の報告書(Shaevitz 1987: 27)から，「家事をめぐる言い争いは，合衆国におけるドメスティック・バイオレンスの主たる原因である」とする議論を引いている(Fuchs 1988: 74)．

(33)　また，Walker(1979)も参照．経済的依存からくる恐怖は，普段は表面化しないとしても多くの主婦が内に抱えているものであり，共感をもって耳を傾けさえすれば，たちまち溢れ出てくる．ガーソンは折に触れてこの点に言及しているが(たとえば，Gerson 1985: 115)，わたしがこの本の研究について話をすると，妻として経済的依存状態にある知人の幾人かは夫に見捨てられる同様の恐怖について話してくれた．この点，Rubin (1976: chap. 8)は，労働者階級の主婦がその相対的な権力の弱さと経済的依存によって，夫からの望まない性的要求に従わざるを得なくなることを鮮やかに示した研究である．ブルームスタインとシュワルツもまた，カップル間の権力が，性的親密性，拒絶，パートナーのニーズへの配慮，そして満足とどのような関係にあるかを，ある程度の分量を割いて論じている(Blumstein and Schwartz 1983: 206-306)．

(34)　引用は，Blumstein and Schwartz(1983: 144)，Gerson(1985: 170)からのものである．ごく最近になって男性の家事・育児への参加がわずかに上昇しつつあることを示すいくつかの研究結果を除いて，この問題については広く同意が得られている．バーグマンによれば，1975-1976年のミシガン大学調査に参加したのち，1981-1982年に追跡調査を受けたカップルでは，「6年ぶりの調査では，夫は週あたり1.5時間多く家事に貢献するようになっていた」ことを明らかにした(Bergmann 1986: 266)．他方で，「どのグループでも夫の家事時間は平均して30分に満たないにもかかわらず，若い夫は同じ条件のより年上の夫よりも少なくしか家事をしない」ことも示している(Bergmann 1986: 264)．

(35)　バーグマンは「妻が週5時間ないし，それ以下の時間しか賃労働にあてていない家族」を「専業主婦によって維持される家族」と定義している(Bergmann 1986: 62 n.)．Nickols and Metzen(1982)によれば，1968-1973年の家族内の時間配分に関する研究にもとづき，妻が働きに出るようになると，妻の家事時間の平均は週35時間から25時間に下降するにもかかわらず，その夫の家事時間は週2時間のままであることを明らかにした．

(36)　ブルームスタインとシュワルツの研究によれば，家事に対して厳しく平等主義的な態度を公言するフルタイム労働者同士の夫婦のなかでも，パートナーよりも週に10時間以上も多く家事を担っている男性は28%であったのに対して，女性は44%であった．同様に，彼女らが引用したいくつかの例は，「平等主義」として語られるこうした態度がむしろ表面的なものに過ぎない可能性を示唆している．たとえばある妻は，夫が床や台所を

掃除することについて，「夫はわたしのためにしてくれるんです」と話す[強調引用者](Blumstein and Schwarz 1983: 142)．また，Coverman(1985: 233)も参照．

(37)　近年の例では，Becker(1981)，およびGershuny(1983: 156)を参照．

(38)　権力を研究するうえでの，「非決定」の重要性については，以下の本文を参照．

(39)　ブルームスタインとシュワルツはまた，「アメリカでは，女性として育つことで家事を何かしら女性によってなされるべき仕事として……男性として育つことでたとえリベラルな男性であっても家庭内の義務は拒絶するべき仕事として捉えるのが，当たり前の文化とされているようである」とも述べている(Blumstein and Schwartz 1983: 148)．また，収入の格差と家事の問題に関して，ビアンキとスペインは「二人親の家族においては，平均的に，妻が夫と同等の収入を稼ぐようになるまで，男性が家事・育児に同等の時間を割くようになることはほとんどない」とする(Bianchi and Spain 1986: 243)．夫婦の諍いについては，ブルームスタインとシュワルツはその膨大な対象者のなかから，家事をめぐって生じる喧嘩は，夫が家事をおこなうほど増大することを示している(Blumstein and Schwartz 1983: 146, 562 n. 32)．

(40)　たとえば，1960年の本の一節で，伝統的な性別分業を「実用的でイデオロギー中立的」なものと定義するなかで，二人の著名な家族社会学者は次のように書いている．「職場で遅くまで働いていようと，計算に取り組んでいようと，肘掛け椅子に腰掛けて問題に頭を悩ませていようと，責任ある会社の重役は家事をおこなっている暇はない．彼が責任ある立場につくほど，ますますそんな時間はなくなるだろう．というのも，出世のためには残業する必要があり，出世することでますます残業しなければならなくなるからである」(Blood and Wolfe 1960: 59)．妻のほうが「家事をおこなっている暇はない」状態になる機会がほとんどないとしても，母親業もおざなりにできない責任ある女性の重役は，肘掛け椅子に腰掛けてではなく，壊れた洗濯機について頭を悩ませるほうがよほどあり得ることなのである．

(41)　「少なくなる余暇，困難になる仕事のやりくり，余裕がなくなるスケジュールといった，家庭の外で働く妻が被る実質的な不利益にもかかわらず，専業主婦の不利益と比べたらましなものに違いない．さもなければ，そんな選択をする女性はもっと少ないはずだからである」と，バーグマンは指摘する(Bergmann 1986: 257–258)．しかしながら，低所得世帯の「召使い妻」の場合，働きに出るという選択は，たいていは家族の生活水準を向上させるためにおこなわれている．

(42)　『ニューヨークタイムズ』(1987. 9. 14付：A13)に引用されたU.S. Bureau of the Census 1986 dataを参照．

(43)　U.S. Bureau of the Census, Current Population Survey(1985)から転載．

(44)　ある程度平等な職業キャリアをもつ夫婦についての近年の研究によれば，こうした夫婦は通常，移民などの不安定で低賃金の女性の労働に非常に大きく依存していることが示されている．また，こうした夫婦においてさえ，「妻は夫のためにいつでも時間の融通を利かせるものと考えられており，家事労働者はそうした妻を助けるために働いている」

とはいえ，以前の研究結果に比べれば，共働き夫婦が双方のキャリアについてより平等な決定ができるようになっているようにみえる．この点については，Herz(1986: 189)および，同書の家事と育児について論じた第5章，職業キャリアに関する決定についての第2章を参照．

(45)　この研究への批判については，Heer(1963)，Safilios-Rothschild(1969)，Gillespie(1971)を参照．

(46)　家庭内の決定における相互関係を測定するために，ブラッドとウルフは特にその理由を説明するわけでもなく，夫妻が平等に意思決定をおこなう場合を4とする10件法の尺度を開発する．そのうえで，普通ならば予想されるように3から5に該当する夫婦を「相対的に平等主義的」と定義するのではなく，4から6に当てはまる夫婦をそのように定義するのである．対象となった夫婦の平均は5.09であることをもって，まるで彼ら自身のデータがそれを例証しているかのように，アメリカの家族は「穏当な男性優位」というよりむしろ「平等主義的」であると結論づけるのである．

(47)　この点は，Heer(1963: 137-138)によって批判されている．これに対してブラッドは，かつての彼の研究が，「資源」の名の下に収入，社会的地位，教育，労働市場への参加といった「外部システムから調達可能な」もののみを扱おうとしたために，対象を捉え損ねていたことを認め，基本的に批判を受け入れている(Blood 1963: 475-476)．

(48)　彼女たちが「男性支配的」に分類した夫婦のほとんどで，男が稼ぐべきという通念を夫と妻の双方が信じていた．また，このうち約40%が自分たちの関係を「男性支配的」であると考えており，「女性支配的」であると考える夫婦の5倍であった．しかし，このような場合であっても，半数を少し超える夫婦が，権力という点では夫婦は平等であると考えていた．

(49)　1986年時点では，働く女性は世帯収入の約28%に貢献していた(Congressional Caucus for Women's Issues, 1988: 3)．

(50)　また，Polatnick(1983: esp. 23-25)を参照．

(51)　権力の分配について研究する際に「不決定」を考慮に入れることの重要性について，Bachrach and Baratz(1962: 947-952)を参照．残念ながら，夫婦の権力関係に関してブルームスタインとシュワルツが回答者に示した質問項目では，こうした「不決定」にまで接近することはできない．強力にジェンダー化された結婚の伝統のもとでは，多くの夫婦が「誰が育児の主要な責任を負っていますか」，「誰が家事をおこないますか」といった質問を夫婦関係に影響する重要な決定とみなさないことは十分にあり得るだろう．彼らはそもそもこうした事柄を，決定すべきものだと考えていないからである．現在進行中の調査は，こうした問題に対処するための質問項目を備えている(Arbor 1986: 28 question D6)．

(52)　特に，Thornton and Freedman(1983: 7)を引用している箇所を参照．

(53)　1960-1980年に，未婚の女性が維持する世帯は8倍に増加したにもかかわらず，その数はわずか80万世帯であり，女性が維持する世帯の17%を占めるに過ぎない．1980年の時点では，未婚の白人女性世帯のうち，1人以上の子どもを育てているのは1%に過

ぎないのに対して，黒人女性の場合は15% であった(Bianchi and Spain 1986: 103-108)．また，『ニューヨークタイムズ』(1987. 4. 30付)も参照．1987年までに，女性が維持し，18歳以下の子どもを育てている世帯のうち，23% が未婚のシングルマザー世帯となっている．本書の第1章注(2)も参照．

(54)　1984年のシングルマザー世帯では，貧困率は34.5% にも上る．女性が維持する世帯の子どもの53.9% が貧困である．1984年時点で，4人家族にとっての貧困線にあたる収入は1万690ドルであり，1人1日2.43ドルの食費を差し引くと，月額589.40ドルで家族全員の他のすべてのニーズを満たさなければならない．両親がそろった家族とシングルマザー家族のあいだの経済格差の広がりに関してはBianchi and Spain(1986: 207)を，慢性化するシングルマザー家族の貧困についてはBianchi and Spain(1986: 211)を参照．

(55)　この点，Bianchi and Spain(1986: 26)において引用されている膨大な研究を参照．また，McLindon(1987)も参照．しかしながら，Jacob(1989)による反対意見も参照．1970年，カリフォルニア州に始まり，現在〔1989年時点〕ではサウスダコタ州を除くすべての州において何らかの破綻主義離婚法が制定されている．うち22の州の離婚法が有責主義と破綻主義を併せもっている．純粋な破綻主義の離婚法をもつ州のほとんどで，一方の当事者の申し立てによって，もう一方の当事者の同意がなくても一方的に離婚することが許されている(Weitzman 1985: 41-43, 417-419)．

(56)　ビアンキとスペインによれば，「シングルマザー世帯は，少なくとも世帯主の教育達成を指標とする限りは中産階級になりつつあるが，夫婦世帯に対する相対的な収入の状況は悪化している」(Bianchi and Spain 1986: 207)．

(57)　また，Hoffman and Holmes(1976)，Wallerstein and Kelly(1980)も参照．後者の研究は裕福なコミュニティ(カリフォルニア州マリン郡)における離婚の効果に関するものであり，離婚した女性の4分の3が生活水準の大幅な低下を経験し，3分の1にとってこうした変化は急激で過酷なものであると報告している．ワイツマンが指摘するように，国勢調査の数値もこうした研究の知見と整合的である．「1979年では，離婚後再婚していない女性ひとりあたりの収入の中央値は4152ドルであり，同じく離婚後，再婚していない男性の収入7886ドルの半分強に留まっている」(Weitzman 1985: 343)．

(58)　1982年から1983年にかけての5か月間にヴァーモント州の4つの郡でおこなわれた離婚したカップルの全数調査によれば，離婚後の男性の1人あたり収入が120% 上昇するのに対して，(裁判所の命令どおり扶養費・養育費がすべて支払われたと仮定して)子どもは25% 減少し，女性に至っては33% 減少することが明らかになった．Wishik(1986)を参照．また，コネチカット州ニューヘイヴンでおこなわれた離婚調査によれば，有責主義にもとづく時期(1970-1971年)から抽出した102のサンプルを，破綻主義にもとづく時期から抽出した100のサンプルと比較したところ，扶養費支払いの頻度，金額，期間のどれをとっても減少傾向にあること，現在では女性は住む家を財産分与されにくくなり，賃労働に出ることが多くなったと示された．1980年代では，離婚した女性のうちフルタイムで働いていたのが61%，パートタイムが17% だったにもかかわらず，「離婚後の夫の

平均的な 1 人あたり収入が，離婚後の妻と子どもの総収入をすべてのグループにおいて上回っており……平均して[元夫が]週 333 ドルに対して[元妻と子どもが]週 122 ドルであった」(McLindon 1987: 391)．また，Bell(1988: esp. 279-284)，優れた議論として Glendon (1987: chap. 2)，および Kay(1987)を参照．

(59)　ガーソンによれば，「共同養育権を認める決定が広まりつつあるとはいえ，Hacker (1982)によれば，離婚後に子どもの単独養育権を獲得する父親の数は，実際にはここ 10 年で減少している」(Gerson 1985: 221)．また，養育権を得た母親がいっそう多忙にならざるを得ない点については，Vickery(1977)を参照．

(60)　ワイツマンが示すように，「夫に頼り，夫のために生きてきた女性の多くが，妻の役割を失うことが「自分の一部を失うようなものだ」と話すのは，驚くにあたらない」(Weitzman 1985: 335)．

(61)　いくらかの変化も生じてきている．現在ではたいていの州が年金その他の退職にかかわる諸手当を夫婦の共同財産とみなしているが，専門的な学位や訓練，業務上の信用といったような他の職業キャリア資産にもこうした見方を適用する州は圧倒的に少ない．Weitzman(1985: 47 and chap. 5)を参照．また，Freed and Walker(1985: 411-426)も参照．

(62)　および，McLindon(1987)を参照．ワイツマンによれば，彼女が対象としたウェイトづけされたサンプルにおいて女性の 14% が，離婚後 1 年目に福祉手当を受給している(Weitzman 1985: 204)．また，フルタイムで働く女性のたった半数だけが，元夫か政府からの追加的な支援なしに 2 人の子どもを貧困線より上のラインで育てるだけの賃金を受け取るという労働市場の構造的な問題についても言及している(Weitzman 1985: 351)．

(63)　ワイツマンのインタビュー対象者のなかでは，年収 2 万ドル以下の男性(離婚した夫婦の 83% にあたる)のうちたった 15% しか扶養費の支払いを求められておらず，年収 3 万ドル以上の男性では 62% に上るのとは対照的であることが指摘されている．この事実は，年収 2 万ドル以下の男性の稼ぎからは余所へ割く余裕がまったくないということを意味している．しかし他方で，離婚した妻がひとたび年収 1 万ドル以上稼ぐようになると，扶養費を受け続ける可能性は激減する．すなわち，男性に比べてはるかに子どもと一緒に暮らしているケースが多いにもかかわらず，離婚した妻は夫が生計を立てるのに必要な額の半分で生きていけると考えられていることを示している(Weitzman 1985: 178-182)．幼い子どもの母親が扶養費か，あるいは扶養費と養育費を両方受け取る権利を得ている場合には，夫がその収入の 3 分の 1 以上を拠出するよう命令を受けることは滅多にない．ここでも，離婚した妻とその子どもは，元夫が必要とする半分以下の収入で生きていくか，さもなければ今すぐ働きに出て，どうにかして適切な保育サービスを購入しようとすることが求められていることになる．

(64)　破綻主義離婚が導入される以前の 1968 年には，カリフォルニア州で離婚する妻のうち扶養費を受け取る権利を得られるのは 20% に満たなかった．合衆国全体では，1978 年の国勢調査に回答した離婚した妻の 14% だけが，こうした権利を得ていたことが報告されている．働く女性が現在よりもはるかに少なかった 1919 年，ロサンゼルスでおこな

われたある調査によると，離婚に際して32% の妻が扶養費の権利を得ていたという(Weitzman 1985: 144, 167-168).

(65)　制限される扶養費の問題については，Weitzman(1985: 32-36 and chaps. 6-7)を参照．期間限定の扶養費支払い命令が控訴裁判所で破棄された近年の事例については，Krauskopf(1988)を参照．ワイツマンの聞き取り調査のなかで，判事は仮想の事件について判断を尋ねられている．すなわち，夫がカレッジを出てから医大を修了し，研修生を経て研修医になるまでの 8 年間，彼を支え続けてきた 29 歳で看護師の妻という設定である．元妻が医大を出るまでの 4 年間，元夫に扶養費を支払わせるべきと答えた判事は，3 分の 1 に満たなかった．残りの判事は「明らかに元妻は自立して生活できる能力がある以上，彼女の「選択的な費用」の支払い義務を夫に課すことが公正とは考えられない」と答えた(Weitzman 1985: 35).

(66)　ワイツマンは，判事が子育てに要する費用について何も知らないことを示し，裁判所の命令によって支払われる程度の養育費では，保育サービスのコストを支払うだけでも不十分であることを指摘している．子育てに金などかからないのであるから，母親はフルタイムで働くべきだという判事の性的偏見にみちた想定がうかがえる．

(67)　カリフォルニア州でおこなわれたワイツマンのインタビュー調査において，対象者が裁判所の命令に従わない割合は高いほうであった．養育費を受け取る権利を得た妻のうち，離婚後の最初の 1 年間に満額を受け取ることができたのはたった 3 分の 1 だけであり，43% はほとんど，もしくはまったく何も受け取れていなかった(Weitzman 1985: 283).

(68)　また，Ellwood(1988: 158-160)も参照．グレンドンとワイツマンは，新しい執行法によって，養育権をもつ母親の貧困が緩和されるのではないかと期待を寄せている(Glendon 1987: 88-89, 110-111; Weitzman 1985: 307-309).

(69)　再婚の好条件と養育権については，たとえば，Becker(1981: 225)を参照．女性の職業的成功については，Blumstein and Schwartz(1983: 32-33)を参照．

(70)　「離婚によって失ってしまったもっとも大切なものを尋ねると，妻は夫の収入であると答える」とワイツマンは報告している．夫の方はというと「性的なパートナーと……人生の伴侶」と答えている．子どもに関して言えば，離婚後に十分な収入のない家庭の就学前児童は，そうでない児童に比べて非常に高いうつの傾向があることが研究によって示されているが，「十分な世帯収入がある場合，両親が離婚しているか否かはうつの傾向に影響しない」と述べている(Weitzman 1985: 348, 354)．両親の離婚を経験した中産階級の子どもにおける，情動的な剝奪感と機会の減少の双方に関しては，Wallerstein and Corbin(1986)を参照．

(71)　グディンは，かつての結婚は搾取と支配のための制度であると述べている．しかし，「結婚生活における伝統的な性別分業は，すでに消滅しているか消えてなくなりつつある」と考えているせいで，「近代的な婚姻関係は……道徳的に望ましいある種の対称性と相補性を体現している」と結論づけている(Goodin 1985; 72-79, 196)．退出可能性がもつ影響力の効果に関する議論のなかで，ハーシュマンがごく稀に家族について短く言及するとき，

彼はほぼ完全に，結婚によって作られる〔生殖〕家族よりはむしろ人びとが生まれ育つ〔定位〕家族を念頭に置いていることが言葉の端々からうかがえる(Hirschman 1970: 33, 76). この本のなかで唯一，彼が自らの議論を結婚による家族に適用することに関心を示すのは，結婚生活上の諍いを解決する際にかかる離婚の高いコストは(経済的のみならず体力的・情緒的な費用も含む)，発言オプションの使用へのインセンティブとして働くかもしれない，と簡潔に触れる箇所だけである(Hirschman 1970: 79). しかしながら，近年の論文においてハーシュマンは，破綻主義離婚法の導入は結婚生活における困難を解決するための「発言の価値を切り下げてしまう」と主張している．彼によれば，「間接的にであれ，離婚への障壁によってどれほど人びとがたやすくほつれやすい婚姻関係を繕ってみようという気にさせられてきたのか，そしてまた，離婚という退出への自由がこうした誘因をいかに粉砕してしまうのか，新しい離婚法を支持する人はおそらく十分認識していない」．ワイツマンの研究を引用しながら，離婚が両当事者に与えるインパクトの違いについても，簡潔に触れている(Hirschman 1986: 96–98).

(72)　Fuchs(1988: 12)で 51% となっている箇所は，1983 年版では 53% となっているため，誤植と思われる．

第 8 章

(1)　第 3 章 101–103 ページを参照.

(2)　“Women: Out of the House But Not Out of the Kitchen,” *New York Times*, February 24, 1988.

(3)　Kirp, Yudof and Franks(1986: 183–185)の議論を参照．Robert H. Mnookin(1985)は，やや自由放任的アプローチをとっている．

(4)　子どもたちへの保育の効果は，親による子育ての効果と同じように多様でありうる，つまり保育士や親の保育の質によって大きく変わると考えるのが妥当だろう．現在の保育士たちは，教育を受けた他の女性労働者の時給の 3 分の 2 しか支払われていない．しかし，家庭外の質のよい保育は非常に高価なものであり，1987 年時点において 1 週間でおおよそ 100 ドルほどかかると考えられる(Fuchs 1988: 137–138)．だが，保育所の質は，私的な「家族の保育」の質よりもコントロールしやすいことも確かである．すばらしい保育事業所に 7 年間子どもたちを預けた自分の経験も含めて考えると，質のよい保育は，小規模の「学級」を用意し，子どもに対する職員の配置を手厚くし，現在の事業所よりも高い給料を職員に支払うことで担保される．貧しい層に対する保育の効果に関するバランスのとれた調査として Provence, Naylor and Patterson(1977)，Schorr(1988: chap. 8)を参照.

(5)　わたしがここで論じていることの多くは新しいものではなく，この数十年のあいだフェミニストの政策課題のひとつとなっている．ここでの提案のいくつかは前著(Okin 1979)の結論部分でも論じている．この問題について論じた近年の著作として，Fuchs (1988: chap. 7)，Green(1985: 96–108)，Shreve(1987: 173–178)を参照．フクスは，女性の経済的地位を改善する政策の経済，社会的な効果について入念な分析をおこない，育児

休業や政府の補助による保育など「子ども中心的な政策」のほうが，反差別や男女同一賃金，アファーマティブアクションのような「労働市場の政策」よりも女性の経済的地位に対し，よりポジティブな効果をもち得ると結論づけている．企業，事業所内保育や小さな子どものいる親への柔軟な労働時間や短時間労働の確保など，同様に効果的でありうる政策のいくつかは，彼の分類の両方にあてはまると考えられる．

(6)　フェミニストが直面しているジレンマとは，近年のカリフォルニアの判例(*Guerra v. California Federal Savings and Loan Association*, 107S. Ct. 683(1987))にあるように，州が，妊娠と出産に対する休暇を義務づけていることをもって，他の傷病に対する休暇が義務づけられるわけではないということだ．よって，このような〔妊娠と出産に対する特例を義務づけた〕法を擁護することは，職場における女性の保護が招いてきた差別をうみだす可能性がある(平等と差異をめぐる一般的な問題を論じたものとして，Williams (1982)を参照)．最高裁は，親になる権利において労働者を平等に扱うことを根拠に，カリフォルニアの法を支持している．

(7)　Hansot and Tyack(1988)も参照．

(8)　このテーマに関する古典的なテクストとして，Spender(1981)を参照．

(9)　生まれた時点では51% の乳児が母乳を飲んでいるが，生後6週間では完全な母乳は14% にまで減少している(Leach 1983; Hewlett 1986: 409 n. 34)．この事実をふまえれば，たとえ乳児期であれ，授乳しているあいだ女性を主要な親として命ずることはまったく正当化できない．

(10)　1970年代半ばに中絶が自由化されたスウェーデンでは，バースコントロールについての教育の普及と，避妊具の割引によって，10代の中絶と出産の割合を劇的に減少させた．スウェーデンの10代の出産率は，1982年には1970年代の半分以下に減少した(Glendon 1987: 23 n. 65)．若年層の非計画的な妊娠の減少に効果的なアメリカのプログラムについての説明としてSchorr(1988: chap. 3)を参照．ショアは，若年層の妊娠がもたらす感情的ダメージと経済的損失の強い結びつきについて論じるなかで，10代の子たちに妊娠しないという意志をもたせようとするなら，彼女らが将来に投資すべきだと考え，またそのために必要な野心と野望を膨らませることが重要だと強調する．フクスは，非婚で出産した女性の約3分の2は，20代かそれ以上であると指摘する(Fuchs 1988: 68)．しかしこれらの女性は，仕事のスキルと経験をもっており，実際にひとり親というのではなく，異性愛の事実婚かレズビアン・カップルである場合が多いようだ．

(11)　エルウッドは，全日保育で年に3000ドル，半日保育で1000ドル払う必要があると推計する．彼は，これらのコストは「穏当」なものだとする．わたしは，親族や身近な友人によってケアが提供されなければ，〔ひとり親では〕現実にはやっていけないと考える．彼によれば，一度も結婚していない父親の18% しか子どもへの支援を命ぜられておらず，そのうちいくらかでも支払っている父親は11% だけである(Ellwood 1988: 158)．

(12)　グレンドンは，離婚について「子ども優先」のアプローチを提案しているが(Glendon 1987: 94ff)，多くの女性が経済的に依存する契機となる，子どもの誕生を含む結婚に

対しても同じアイデアを拡大したい.

(13)　伝統的，準伝統的な妻を離婚の際に保護しようというわたしの提案は，ワイツマン(Weitzman 1985: chap. 11)，グレンドン(Glendon 1987, chap. 2)の議論と非常に似ている. この法は，通常，伝統的な妻を保護するために用いられるが，ジェンダー中立的であるべきであり，子育てや家事を主に引き受けてきた離婚した男性も同様に保護するものである.

(14)　これは，ロールズが社会の基本構造がなぜ基本的なのかを説明する際に，彼が使った表現を言い換えたものである(Rawls 1977: 160).

(15)　Chodorow(1974)，Chodorow(1978)のほか，本書第6章注(24)を参照.

(16)　エルウッドは，もし離別した父親の多くが一定程度支払うならば，このプログラムは支出を抑えることができるとする(Ellwood 1988: 169).

(17)　ショアは，もっとも貧しい環境にあっても，不利のサイクルを効果的に遮断する方法を報告している(Schorr 1988).

文　献

Ackerman, Bruce, 1980, *Social Justice in the Liberal State*, New Haven: Yale University Press.

Adkins, Arthur W. H., 1960, *Merit and Responsibility: A Study in Greek Values*, Oxford: Oxford University Press.

Allen, Anita L., 1988, *Uneasy Access: Privacy for Women in a Free Society*, Totowa, N.J.: Rowman and Allanheld.

Arrow, Kenneth John, 1983, "Nozick's Entitlement Theory of Justice," in *Social Choice and Justice*, vol. 1 of *Collected Papers of Kenneth J. Arrow*, Cambridge: Belknap Press of Harvard University Press.

Atwood, Margaret, 1986, *The Handmaid's Tale*, New York: Simon & Schuster（斎藤英治訳『侍女の物語』ハヤカワ epi 文庫，2001 年）.

Bachrach, Peter and Morton S. Baratz, 1962, "The Two Faces of Power," *American Political Science Review*, vol. 56, no. 4: 947–952.

Baier, Annette C., 1985, "What Do Women Want in a Moral Theory?" *Nous*, vol. 19, no. 1.

Balbus, Isaac D., 1982, *Marxism and Domination: A Neo-Hegelian, Feminist, Psychoanalytic Theory of Sexual, Political, and Technological Liberation*, Princeton: Princeton University Press.

Barber, Benjamin R., 1984, *Strong Democracy: Participatory Politics for a New Age*, Berkeley: University of California Press（竹井隆人訳『ストロング・デモクラシー――新時代のための参加政治』日本経済評論社，2009 年）.

Barry, Brian, 1973, *The Liberal Theory of Justice: A Critical Examination of the Principal Doctrines in A Theory of Justice by John Rawls*, Oxford: Oxford University Press.

Beauvoir, Simone de, 1949, *Le deuxième sexe*（translated by H. M. Parshley, *The Second Sex*, New York: Vintage Books, 1952）（井上たか子ほか監訳『第二の性　決定版』新潮社，1997 年）.

Becker, Gary S., 1981, *A Treatise on the Family*, Cambridge: Harvard University Press.

Beckman, Linda J., 1978, "The Relative Rewards and Costs of Parenthood and Employment for Employed Women," *Psychology of Women Quarterly*, vol. 2, no. 3.

Beitz, Charles R., 1979, *Political Theory and International Relations*, Princeton: Princeton University Press（進藤榮一訳『国際秩序と正義』岩波書店，1989 年）.

Bell, Rosalyn B., 1988, "Alimony and the Financially Dependent Spouse in Montgomery County, Maryland," *Family Law Quarterly*, vol. 22, no. 3.

Bellah, Robert N. et al., 1985, *Habits of the Heart: Individualism and Commitment in American Life*, Berkeley: University of California Press（島薗進・中村圭志訳『心の習

慣──アメリカ個人主義のゆくえ』みすず書房，1991年）．
Benhabib, Seyla, 1987, "The Generalized and the Concrete Other: The Kohlberg-Gilligan Controversy and Feminist Theory," in Benhabib and Cornell eds.
Benhabib, Seyla and Drucilla Cornell eds., 1987, *Feminism as Critique: On the Politics of Gender*, Minneapolis: University of Minnesota Press.
Bergmann, Barbara R., 1986, *The Economic Emergence of Women*, New York: Basic Books.
Bianchi, Suzanne M. and Daphne Spain, 1986, *American Women in Transition*, New York: Russell Sage.
Bielby, William T. and James N. Baron, 1984, "A Woman's Place Is with Other Women: Sex Segregation within Organizations," in Barbara F. Reskin ed., *Sex Segregation in the Workplace: Trends, Explanations, Remedies*, Washington, D. C.: National Academy Press.
Blau, Francine D., 1977, *Equal Pay in the Office*, Lexington, MA: D. C. Heath.
Bleiser, Ruth, 1984, *Science and Gender: A Critique of Biology and Its Theories on Women*, New York: Pergamon Press.
Blood Jr., Robert O., 1963, "The Measurement and Bases of Family Power: A Rejoinder," *Marriage and Family Living*, vol. 23, no. 4: 475–476.
Blood Jr., Robert O. and Donald M. Wolfe, 1960, *Husbands and Wives: The Dynamics of Married Living*, New York: The Free Press.
Bloom, Allan D., 1975, "Justice: John Rawls vs. the Tradition of Political Philosophy," *American Political Science Review*, vol. 69, no. 2.
──, 1987, *The Closing of the American Mind: How Higher Education Has Failed Democracy and Impoverished the Souls of Today's Students*, New York: Simon & Schuster（菅野盾樹訳『アメリカン・マインドの終焉──文化と教育の危機』みすず書房，1988年）．
Blum, Lawrence, 1988, "Gilligan and Kohlberg: Implications for Moral Theory," *Ethics*, vol. 98, no. 3.
Blumstein, Philip and Pepper Schwartz, 1983, *American Couples: Money, Work, Sex*, New York: Morrow.
Bonald, Louis Gabriel Ambroise de, 1869, *Archives Parlementaires*, 2e série, vol. 15; (cited and translated by Roderick Phillips, "Women and Family Breakdown in Eighteenth-Century France: Rouen 1780–1800," *Social History*, no. 2, 1976: 217).
Børreson, Kari Elizabeth, 1981, *Subordination and Equivalence: The Nature and Role of Women in Augustine and Thomas Aquinas*, Washington, D. C.: University Press of America (originally published Oslo: Universitetsforlaget, 1967).
Branden, Barbara, 1986, *The Passion of Ayn Rand*, New York: Doubleday.

Broughton, John M., 1983, "Women's Rationality and Men's Virtues: A Critique of Gender Dualism in Gilligan's Theory of Moral Development," *Social Research*, vol. 50, no. 3.

Chodorow, Nancy, 1974, "Family Structure and Feminine Personality," in Michelle Zimbalist Rosaldo and Louise Lamphere eds., *Woman, Culture, and Society*, Stanford: Stanford University Press.

——, 1978, *The Reproduction of Mothering: Psychoanalysis and the Sociology of Gender*, Berkeley: University of California Press（大塚光子・大内菅子訳『母親業の再生産——性差別の心理・社会的基盤』新曜社，1981 年）.

Clark, Lorenne J. and Lynda Lange eds., 1979, *The Sexism of Social and Political Thought: Women and Reproduction from Plato to Nietzsche*, Toronto: University of Toronto Press.

Cohn, Samuel, 1985, *The Process of Occupational Sex-Typing: The Feminization of Clerical Labor in Great Britain*, Philadelphia: Temple University Press.

Congressional Caucus for Women's Issues, 1988, *Selected Statistics on Women*, July.

Cornell, Drucilla, 1985, "Toward a Modern/Postmodern Reconstruction of Ethics," *University of Pennsylvania Law Review*, vol. 133, no. 2.

Coverman, Shelley, 1985, "Explaining Husbands' Participation in Domestic Labor," *The Sociological Quarterly*, vol. 26, no. 1.

Dalton, Clare, 1985, "An Essay in the Deconstruction of Contract Doctrine," *Yale Law Review*, vol. 94, no. 5.

Daly, Mary, 1978, *Gyn/Ecology: The Metaethics of Radical Feminism*, Boston: Beacon Press.

Daniel, Norman, 1985, "Review of *Spheres of Justice*," *The Philosophical Review*, vol. 94, no. 1: 145–146.

Danziger, Nira, 1983, "Sex-Related Differences in the Aspirations of High School Students," *Sex Roles*, vol. 9, no. 6.

Dinnerstein, Dorothy, 1976, *The Mermaid and the Minotaur: Sexual Arrangements and Human Malaise*, New York: Harper & Row（岸田秀・寺沢みづほ訳『性幻想と不安』河出書房新社，1984 年）.

Dworkin, Ronald, 1977, *Taking Rights Seriously*, Cambridge: Harvard University Press（木下毅・小林公・野坂泰司訳『権利論』全 2 冊，木鐸社，1986, 2001 年）.

——, 1983, "Review of *Spheres of Justice*," *New York Review of Books*, April 14: 4–5.

Ehrensaft, Diane, 1984, "When Women and Men Mother," in Joyce Trebilcot ed., *Mothering: Essays in Feminist Theory*, Totowa, N.J.: Rowman and Allanheld.

Ellwood, David T., 1988, *Poor Support: Poverty in the American Family*, New York: Basic Books.

Elshtain, Jean Bethke, 1981, *Public Man, Private Woman: Women in Social and Political*

Thought, Princeton: Princeton University Press.
English, Jane, 1977, "Justice Between Generations," *Philosophical Studies*, vol. 31, no. 2: 95.
Fausto-Sterling, Anne, 1985, *Myths of Gender: Biological Theories About Women and Men*, New York: Basic Books（池上千寿子・根岸悦子訳『ジェンダーの神話――「性差の科学」の偏見とトリック』工作舎，1990 年）.
Finley, Moses I., 1978, *The World of Odysseus*, New York: Viking（下田立行訳『オデュッセウスの世界』岩波文庫，1994 年）.
Firestone, Shulamith, 1971, *The Dialectic of Sex: The Case for Feminist Revolution*, New York: Morrow（林弘子訳『性の弁証法――女性解放革命の場合』評論社，1972 年）.
Fishkin, James S., 1983, *Justice, Equal Opportunity and the Family*, New Haven: Yale University Press.
Flanagan, Owen, 1993, *Varieties of Moral Personality: Ethics and Psychological Realism*, Cambridge: Harvard University Press.
Flanagan, Owen and Kathryn Jackson, 1987, "Justice, Care and Gender: The Kohlberg-Gilligan Debate Revisited," *Ethics*, vol. 97, no. 3.
Flax, Jane, 1978, "The Conflict between Nurturance and Autonomy in Mother-Daughter Relationships and Within Feminism," *Feminist Studies*, vol. 4, no. 2, Summer.
Freed, Doris Jonas and Timothy B. Walker, 1985, "Family Law in the Fifty States: An Overview," *Family Law Quarterly*, vol. 28, no. 4: 411–426.
Friedman, Marilyn, 1989, "Feminism and Modern Friendship: Dislocating the Community," *Ethics*, vol. 99, no. 2.
Friedman, Milton, 1962, *Capitalism and Freedom*, Chicago: University of Chicago Press（熊谷尚夫・西山千明・白井孝昌訳『資本主義と自由』マグロウヒル好学社，1975 年）.
Frug, Mary Jo, 1979, "Securing Job Equality for Women: Labor Market Hostility to Working Mothers," *Boston University Law Review*, vol. 59, no. 1.
Fuchs, Victor R., 1986, "Sex Differences in Economic Well-Being," *Science*, vol. 232, no. 4749: 463.
――, 1988, *Women's Quest for Economic Equality*, Cambridge: Harvard University Press（大橋照枝・由井真人・江見康一訳『新しい女性たちの経済学 ――女と男の役割革命を求めて』春秋社，1989 年）.
Galston, William A., 1980, *Justice and the Human Good*, Chicago: University of Chicago Press.
Gardiner, Judith Kegan, 1987, "Self Psychology as Feminist Theory," *Signs*, vol. 12, no. 4: 778–780.
Gauthier, David, 1986, *Morals by Agreement*, Oxford: Oxford University Press（小林公訳『合意による道徳』木鐸社，1999 年）.

Gershuny, Jonathan, 1983, *Social Innovation and the Division of Labour*, Oxford: Oxford University Press.

Gerson, Kathleen, 1985, *Hard Choices: How Women Decide About Work, Career, and Motherhood*, Berkeley: University of California Press.

Gewirth, Alan, 1978, *Reason and Morality*, Chicago: University of Chicago Press.

Gillespie, Dair, 1971, "Who Has the Power? The Marital Struggle," *Journal of Marriage and the Family*, vol. 33, no. 3.

Gilligan, Carol, 1982, *In a Different Voice: Psychological Theory and Women's Development*, Cambridge: Harvard University Press（生田久美子・並木美智子訳『もうひとつの声——男女の道徳観のちがいと女性のアイデンティティ』川島書店，1986 年）.

Glendon, Mary Ann, 1987, *Abortion and Divorce in Western Law*, Cambridge: Harvard University Press.

Goodin, Robert E., 1985, *Protecting the Vulnerable: A Reanalysis of Our Social Responsibilities*, Chicago: University of Chicago Press.

Gordon, Linda, 1988, *Heroes of Their Own Lives: The Politics and History of Family Violence*, New York: Viking.

Green, Philip, 1985, *Retrieving Democracy: In Search of Civic Equality*, Totowa, N.J.: Rowman and Allanheld.

Greeno, Catherine G. and Eleanor E. Maccoby, 1986, "How Different Is the 'Different Voice'?" *Signs*, vol. 11, no. 2.

Griffin, Susan, 1978, *Woman and Nature: The Roaring Inside Her*, New York: Harper & Row.

Grimshaw, Jean, 1986, *Philosophy and Feminist Thinking*, Minneapolis: University of Minnesota.

Gutmann, Amy, 1985, "Communitarian Critics of Liberalism," *Philosophy and Public Affairs*, vol. 14, no. 3.

——, 1987, *Democratic Education*, Princeton: Princeton University Press（1999 年発行改訂新版の翻訳＝神山正弘訳『民主教育論—— 民主主義社会における教育と政治』同時代社，2004 年）.

Hansot, Elisabeth and David Tyack, 1988, "Gender in American Public Schools: Thinking Institutionally," *Signs*, vol. 13, no. 4.

Harding, Sandra G. and Merill B. Hintikka eds., 1983, *Discovering Reality: Feminist Perspectives on Epistemology, Metaphysics, Methodology, and Philosophy of Science*, Dordrecht, Holland: Reidel.

Hartmann, Heidi, 1976, "Capitalism, Patriarchy, and Job Segregation by Sex," *Signs*, vol. 1, no. 3.

Hartsock, Nancy C. M., 1983, *Money, Sex, and Power: Toward a Feminist Historical Ma-*

terialism, New York: Longman.

Heer, David M., 1963, "The Measurement and Bases of Family Power: An Overview," *Marriage and Family Living*, vol. 25, no. 2.

Hertz, Rosanna, 1986, *More Equal Than Others: Women and Men in Dual Career Marriages*, Berkeley: University of California Press.

Hewlett, Sylvia Ann, 1986, *A Lesser Life: The Myth of Women's Liberation in America*, New York: Morrow.

Hirsch, Harry. N., 1986, "The Threnody of Liberalism: Constitutional Liberty and the Renewal of Community," *Political Theory*, vol. 14, no. 3.

Hirschman, Albert O., 1945, *National Power and the Structure of Foreign Trade*, Berkeley: University of California Press（1980 年発行増補新版の翻訳＝飯田敬輔監訳『国力と外国貿易の構造』勁草書房，2011 年）.

――, 1970, *Exit, Voice and Loyalty: Responses to Decline in Firms, Organizations, and States*, Cambridge: Harvard University Press（矢野修一訳『離脱・発言・忠誠――企業・組織・国家における衰退への反応』ミネルヴァ書房，2005 年）.

――, 1986, "Exit and Voice: An Expanding Sphere of Influence," in Hirschman ed., *Rival Views of Market Society and Other Recent Essays*, New York: Viking.

Hobbes, Thomas, 1642, *De Cive*（English translation: "Philosophical Rudiments Concerning Government and Society," in Sir William Molesworth ed., *The English Works of Thomas Hobbes*, vol. 2, London: John Bohn, 1966）（ラテン語からの翻訳＝本田裕志訳『市民論』京都大学学術出版会，2008 年）.

――, 1651, *Leviathan*（水田洋訳『リヴァイアサン』全 4 冊，岩波文庫，1954-1985 年）.

Hoffman, Saul and John Holmes, 1976, "Husbands, Wives, and Divorce," in Greg J. Duncan and James N. Morgan eds., *Five Thousand American Families ― Patterns of Economic Progress*, Ann Arbor, Mich: Institute for Social Research.

Hooks, Bell, 1981, *Ain't I a Woman: Black Women and Feminism*, Boston: South End Press（柳沢圭子訳『アメリカ黒人女性とフェミニズム――ベル・フックスの「私は女ではないの？」』明石書店，2010 年）.

――, 1984, *Feminist Theory: From Margin to Center*, Boston: South End Press（清水久美訳『ブラック・フェミニストの主張――周縁から中心へ』勁草書房，1997 年）.

Horowitz, Maryanne Cline, 1979, "The Image of God in Man ― Is Woman Included?" *Harvard Theological Review*, vol. 72, nos. 3-4, July-October.

Hospers, John, 1961, *Human Conduct: An Introduction to the Problems of Ethics*, New York: Harcourt Brace.

Hume, David, 1751, *Enquiry Concerning the Principles of Morals*（From the 1777 edition: L.A. Selby-Bigge ed., Oxford: Oxford University Press, 1975）（松村文二郎・弘瀬潔訳『道徳原理の研究』春秋社，1949 年）.

——, 1739–40, *A Treatise of Human Nature* (L.A. Selby-Bigge ed., Oxford: Oxford University Press, 1978)(大槻春彦訳『人性論(1)——第一篇　知性に就いて(上)』『人性論(2)——第一篇　知性に就いて(下)』『人性論(3)——第二篇　情緒に就いて』『人性論(4)——第三篇　道徳に就いて』岩波文庫，1948–1952年).
Jacob, Herbert, 1989, "Another Look at No-Fault Divorce and the Post-Divorce Finances of Women," *Law and Society Review*, vol. 23, no. 1.
Jaggar, Alison M., 1983, *Feminist Politics and Human Nature*, Totowa, N. J.: Rowman and Littlefield.
Jensen, Larry C., Robert Christensen, and Diana J. Wilson, 1985, "Predicting Young Women's Role Preference for Parenting and Work," *Sex Roles*, vol. 13, nos. 9–10.
Jones, Kathleen, 1987, "On Authority: Or, Why Women Are Not Entitled to Speak," in J. Roland Pennock and John W. Chapman eds., *Authority Revisited*, New York: New York University Press.
Kay, Herma Hill, 1987, "Equality and Difference: A Perspective on No-Fault Divorce and Its Aftermath," *University of Cincinnati Law Review*, vol. 56, no. 1.
Kearns, Deborah, 1983, "A Theory of Justice — and Love; Rawls on the Family," *Politics* (*Australasian Political Studies Association Journal*), vol. 18, no. 2: 39–40.
Keller, Evelyn Fox, 1985, *Reflections on Gender and Science*, New Haven: Yale University Press(幾島幸子・川島慶子訳『ジェンダーと科学——プラトン，ベーコンからマクリントックへ』工作舎，1993年).
Kennedy, Duncan, 1976, "Form and Substance in Private Law Adjudication," *Harvard Law Review*, vol. 89, no. 8.
Kirp, David L., Mark G. Yudof and Marlene Strong Franks, 1986, *Gender Justice*, Chicago: University of Chicago Press.
Kittay, Eva F. and Diana T. Meyers eds., 1987, *Women and Moral Theory*, Totowa, N. J.: Rowman and Littlefield.
Klatch, Rebecca E., 1987, *Women of the New Right*, Philadelphia: Temple University Press.
Krauskopf, Joan M., 1988, "Rehabilitative Alimony: Uses and Abuses of Limited Duration Alimony," *Family Law Quarterly*, vol. 21, no. 4.
Krouse, Richard and Michael McPherson, 1988, "Capitalism, 'Property-Owning Democracy,' and the Welfare State," in Amy Gutmann ed., *Democracy and the Welfare State*, Princeton: Princeton University Press.
Kymlicka, Will, 1988, "Liberalism and Communitarianism," *Canadian Journal of Philosophy*, vol. 18, no. 2.
Lange, Lynda, 1983, "Woman Is Not a Rational Animal: On Aristotle's Biology of Reproduction," in Harding and Hintikka eds.

Larmore, Charles E., 1987, *Patterns of Moral Complexity*, Cambridge: Cambridge University Press.

Lasch, Christopher, 1977, *Haven in a Heartless World*, New York: Basic Books.

Law, Sylvia and Nadine Taub, "Constitutional Considerations and the Married Woman's Obligation to Serve," unpublished ms. quoted in Weitzman, 1981.

Leach, Penelope, 1983, *Babyhood: Infant Development from Birth to Two Years*, New York: Alfred A. Knopf.

Levy, Frank, 1987, *Dollars and Dreams: The Changing American Income Distribution*, New York: Russell Sage.

Lezin, Valerie and Sherrill Kushner, 1986, "Yours, Mine and Hours," *Barrister*, Spring (publication of the Young Lawyers' Division, American Bar Association).

Lloyd, Genevieve, 1984, *The Man of Reason: "Male" and "Female" in Western Philosophy*, Minneapolis: University of Minnesota Press.

Locke, John, 1690, *Two Treatises of Government*(加藤節訳『完訳　統治二論』岩波文庫, 2010 年).

Luker, Kristin, 1984, *Abortion and the Politics of Motherhood*, Berkeley: University of California Press.

Machan, Tibor R., 1987, "The Classical Egoist Basis of Capitalism," in Machan ed., *The Main Debate: Communism vs. Capitalism*, New York: Random House.

MacIntyre, Alasdair, 1981, *After Virtue: A Study in Moral Theory*, Notre Dame: University of Notre Dame Press(篠崎榮訳『美徳なき時代』みすず書房, 1993 年).

——, 1988, *Whose Justice? Which Rationality?*, Notre Dame: University of Notre Dame Press.

Marini, Margaret Mooney and Ellen Greenberger, 1978, "Sex Differences in Occupational Aspirations and Expectations," *Sociology of Work and Occupations*, vol. 5, no. 2.

Marx, Karl, 1852, *Der achtzehnte Brumaire der Louis Bonaparte*(English translation: *The Eighteenth Brumaire of Louis Bonaparte*, *Selected Works*, Moscow: Progress Publishers, 1969)(伊藤新一・北条元一訳『ルイ・ボナパルトのブリュメール十八日』岩波文庫, 1954 年).

McLindon, James B., 1987, "Separate But Unequal: The Economic Disaster of Divorce for Women and Children," *Family Law Quarterly*, vol. 21, no. 3.

Mill, John Stuart, 1848, *The Principles of Political Economy*, London: Parker and Son(末永茂喜訳『経済学原理』全 5 巻, 岩波文庫, 1959-1963 年).

——, 1869, *The Subjection of Women*(J. M. Robson ed., *The Collected Works of John Stuart Mill*, vol. 21, Toronto: University of Toronto Press, 1984)(大内兵衛・大内節子訳『女性の解放』岩波文庫, 1957 年).

——, 1874, "Nature," *Three Essays on Religion*(Marshall Cohen ed., *The Philosophy of*

John Stuart Mill, New York: Random House, 1961)(大久保正健訳『宗教をめぐる三つのエッセイ』勁草書房，2011 年)．
Miller, Jean Baker, 1976, *Toward a New Psychology of Women*, Boston: Beacon Press (1986 年発行第 2 版の翻訳＝河野貴代美監訳『Yes, But...――フェミニズム心理学をめざして』新宿書房，1989 年)．
Mincer, Jacob, 1962, "Labor Force Participation of Married Women: A Study of Labor Supply," *Aspects of Labor Economics: A Conference of the Universities — National Bureau Committee for Economic Research*, Princeton: Princeton University Press.
Mincer, Jacob and Haim Ofek, 1982, "Interrupted Work Careers: Depreciation and Restoration of Human Capital," *Journal of Human Resources*, vol. 17, no. 2(Winter).
Mincer, Jacob and Solomon Polachek, 1974, "Family Investment in Human Capital: Earnings of Women," in Theodore W. Schulz, *Marriage, Family Human Capital, and Fertility*, Chicago: University of Chicago Press.
Minow, Martha, 1985a, "'Forming underneath Everything That Grows': Toward a History of Family Law," *Wisconsin Law Review*, no. 4: 877–897.
――, 1985b, "Beyond State Intervention in the Family: For Baby Jane Doe," *University of Michigan Journal of Law Reform*, vol. 18, no. 4.
――, 1987, "We, the Family: Constitutional Rights and American Families," *The American Journal of History*, vol. 74, no. 3.
Mnookin, Robert H., 1985, "Divorce Bargaining: The Limits on Private Ordering," *University of Michigan Journal of Law Reform*, vol. 18, no. 4.
Nagel, Thomas, 1975, "Rawls on Justice," in Norman Daniels ed., *Reading Rawls: Critical Studies on Rawls' A Theory of Justice*, New York: Basic Books(reprinted from *Philosophical Review*, no. 72, 1973).
――, 1988, "Agreeing in Principal," *Times Literary Supplement*, July 8.
Nails, Debra, 1983, "Social-Scientific Sexism: Gilligan's Mismeasure of Man," *Social Research*, vol. 50, no. 3.
Nicholson, Linda J., 1986, *Gender and History: The Limits of Social Theory in the Age of the Family*, New York: Columbia University Press.
Nickols, Sharon Y. and Edward Metzen, 1982, "Impact of Wife's Employment upon Husband's Housework," *Journal of Family Issues*, no. 3, June.
Noddings, Nel, 1984, *Caring: A Feminine Approach to Ethics and Moral Education*, Berkeley: University of California Press(立山善康ほか訳『ケアリング――倫理と道徳の教育　女性の観点から』晃洋書房，1997 年)．
Nozick, Robert, 1974, *Anarchy, State, and Utopia*, New York: Basic Books(嶋津格訳『アナーキー・国家・ユートピア――国家の正当性とその限界』木鐸社，1992 年)．
Nussbaum, Martha, 1987, "Undemocratic Vistas," *New York Review of Books*, vol. 34,

no. 17 (November 5).
O'Brien, Mary, 1981, *The Politics of Reproduction*, London: Routledge and Kegan Paul.
Okin, Susan Moller, 1979, *Women in Western Political Thought*, Princeton: Princeton University Press（田林葉・重森臣広訳『政治思想のなかの女――その西洋的伝統』晃洋書房, 2010年）
――, 1982, "Women and the Making of the Sentimental Family," *Philosophy and Public Affairs*, vol. 11, no. 1 (Winter).
――, 1984, "Taking the Bishops Seriously," *World Politics*, vol. 36, no. 4.
――, 1986, "Are Our Theories of Justice Gender-Neutral?" in Robert Fullinwider and Claudia Mills eds., *The Moral Foundations of Civil Rights*, Totowa, N.J.: Rowman and Littlefield.
――, 1990a, "Reason and Feeling in Thinking About Justice," in Sustein, Cass. R. ed., *Feminism and Political Theory*, Chicago: University of Chicago Press.
――, 1990b, "Thinking Like a Woman," in Deborah L. Rhode ed., *Theoretical Perspectives on Sexual Difference*, New Haven: Yale University Press.
――, 1991 "Gender, the Public and the Private," in David Held ed., *Political Theory Today*, Oxford: Polity Press.
Olsen, Frances E., 1983, "The Family and the Market: A Study of Ideology and Legal Reform," *Harvard Law Review*, vol. 96, no. 7.
――, 1984, "The Politics of Family Law," *Law and Inequality*, vol. 2, no. 1.
――, 1985, "The Myth of State Intervention in the Family," *University of Michigan Journal of Law Reform*, vol. 18, no. 4.
Ortner, Sherry B., 1974, "Is Female to Male as Nature Is to Culture?" in Michelle Zimbalist Rosaldo and Louise Lamphere eds., *Woman, Culture, and Society*, Stanford: Stanford University Press.
Osborne, Martha Lee, 1978, *Woman in Western Thought*, New York: Random House.
Pateman, Carole, 1983, "Feminist Critiques of the Public/Private Dichotomy," in Stanley I. Benn and Gerald F. Gaus eds., *Public and Private in Social Life*, London: Croom Helm.
――, 1984, "The Shame of the Marriage Contract," in Judith Hicks Stiehm ed., *Women's Views of the Political World of Men*, Dobbs Ferry, N.Y.: Transnational Publishers.
――, 1988, *The Sexual Contract*, Stanford: Stanford University Press.
Pateman, Carole and Theresa Brennan, 1979, "'Mere Auxiliaries to the Commonwealth': Women and the Origins of Liberalism," *Political Studies*, vol. 27, no. 2 (June).
Pateman, Carole and Elizabeth Gross eds., 1987, *Feminist Challenges: Social and Political Theory*, Boston: Northeastern University Press.
Pateman, Carole and Mary L. Shanley eds., *Feminist Critiques of Political Theory*, Oxford: Polity Press（未刊行）

Paul, Jeffrey ed., 1981, *Reading Nozick: Essays on Anarchy, State, and Utopia*, Totowa, N.J.: Rowman and Littlefield.
Phillips, Derek L., 1986, *Toward a Just Social Order*, Princeton: Princeton University Press.
Pleck, Elizabeth, 1987, *Domestic Tyranny: The Making of Social Policy against Family Violence from Colonial Times to the Present*, New York: Oxford University Press.
Polachek, Solomon, 1981, "Occupational Self-Selection: A Human Capital Approach to Sex Differences in Occupational Structure," *Review of Economics and Statistics*, vol. 63, no. 1 (February).
Polatnick, M. Rivka, 1983, "Why Men Don't Rear Children: A Power Analysis", in Joyce Trebilcot ed., *Mothering: Essays in Feminist Theory*, Totowa, N. J.: Rowman and Allanheld.
Porter, Roy, 1982, *English Society in the Eighteenth Century*, Harmondsworth: Penguin (1990 年発行改訂版の翻訳＝目羅公和訳『イングランド 18 世紀の社会』法政大学出版局, 1996 年).
Provence, Sally, Audrey Naylor and June Patterson, 1977, *The Challenge of Daycare*, New Haven: Yale University Press.
Rand, Ayn, 1964, "Man's Rights," in Rand, *The Virtue of Selfishness: A New Concept of Egoism*, with additional articles by Nathaniel Branden, New York: New American Library (原書よりアイン・ランドのエッセイのみ訳出＝藤森かよこ訳『利己主義という気概――エゴイズムを積極的に肯定する』ビジネス社, 2008 年).
Rawls, John, 1971, *A Theory of Justice*, Cambridge: Harvard University Press (1999 年発行改訂版の翻訳＝川本隆史・福間聡・神島裕子訳『正義論』紀伊國屋書店, 2010 年).
――, 1975, "Fairness to Goodness," *Philosophical Review*, vol. 84, no. 4: 537.
――, 1977, "The Basic Structure as Subject," *American Philosophical Quarterly*, vol. 14, no. 2: 160.
――, 1980, "Kantian Constructivism in Moral Theory," *The Journal of Philosophy*, vol. 77, no. 9.
――, 1985, "Justice as Fairness: Political Not Metaphysical," *Philosophy and Public Affairs*, vol. 14, no. 3.
――, 1988, "The Priority of Right and Ideas of the Good," *Philosophy and Public Affairs*, vol. 17, no. 4: 263.
Rosaldo, Michelle Zimbalist, 1980, "The Use and Abuse of Anthropology," *Signs*, vol. 5, no. 3.
Rose, Nikolas, 1987, "Beyond the Public/Private Division: Law, Power, and the Family," *Journal of Law and Society*, vol. 14, no. 1.
Rosen, Bernard C. and Carol S. Aneshensel, 1978, "Sex Differences in the Educational-Oc-

cupational Expectation Process," *Social Forces*, vol. 57, no. 1.

Rousseau, Jean-Jacques, 1755, *Économie politique*(*Ouevres Completes*, vol. 3, Paris: Pléiade, 1959–1969)(河野健二訳『政治経済論』岩波文庫，1951 年).

——, 1762a, *Du Contrat social, ou principes du droit politique*(桑原武夫・前川貞次郎訳『社会契約論』岩波文庫，1954 年).

——, 1762b, *Émile, ou, De l'éducation*(translated by Allan Bloom, *Emile: or On Education*, New York: Basic Books, 1979)(今野一雄訳『エミール』上・中・下，岩波文庫，1962–1964 年).

Rubin, Lillian B., 1976, *Worlds of Pain: Life in the Working-class Family*, New York: Basic Books.

Ruddick, Sara, 1980, "Maternal Thinking," *Feminist Studies*, vol. 6, no. 2.

Ruskin, John, 1871, "Of Queen's Gardens," Lecture 2 of *Sesame and Lilies*, London: A.L. Burt(quoted in Mary L. Shanley, "Marital Slavery and Friendship: John Stuart Mill's *The Subjection of Women*," *Political Theory*, no. 9, 1981: 233).

Ryan, Alan, 1983, "Public and Private Property," in Stanley I. Benn and Gerald F. Gaus eds., *Public and Private in Social Life*, London: Croom Helm.

Safilios-Rothschild, Constantia, 1969, "Family Sociology or Wives' Family Sociology? A Cross-Cultural Study of Decision Making," *Journal of Marriage and the Family*, vol. 31, no. 2.

Sandel, Michael J., 1982, *Liberalism and the Limits of Justice*, Cambridge: Cambridge University Press(1998 年発行第 2 版の翻訳＝菊池理夫訳『リベラリズムと正義の限界』勁草書房，2009 年〈菊池訳『自由主義と正義の限界　第 2 版』三嶺書房，1999 年を一部修正〉).

Saxonhouse, Arlene W., 1985, *Women in the History of Political Thought: Ancient Greece to Machiavelli*, New York: Praeger.

Schafran, Lynn Hecht and Norma J. Wikler, 1986a, *Task Forces on Gender Bias in the Courts: A Manual for Action*,(available from the Foundation for Women Judges, Washington, D.C.).

——, 1986b, *Special Focus: Gender Bias in the Court System*, 1986 Annual Meeting of the American Bar Association August 10.

Schorr, Lisbeth B. and Daniel Schorr, 1988, *Within Our Reach—Breaking the Cycle of Disadvantage*, New York: Anchor Press, Doubleday.

Schrag, Francis, 1976, "Justice and the Family," *Inquiry*, no. 19: 200.

Schultz, Marjorie Maguire, 1982, "Contractual Ordering of Marriage: A New Model for State Policy," *California Law Review*, vol. 70, no. 2.

Schwartz, Felice N., 1989, "Management Women and the New Facts of Life," *Harvard Business Review*, vol. 89, no. 1.

Scott, Joan Wallach, 1988a, *Gender and the Politics of History*, New York: Columbia University Press（1999 年発行改訂版の翻訳＝荻野美穂訳『ジェンダーと歴史学 増補新版』平凡社ライブラリー，2004 年）.

——, 1988b, "Gender: A Useful Category of Historical Analysis," in Scott, 1988a.

Shanley, Mary L., 1979, "Marriage Contract and Social Contract in Seventeenth-Century English Political Thought," *Western Political Quarterly*, vol. 32, no. 1.

——, 1989, *Feminism, Marriage, and the Law in Victorian England, 1850–1895*, Princeton: Princeton University Press.

Shaw, George Bernard, 1928, *The Intelligent Woman's Guide to Socialism and Capitalism*, New York: Brentano（1984, New Brunswick, N.J.: Transaction Books）（加藤朝鳥訳『解説社会主義と資本主義——有識婦人のために』上・下，春秋社，1929 年）.

Shils, Edward, 1981, *Tradition*, Chicago: University of Chicago Press.

Shorter, Edward, 1975, *The Making of the Modern Family*, New York: Basic Books（田中俊宏ほか訳『近代家族の形成』昭和堂，1987 年）.

Shreve, Anita, 1987, *Remaking Motherhood: How Working Mothers Are Shaping Our Children's Future*, New York: Fawcett Columbine.

Sidel, Ruth, 1986, *Women and Children Last: The Plight of Poor Women in Affluent America*, New York: Viking.

Silone, Ignazio, 1937, *Vino e pane*（translated by Gwenda David and Eric Mosbacher, *Bread and Wine*, Harper）（山室静・橋本福夫訳『パンと葡萄酒』上・下，月曜書房，1951 年）.

Sommers, Christina Hoff, 1987, "Filial Morality," in Kittay and Meyers eds.

Spelman, Elizabeth V., 1983, "Aristotle and the Politicization of the Soul," in Harding and Hintikka eds.

——, 1988, *Inessential Woman: Problems of Exclusion in Feminist Thought*, Boston: Beacon Press.

Spender, Dale ed., 1981, *Men's Studies Modified: The Impact of Feminism on the Academic Disciplines*, Oxford, New York.: Pergamon Press.

Stacey, Judith, 1986, "Are Feminists Afraid to Leave Home? The Challenge of Conservative Pro-family Feminism," in Juliet Mitchell and Ann Oakley eds., *What is Feminism?: A Re-examination*, New York: Pantheon.

Steiner, Hillel, 1981, "Justice and Entitlement," in Jeffrey Paul ed., *Reading Nozick: Essays on Anarchy, State, and Utopia*, Totowa, N.J.: Rowman and Littlefield.

Stiehm, Judith Hicks, 1983, "The Unit of Political Analysis: Our Aristotelian Hangover," in Harding and Hintikka eds.

Stone, Lawrence, 1977, *The Family, Sex, and Marriage in England 1500–1800*, New York: Harper & Row.

Taylor, Charles, 1979, *Hegel and Modern Society*, Cambridge: Cambridge University Press(渡辺義雄訳『ヘーゲルと近代社会』岩波書店, 1981年).

——, 1985, *Philosophy and the Human Sciences*, Cambridge: Cambridge University Press.

——, 1989, "Cross Purposes: The Liberal Communitarian Debate," in Nancy L. Rosenblum ed., *Liberalism and the Moral Life*, Cambridge, Mass.: Harvard University Press.

Taylor, Debbie et al., 1985, *Women: A World Report*, Oxford: Oxford University Press (with essays by Toril Brekke et al.)

Thorne, Barrie and Marilyn Yalom eds., 1982, *Rethinking the Family: Some Feminist Questions*, New York: Longman.

Thornton, Arland and Deborah Freedman, 1982, "Changing Attitudes Toward Marriage and Single Life," *Family Planning Perspectives*, vol. 14, no. 6(November-December): 297-303.

——, 1983, "The Changing American Family," *Population Bulletin*, vol. 38, no. 4: 7.

Tronto, Joan, 1987, "'Women's Morality': Beyond Gender Difference to a Theory of Care," *Signs*, vol. 12, no. 4.

Trumbach, Randolph, 1978, *The Rise of the Egalitarian Family*, New York: Academic Press.

Uchitelle, Louis, 1989, "Alan Greenspan: Caution at the Fed," *New York Times Magazine*, January 15.

Unger, Roberto Mangabeira, 1975, *Knowledge and Politics*, New York: Free Press.

——, 1983, "The Critical Legal Studies Movement," *Harvard Law Review*, vol. 96, no. 3.

——, 1986, *The Critical Legal Studies Movement*, Harvard University Press.

——, 1987, *Politics, A Work in Constructive Social Theory*, Cambridge: Cambridge University Press.

U. S. Bureau of the Census, 1987, *Statistical Abstract of the U.S.: 1986*, Washington, D.C..

U. S. Bureau of the Census, Current Population Reports, 1985, Series P-60, no. 149, *Money Income and Poverty Status of Families and Persons in the United States: 1984*, Washington, D.C.: Government Printing Office.

——, 1987, *Household and Family Characteristics: March 1987*, Washington, D.C.: Government Printing Office.

U. S. Bureau of the Census, Current Population Survey, 1985, *Marital Status and Living Arrangements*, Washington, D.C.: Government Printing Office, March.

U. S. Department of Commerce, Bureau of the Census, 1986, *Women in the American Economy, Current Population Reports, Special Studies*, Washington, D.C.: Government Printing Office.

——, 1987, *Current Population Reports, Population Profile of the United States 1984-85*,

Washington, D.C.: Government Printing Office.
U. S. Department of Justice Bureau of Justice Statistics, 1988, *Report to the Nation on Crime and Justice*, 2nd ed., Washington, D.C.: Government Printing Office, March.
U. S. Department of Justice Uniform Crime Reports, 1987, *Age, Sex, Race and Ethnic Origin of Murder Victims, 1986*, Washington, D.C.: Government Printing Office, July.
U. S. Department of Labor, Bureau of Labor Statistics, 1987, *Employment and Earnings: July 1987*, Washington, D.C.: Government Printing Office.
U. S. Law Enforcement Assistance Administration, Kentucky Commission on Women, 1979, *A Survey of Spousal Violence Against Women in Kentucky*, Washington, D.C.: Law Enforcement Assistance Administration.
Vickery, Clair, 1977, "The Time-Poor: A New Look at Poverty," *Journal of Human Resources*, vol. 12, no. 1 (Winter).
Walby, Sylvia, 1986, *Patriarchy at Work: Patriarchal and Capitalist Relations in Employment*, Minneapolis: University of Minnesota Press.
Walker, Lawrence J., 1984, "Sex Differences in the Development of Moral Reasoning: A Critical Review," *Child Development*, vol. 55, no. 3.
Walker, Lenore, 1979, *The Battered Woman*, New York: Harper & Row (穂積由利子訳『バタードウーマン――虐待される妻たち』金剛出版，1997年).
Wallach, John R., 1987, "Liberals, Communitarians, and the Tasks of Political Theory," *Political Theory*, vol. 15, no. 4.
Wallerstein, Judith S. and Shauna B. Corbin, 1986, "Father-Child Relationships After Divorce: Child Support and Educational Opportunity," *Family Law Quarterly*, vol. 20, no. 2.
Wallerstein, Judith S. and Joan Kelly, 1980, *Surviving the Breakup: How Children and Parents Cope with Divorce*, New York: Basic Books.
Wallston, Barbara Strudler, Martha A. Foster and Michael Berger, 1978, "I Will Follow Him: Myth, Reality, or Forced Choice — Job Seeking Experiences of Dual Career Couples," in Jeff B. Bryson and Rebecca Bryson eds., *Dual Career Couples*, New York: Human Sciences Press.
Walzer, Michael, 1983, *Spheres of Justice: A Defense of Pluralism and Equality*, New York: Basic Books (山口晃訳『正義の領分――多元性と平等の擁護』而立書房，1999年).
——, 1987, *Interpretation and Social Criticism*, Cambridge, Mass.: Harvard University Press (大川正彦・川本隆史訳『解釈としての社会批判――暮らしに根ざした批判の流儀』風行社，1996年).
——, 1988, *The Company of Critics: Social Criticism and Political Commitment in the Twentieth Century*, New York: Basic Books.

Weitzman, Lenore J., 1979, 2nd ed., "Sex-Role Socialization," in Jo Freeman ed., *Women: A Feminist Perspective*, Palo Alto: Mayfield.
——, 1981, *The Marriage Contract: Spouses, Lovers, and the Law*, New York: The Free Press.
——, 1985, *The Divorce Revolution: The Unexpected Social and Economic Consequences for Women and Children in America*, New York: Free Press.
Williams, Bernard, 1962, "The Idea of Equality," Peter Laslett and W. G. Runciman, *Philosophy, Politics and Society*, 2nd ser., Oxford: Basil Blackwell.
Williams, Shirley and Elizabeth Holtzman, 1987, "Women in the Political World: Observations," *Daedalus*, vol. 116, no. 4(Fall).
Williams, Wendy W., 1982, "The Equality Crisis: Some Reflections on Culture, Courts, and Feminism," *Women's Rights Law Reporter*, vol. 7, no. 3.
Wishik, Heather Ruth, 1986, "Economics of Divorce: An Exploratory Study," *Family Law Quarterly*, vol. 20, no. 1.
Woolf, Virginia, 1938, *Three Guineas*, London: Hogarth Press(出淵敬子訳『三ギニー——戦争と女性』みすず書房，2006年).
Yanagisako, Sylvia and Jane Collier, 1990, "The Mode of Reproduction in Anthropology," in Deborah L. Rhode ed., *Theoretical Perspectives on Sexual Difference*, New Haven: Yale University Press.
Young, Iris Marion, 1981, "Toward a Critical Theory of Justice," *Social Theory and Practice*, vol. 7, no. 3.
——, 1985, "Humanism, Gynocentrism and Feminist Politics," *Hypatia: A Journal of Feminist Philosophy*, vol. 3(a special issue of *Women's Studies International Forum*, vol. 8, no. 3).
——, 1987, "Impartiality and the Civic Public," in Benhabib and Cornell eds.